집은 어떻게
우리를 인간으로
만들었나

집은 어떻게
우리를 인간으로
만들었나

석기 시대부터 부동산 버블까지,
신경인류학이 말하는 우리의 집

존 S. 앨런 지음

이계순 옮김

반비

한집에 사는 영광을 내게 베풀어준 이들,

특히 아내 스테퍼니와 우리의 두 아들 리드와 페리에게

차례

들어가는 글

우리 인간은 **집에 있기를 좋아하는 종**^{homebodies}이다. 집은 보편적이고
전 세계 어디에나 있다. 사람들은 자신의 보금자리라고 느낄 수
있는 공간, 즉 집의 느낌^{feeling at home}을 얻을 수 있는 공간을 스스
로 창조한다. 이러한 공간들은 주택이나 아파트, 천막, 판잣집, 오
두막집 등 겉보기에는 매우 다양하다. 문화권에 따라서, 심지어는
하나의 문화권 안에서도 주택과 생활환경은 엄청나게 다양하다.
고성이 있는 영국의 다운튼 애비부터 시내의 싸구려 여인숙까지,
에스키모의 이글루부터 라틴아메리카의 진흙 벽돌집까지, 주거
지를 만드는 인간의 경향은 겉보기에 무한한 방법들로 표현될 수
있다. 그러나 외양이야 어떻든 이런 공간들은 모두 인간의 기본적
인 욕구들을 어느 정도 충족시킨다.

하지만 인간을 집에 있기 좋아하는 종으로 묘사하는 것은 다소 오해의 여지가 있다. 우리는 보다 근본적으로 **집에 마음을 둔 다.**homeminded 집은 단순히 사람이 살고 있는 여느 장소가 아니라, 우리의 인지 안에서 특권적인 공간이다. 집은 편안함, 안전함, 그리고 통제의 느낌들을 불러일으킨다. 집은 섹스나 마약, 혹은 정말 맛있는 음식을 먹는 것과 같은 순간적인 기쁨처럼 마음에 자극을 주지 않는다. 또 '여섯 가지 기본적인 정서'(행복, 공포, 분노, 슬픔, 혐오, 놀라움) 중 하나를 이끌어낼 가능성도 거의 없다. 하지만 집은 기분과 정신에 지대한 영향을 끼친다. 집은 우리가 바깥세상에서의 고투로부터 회복하기 위해 가는 곳이다. 그곳은 다른 모든 곳들과 차별되는 곳이다. 그리고 우리가 "집처럼 편안하게 느낀다."라고 말할 때 그곳은 중요한 의미를 가진다. 하지만 집의 느낌이 어떻게 그리도 중요해졌을까? 이것이 내가 이 책에서 탐구하고 싶은 질문이다.

집을 짓고 그 안에서 생활하는 것은 우리 인간과 우리 선조의 일부가 성공적으로 생존하고 번식하는 데 도움을 주었다. 따라서 어떤 의미에서 주택 혹은 그것을 짓고 활용하는 능력은 진화과학에서 말하는 **적응**이다. 인간 세계에서 적응은 생물학적이기도 하고 문화적이기도 하다. 분명 사람이 가정을 이루는 건물이나 구조물은 문화적 전통을 반영한다. 사람은 말벌이 보금자리를 만드는 방식으로 집을 짓도록 유전적으로 프로그램되어 있지는 않다. 대신 주택을 짓고 가정을 꾸리기 위한 심리적 동기와 일반적인 지적 능력이 우리의 뇌 생물학에서 나온다.

주택을 비롯한 여러 종류의 주거지들은 의심의 여지없이 인류의 주변 세계 적응을 도와주는 문화적 산물이다. 하지만 스스로 주거지를 만드는 인류의 문화적 경향은 생물학적으로도 강화된다. 그러니까 집은 생물학적 적응이기도 하다. 전 세계 주택들의 외양은 매우 다양한 반면, 그 안에 사는 사람들은 집 생활의 인지적 기반을 형성하는 생각과 행동에 있어서 몇 가지 기본적인 패턴을 공유한다. 우리가 이러한 패턴을 공유하는 이유는, 인류의 진화 속에서 집 환경에 대한 이러한 느낌들을 발전시킨 우리 선조들이 그렇지 않은 선조들보다 좀 더 성공적으로 번식할 가능성이 컸기 때문이다. 마음속에 집의 개념이나 느낌을 기르는 것은 그만큼 중요한 역할을 했다. 우리는 주택을 밖에서 들여다보면서 이해할지도 모른다. 하지만 집은 안에서 밖으로 만들어진다.

집의 느낌은 생물학적 현상이다. 느낌이란 그 자체로 인간의 몸과 마음의 산물이기 때문이다. 느낌feeling과 정서emotion는 수백만 년의 진화 과정을 통해 발전했다. 그러면서 우리가 외부 환경과 관련된 우리의 내적 상태를 관찰하고 조절하도록 도왔다. 분노, 공포, 슬픔을 비롯한 정서와 느낌 들은 우리 몸이 행동하도록 준비시키고, 우리의 마음이 해야 할 것과 해서는 안 되는 것을 결정하도록 돕는다. 집과 관련된 우리의 느낌들은 우리가 선조로부터 물려받은 인지적 토대 위에 세워진다. 신체를 보호할 피난처를 만들려는 경향 및 능력과 결합된 집의 느낌은 생물문화적 적응에 크게 기여한다. 이러한 적응은 사람이 온갖 종류의 환경에서 생존할 수 있도록 도와준다. 약 600만 년 전 인류 진화의 여정이 처음 시작되었던, 아프리카의 삼림지와 대초원에서 멀리 떨어진 온갖 환경에서도 생존할 수 있도록 말이다.

향수병

집을 잃은 데 대한 우리의 반응을 고려하면 집에 대한 우리 느낌이 얼마나 중요한지 알 수 있다. 얼마 전 큰아들이 대학교에 갔다. 아들은 대학교 입학을 무척 고대했고, 녀석이 입학할 학교는 녀석의 최우선순위였다. 그리고 당연히 입학 후 적응의 기간을 가졌다. 아들은 수업과 전공에 대해서, 친구를 사귀는 것에 대해서, 그리고 심지어는 길을 찾는 것까지도 걱정했다. 이 모든 일들은 예상되었던 것이고, 아들은 몇 주가 지나자 대부분을 관리할 수 있게 되었다.

그리고 아들은 향수병에 걸렸다. 역시 별로 놀라운 일이 아니다. 이 책에서 좀 더 자세히 살펴보겠지만, 집은 우리의 마음과 느낌, 정서에서 특별한 위치를 갖고 있다. 향수병은 종종 인지적 표면 아래에 놓여 있는, 이러한 내재적인 감각과 인식을 들여다보는 창이 될 수 있다. 하지만 놀라운 것은 내가 다른 부모, 친구, 지인들과 아들의 학교 적응에 대해 이야기를 나누었을 때, '향수병'이란 용어를 무슨 전염병의 이름처럼 여기며 회피하는 사람들이 일부 있었다는 것이다. 아들이 향수병에 걸렸다고 하면, 그들은 내 아들이 외롭거나 불안하거나 긴장한 거라고 대답할 것이다. 그들은 향수병을 인정하고 싶어 하지 않았다. 나는 왜 그런지 생각해보았다.

한 가지 가능한 이유는 사람들이 향수병을 나약함의 표시로 보기 때문이다. 그래서 그들은 내 아들에게 그러한 생각을 투영하는 것이 예의바르지 못하다고 생각했다. 역사학자 수전 매트 Susan Matt는 미국에서 향수병의 흥미로운 역사를 연대순으로 기록했다.[01] 18세기와 19세기의 미국은 이민자와 이주민의 나라였고, 당시에는 이주가 고국과의 유대를 끊어버리는 것을 의미했다. 미국은 향수병이 만연한 나라였다. 이것은 널리 인정된 사실이고, 심지어 예상 가능한 일이었다. 그 당시의 의료 관습에선 향수병을 잠재적으로 위험한, 정신질환의 주요 형태로 인식했다.

하지만 세월이 흐르면서 향수병은 의학적 질병으로서의 지위를 잃고, 그 자체가 나약함의 표시로 여겨지게 되었다. 매트가 쓴 것처럼, "향수병을 대하는 현대의 태도는 이동이 당연하고 문제되지 않으며 또한 논란의 여지없는 미국인 정체성의 중심이라는 믿음에 근거한 태도다."[02] 과거의 사람과 장소에 대한 감성적인 애착은 받아들일 수 있지만, 단지 노스탤지어(이것은 우연하게도 심각한 향수병을 가리키는 19세기 의학 용어에서 차용한 단어이다.)의 모습을 띨 때만 용인됐다. 나약함의 상징인 향수병은 매력적이지 않았고, 미국 문화에서 그것은 연민을 사기보다 불쌍하게 여겨질 만한 것이 되었다.

어쩌면 향수병을 바라보는 좀 더 연민 어리거나 심지어 공감적인 방식은, 그것을 나약함이 아니라 사별死別의 한 형태로 보는 것일지도 모른다. 심리학자 마거릿 스트로베Margaret Stroebe와 동료들은 향수병이 실제로 "작은 비탄"을 나타낼 수 있다고 생각한다.[03] 그들의 관점에서 향수병은 중요한 관계의 일시적인 상실에 대한 정서적인 반응이다. 이는 죽은 사람을 애도할 때 느끼는 반응과 유사하다. 비탄과 사별의 중요한 측면은 사람들이 그것을 경험하고 표현하는 방식이 다양하다는 것이다. 문화와 개성은 둘 다 어떤 사람이 중요한 것을 잃었을 때 어떻게 반응하는지에 영향을 준다. 상실을 다루기 위해서는 새로운 상황에의 적응이 어느 정도 필요하고, 어떤 사람들은 변화된 상황을 좀 더 쉽게 받아들인다.

문화나 개성에 따른 이러한 차이에도 불구하고 애도의 중심에는 어떤 핵심적인 정서가 있다. 진화심리학자들은 비탄과 관련된 일시적인 우울증이 인간과 다른 영장류가 다른 개체와 맺는 중요한 관계들을 반영하고 또 강화한다고 오랫동안 주장해왔다. 향수병은 지나간 관계들만큼이나 새로운 관계가 형성될 새로운 사회적 환경에 관한 것이기도 하다. 사회적 영장류로서 인간은 긴 진화의 역사 동안 집단 내의 다른 사람들과 집중적인 관계를 형성해왔다. 그 결과 사람들은 정기적으로 교류하는 사람들 사이에 속한다고 느끼기를 원하게 되었다. 수전 와트Susan Watt와 앨리슨 배저 Allison Badger는 향수병을 "소속될 필요"가 있는 인간의 관점에서 살펴본다.[04] 그들은 이런 소속될 필요가 관계가 붕괴될 때 느끼는 (작은) 비탄의 느낌들의 기저를 이룬다고 주장한다. 호주 대학생들을 연구한 와트와 배저는 (심리 척도로 측정할 때) 소속될 필요를 더 많이 느끼는 학생들 사이에서 향수병이 더 심하다는 것을 발견했다. 새로운 환경에 잘 적응하고 있다고 느끼는 학생들은 향수병이 덜했다.

향수병은 나약함의 표시 그 이상이다. 그것은 인간의 정서적인 삶 속에서 장소의 중요성을 보여주는 강력한 지표다. 일부 미국인들이 향수병을 이야기하거나 인정하고 싶어 하지 않는 진짜 이유는 무엇일까? 나는 그들이 어떤 형태로든 애도나 비탄에 마음이 편하지 않아서 그렇다고 생각한다. 다른 사람의 향수병 이야기를 들으면 향수병을 경험했던 기억들이 떠오른다. 마치 다른 누군가가 사랑했던 사람의 죽음을 전해 들으면 과거 자신이 누군가를 애도했던 기억들이 소환되는 것처럼 말이다. 너무 오래 지속되지만 않는다면, 향수병은 사랑하는 사람을 잃고 애도하는 것과 마찬가지로 집을 잃는 것에 대한 자연스러운 반응이다. 두 경우 모두 비탄은 중요하고 (진화론적 용어로 말하자면) 적응적인 관계의 상실을 의미한다. 다행히도 우리는 인지적인 의미에서 집을 간직하고 다니기 때문에, 새로운 환경에서 집에 대한 느낌을 복구할수 있다. 하지만 그러한 전환은 힘들 수 있다. 왜냐하면 우리는 우리의 삶을 살아가는 데 사용하는 주요한 생물문화적 적응성이 일시적으로 없는 상태이기 때문이다.

집의 자연사

집을 잃기 전까지는 그것을 당연하게 여기기가 아주 쉽다. '집'이나 '집 같은'이라는 표현들은 인류의 삶을 가장 담백하고 평범하게 나타내는 말들이다. 숨 쉬는 공기나 늘 먹는 음식처럼, 집은 우리 존재의 중심에 있지만 그렇게 흥미진진한 건 아니다. 집이 우리를 위해 일하고 있을 때 집은 인지적·정서적 배경으로 쉽게 사라진다. 우리는 집에서 편안함을 찾고 또 얻는다. 문자 그대로도, 비유적으로도 그렇다. 그리고 집이 편안한 이유 중 하나는, 우리가 집에 대해 매일 생각하고 매일 교육받을 필요가 없기 때문이다.

　다양한 분야의 학자들과 연구자들이 '집'에 대해 생각해오기는 했지만 지적인 탐구가 넘쳐나는 영역은 아니었다. 집은 문화와 문화사를 공부하는 학생들에게 흥미로운 주제였다. 왜냐하면 집은 지배적인 문화의 힘에 형태를 부여하고 또 그 힘에 따라 형태가 부여되기 때문이다. 수십 년 전, 비톨트 립친스키Witold Rybczynski는 서부 유럽인들의 사생활에서 사회적·문화적 변화를 추적하기 위한 매개물로 집을 이용했다.[05] 앨리슨 블런트Alison Blunt와 로빈 다울링Robyn Dowling은 점차 증가하는 집에 대한 연구들을 개괄하며, 집이 동시대 세계의 다양한 문화적 역동 속에서 권력 관계와 성별 관계를 공간적으로 드러내는 역할을 한다고 밝혔다.[06] 집은 인간 사회의 기본 단위이며, 사회 안팎 문화적 다양성의 기저에 흐르는 더 큰 힘을 반영한다. 집은 그저 건물이나 주거지가 아니라 정서와 지위를 전달하는 매개물이다.

　음성언어와 마찬가지로, 집은 위대한 문화적 다양성을 보여주는 인간의 보편적인 특성이다. 하지만 집의 문화적인 측면들에 더 관심이 많은 학자들조차도 집이 문화보다 더 기본적인 어떤 것에서 나온다는 것을 인정한다. 립친스키가 쓴 것처럼, "가정의 안녕은 우리에게 깊이 뿌리 박혀 있는 인간의 근본적인 욕구이며, 그것은 반드시 충족되어야 한다."[07] 우리는 '집의 느낌'을 느낄 때, 그러한 욕구가 어떤 식으로든 충족되고 있다는 것을 잘 안다. 그런데 그런 욕구는 대체 어디에서 비롯된 걸까? 집이 문화적 현상이 되기 전에, 그것은 개별 인간들의 인지와 생물학에 뿌리를 둔 개인적인 현상이었다.

그러한 변화를 가능케 하는 집의 정서적이고 인지적인 힘은 건축가 찰스 무어Charles Moore와 제럴드 앨런Gerald Allen, 돈린 린던Donlyn Lyndon의 글에 나타난다. "집이라는 장소는 현실 세계에서 아주 작은 부분에 불과하지만, 이 공간은 하나의 완전한 세계처럼 보이도록 만들어져 있다."[08] 집의 느낌은 어떤 면에서 하나의 세계를 두 개로, 즉 가정의 영역과 나머지로 나누는 지각적인 속임수에 굴복하는 것이다. '현실 세계'의 복잡성에 대한 이러한 단순화는 분명 인간 종의 적응에 도움을 주었다. 인지적인 관점에서, 우리에게 집의 느낌을 주는 이러한 단순한 세상을 우리는 어떻게 구현할까?

이 책은 어느 정도 집의 자연사다. 집이 어디에나 있으면서 중요하다는 것을 고려할 때, 집에 대해 할 수 있는 이야기는 아주 많

다. 자연적인 것과 인위적인 것 모두 말이다. 여기서 나는 주요 질
문 두 가지에 답변하는 데 초점을 맞출 것이다. 집은 어떻게 인간
생활 어디에나 존재하는 요소가 되도록 진화되었을까? 그리고 우
리가 '집의 느낌'을 받는다고 말할 때, 그것의 의미는 무엇일까?

집 느낌의 진화

집 느낌에 대한 인간의 욕구는 진화생물학에 그 뿌리를 두고 있
으며, 오늘날 우리의 인지심리학에 의해 강화되고 있다. 많은 동
물들에게 그러하듯이, 집은 우리에게 피난처를 제공할 뿐만 아니
라 사회적 관계를 형성하고 유지하기 위한 장을 제공한다. 집의 느
낌은 감각 입력(후각과 시각), 기억, 정서로부터 만들어진다. 이 세
가지는 특정한 장소에 있는 자기 자신에 대한 전체적인 감각을 마
음속에서 만들어낸다.

　나는 먼저 1장에서 '어떻게'라는 질문을 제기하며 집의 탐험
을 시작할 것이다. '집의 느낌'은 어떻게 우리의 마음과 뇌와 몸에
나타나는 것일까? 이 질문은 우리를 인지신경과학의 영역으로 데
려간다. 최근의 연구는 과학자들에게 뇌의 활동을 볼 수 있는 창
문을 전례 없이 넓혀주고 있다. 여기에는 '느낌'이라고 알려진, 한

때 (과학적 관점에서) 찾기 힘들었던 것들도 포함된다. 집의 느낌은 대략 안정되고 편안하고 안전한 느낌일 것이다. 하지만 우리는 반대로 생각해야 할지도 모른다. 어떤 환경에서의 안정되고 편안한 그 느낌이 우리가 집에 있다고 느끼게 만드는 것이다. 느낌은 우리의 정신만큼이나 우리의 직감, 즉 의식적 발견 아래에서도 종종 감지된다. 그렇다 하더라도 느낌은 의사결정을 비롯해 좀 더 '고차원적' 사고의 측면들에 지대한 영향을 준다. 집이 생활 대부분에서 중심이 되는 공간이라는 점을 감안할 때, 집의 느낌은 인간 의식의 초석들 중 하나일 수 있다. 언어보다는 덜 명확하지만, 그럼에도 매우 중요하다.

2장에서 4장까지는 집의 진화적인 기원에 대해 살필 것이다. 집에 대한 느낌이나 욕구는 왜 진화되어야 했는가? 주거지, 휴식 공간, 포식자로부터의 보호, 짝과 자원에 접근하려는 기본적인 욕구들은 어떻게 집의 느낌에 의해 충족되는가? 프레리도그와 같은 동물들은, 일반적으로 동물들이 거주지를 짓고 그 속에서 생활하는 것이 어째서 기본적인 욕구를 충족시키는 데에 도움을 주는지에 관한 몇 가지 통찰을 제공한다. 사실 우리와 가장 가까운 친척인 다른 영장류들은 주거지를 이용하는 것으로 알려져 있지 않다. 하지만 대형 유인원의 행동적인 측면들은 집을 짓게 되는 우리의 변천과 관련된 힌트를 줄지도 모른다. 인류 진화를 알려주는 화석과 고고학적 기록 들은 진화적인 변천에 있어서 핵심적인 증거들을 몇 가지 제공한다. 그중에서 집에 대한 증거는 무엇이 있을까? 나는 우리와 매우 가깝고, 또 매우 인간다운 친척인 네안데르탈인들을 살펴볼 것이다. 그러면서 그들의 유물들이 집의 기원과 관련된 어떤 단서를 제공하는지 알아볼 것이다.

5장에서 7장까지는 '그래서?'라는 중요한 질문을 제기할 것이다. 집 느낌에 대한 진화적이고 인지적인 기반의 이해는 현대의 문제들을 해결하는 실마리를 줄 수 있을까? 이러한 통찰들은 우리의 집 생활을 더 나은 삶으로 만드는 데 도움을 줄 수 있을까? 나는 위의 두 질문에 대한 답이 '그렇다'라고 믿는다. 또한 집의 느낌과 그 진화적·인지적 뿌리에 대한 이해가 오늘날 우리 삶에 대한 통찰을 가져다 줄 수 있는 몇몇 영역이 있다고도 믿는다. 선진국들은 최근 주택 시장에서 유례없는 혼란의 기간을 겪고 있다. 주택을 투자로 볼 때, 집의 느낌은 사람들의 경제적 결정에 어떻게 영향을 미칠까? 선진국에는 노숙인 문제도 있다. 어떤 사람들은 경제적 요인들의 직접적인 결과로 집이 없다. 한편 정신질환이나 약물 중독의 치료와 돌봄을 둘러싼 사회적·의학적 요인들이 때때로 좋지 않게 결합된 결과로 길거리나 공원, 보호시설에서 살아가는 사람들도 있다. 집의 느낌은 노숙인들에게 어떤 영향을 미칠까? 또 좀 더 운이 좋은 사람들이 노숙인들을 바라보는 태도에 어떤 영향을 미칠까?

많은 선진국에서 주택 불안정성도 증가하고 있다. 이것은 꼭 나쁜 것일까? 복잡한 사회에서 경제적이거나 사회적, 혹은 전문적 이동은 모두 주택의 이동과 함께 일어난다. 성공하려면 종종 길을 떠나야 하니 말이다. 어린아이들에게 영향을 미치는 종류의 주택 불안정성도 있다. 부모가 이혼을 했거나 가정 위탁에 있는 아이들은 집 생활이 종종 붕괴되어 있다. 우리는 어려운 사회적 상황을 헤쳐 나가는 능력이나 말하거나 걷는 능력을 처음부터 갖고 태어나지 않는다. 이러한 능력은 모두 성장하면서 중요한 시기에 적절한 환경에서 연마되는 정교한 능력이다. 우리가 매일 하는 생각과 결정에 인지적 배경을 제공하는 복잡한 느낌들도 어린 시절에 훈련되고 발전된다. 이렇게 중요한 시기에 집 환경의 붕괴는 집의 느낌을 느낄 수 있는 우리의 능력에 어떤 영향을 미칠까? 집의 느낌을 느낄 수 있는 능력이 제대로 발달되지 않는다면, 성인이 되었을 때 그 손실은 얼마나 될까?

마지막으로 나는 집의 느낌이 어떻게 삶의 다른 부분으로 확장되는지, 그리고 그것을 이해할 때 현대의 다양한 문제들과 이슈들이 어떻게 명확해지는지를 보여줄 계획이다. 그러나 여기에는 문제와 이슈 너머로 확장되는 교훈도 있다. 일이 어떻게 잘못되어 가는지 이해할 때, 우리는 그것을 어떻게 바로잡을지 배울 수 있다. 섹스나 만족스런 음식, 혹은 우리가 아는 누군가에 대해 다른 사람이 좋은 이야기를 하는 것을 듣는 일처럼, 우리는 집과 관련된 느낌들을 즐기는 경향이 있다. 가까운 가족이나 친구들과의 관계와 안전감, 편안함(비록 이것은 종종 문화적 힘에 의해 정의되지만), 이런 것들은 모두 우리에게 기꺼이 즐거움을 줄 수 있다. 그것이 없을 때 더 잘 알게 될 가능성이 높은, 그런 종류의 즐거움일지라도 말이다. 바라건대 우리가 집의 느낌을 인식함으로써, 그러한 인식을 통해 그와 관련된 즐거움들을 증진할 수 있기를, 그리고 즐거움이 존재하는 동안에는 즐기고, 그 즐거움이 떠났을 때에는 거슬러 올라가지 않을 수 있기를 희망한다.

1장

◇

집의 느낌

호주 북중부의 광활하고 거친 사막 풍경은 결코 집처럼 보이지 않는다. 그곳의 건조한 더위와 추위는 스피니펙스처럼 그곳에 번성하고 있는 몇몇 강인한 종들을 제외하면 식물이 뿌리를 내리고 자라는 데 적당한 환경이 아니다. 동물이 살기는 하지만 그 수가 많지 않고, 수원水源들은 띄엄띄엄 흩어져 있다. 사람들도 험한 길과 철로를 따라서 수백 킬로미터 간격으로 떨어진 역과 작은 마을에서나 살지 이런 사막에는 거의 살지 않는다. 하지만 왈피리 호주 원주민들에게 이 사막은 집이다. 그들은 조상 대대로 이곳에서 살았을 뿐만 아니라, 그들에게 이곳은 '위리 자리미^{wiri jarrimi}', 즉 '성장'을 하는 곳이다. 그들은 이곳에서 태어나 성인이 되고 혹독한 환경에서 살아가는 법을 배우며 그 문화의 일원이 된다.[01]

　호주 정부가 좀 더 현대적인(말하자면 서구적인) 편의시설들을 설치해주면서 그들의 땅을 '개선'하려 노력해도, 왈피리 원주민들은 사막에서의 생활에 강한 애착을 갖는다. 여기에는 그럴 만한 이유가 충분히 있다. 호주 정부는 거의 2세기 동안 여러 번에 걸쳐 공식적으로 원주민들을 진압하고 학대하고 몰살했다. 시대가 변하면서 정책도 바뀌었지만, 호주의 주류 문화에 쉽게 적응할 수 있는 왈피리 원주민들은 많지 않아 보인다. 인류학자 마이클 D. 잭슨Michael D. Jackson은 수년간 왈피리 원주민들과 살면서 가정생활에 대한 그들의 시각을 이해하려 애썼다. 마침내 잭슨은 원주민들에게서 "세상 속의 집에 있다는 건 [······] 자기 자신의 몸과 땅 위의 몸이 완전히 일치되는 경험을 얻기 위한 방법"[02]이라는 걸 배웠다. 이러한 일치는 집의 형태와 상관없이 얻을 수 있다. 왈피리 원주민들은 전통적인 문화적 가치를 아직도 받아들이기 때문에, 여기서 집이란 다른 어떤 구조물이 아니라 그들이 점유하고 있는 그 땅을 실제로 의미한다. 잭슨과 친구가 된 왈피리 원주민은 이렇게 말했다. "주택은 커다란 감옥과 같다."[03]

왈피리 원주민들은 바로 **그곳**, 호주의 사막을 집처럼 느낀다. 그에 비해 나는 **이곳**, 미국 중남부의 내 주택을 집처럼 느낀다. 우리 대다수의 인간은 우리가 살고 있는 장소, 우리가 점유하고 있는 공간과 정서적 관계를 형성하는 능력을 공유한다. 우리가 종으로서 진화 과정을 거치는 동안 집은 인류 문화를 구성하는 요소가 되었다. 밖에서 안을 보면 이 구성 요소들의 크기와 구성은 제각기 다르다. 집의 물리적 환경을 제공하는 실제 구조물들(예를 들어 주택)은 문화마다 다양하고, 가정의 형태는 문화적 전통에 의해 결정되기 때문이다.

하지만 안에서 밖을 보면 훨씬 더 보편적인 그림이 나타난다. 사람들은 그들이 사는 집이라는 공간과 어떤 관계를 형성한다. 이런 관계는 보통, 예를 들어 불타는 연애나 부모 자식 간의 헌신적인 사랑 같은 정서적 용어들로 표현되거나 이해되지 않는다. 대신 이런 관계는 모두 어떤 느낌으로 귀결된다. 바로 특정 장소의 단점이 무엇이든 간에 그 장소가 다른 장소들에 비해 뭔가 특별하다는 느낌이다.

우리가 집을 어떻게 느끼는지 이해하려면 '느낌'이라는 것을 자세히 들여다볼 필요가 있다. 예술가와 작가 들은 수천 년 동안 느낌을 탐구해왔지만, 심리학자와 과학자 들은 이러한 주제를 다루는 데 그다지 열정을 쏟지 않았다.(그런 면에서 다윈은 극히 예외적인 인물이었다.) 사실 20세기 내내 심리학은 (쥐의 미로 실험처럼) 행동을 기계론적으로 파악한 이론들과 행동주의가 주류를 이루었다. 때문에 심리학에서는 과학자가 사람의 머릿속으로 들어가 "행동을 통제하는 체내의 뇌마음brain-mind의 상태"04를 연구할 수 있다는 생각이 완전히 거부돼왔다. 이러한 관점은 정서와 느낌을 과학적 연구의 영역에서 근본적으로 논외로 만들었다. 그러나 20세기 후반에 들어서, 진화된 특별한 종에서만 나타나는 특이한 행동 패턴이 중요하게 평가되자 행동주의의 기반이 흔들리기 시작했다. 정서를 과학적으로 연구하려는 문이 다시 열린 것이다.

'뇌 영상법'은 1990년대에 혁신적으로 발전하여 과학자들에게 생생하게 살아 있는 뇌의 구조와 활동을 관찰할 수 있는 능력을 제공했다. 정서과학은 이러한 새로운 기술에 의해 활성화되었다. 몸과 마음의 변화가 서로 결합되어 생기는 의식적인 느낌들은 이제 직접적으로 연구가 가능하다. 경험하고 있는 정서와 느낌을 말로 표현할 수 없을 때, 그것은 그러한 정서와 느낌을 만들어내는 뇌의 과정을 통해 직접적으로 연구할 수 있다.

이번 장에서 나는 정서와 느낌이 무엇인지, 그것들이 왜 진화해왔을 것이라고 생각되는지, 그리고 그것들이 우리 뇌에서 어떻게 생성되는지 알아볼 것이다. 그런 정서적 토대를 마련한 후에, 집과 관련된 느낌들이 우리 뇌에서 어떻게 나타날 수 있는지 자세히 살펴볼 것이다. 집의 느낌들은 우리가 쉽게 인지할 수 있는 정서들, 예를 들어 공포나 기쁨처럼 우리한테 크게 다가오는 정서들에 비해 꽤 차분한 편이다. 그런 느낌들은 배경처럼 깔려 있다가 몸과 마음을 빠르게 연결시킨다.

정서의 진화

낯설고도 새로운 세계를 보여주는 「스타트렉」 시리즈에는 지구인

과 외계인 캐릭터들이 다수 등장한다. 외계인임을 보여주는 주된
방법들 중에서도, 정서 혹은 정서의 결핍은 흥미롭게도 인간이 아
닌 주요 캐릭터 두 명의 특징을 나타내는 데 중요한 역할을 한다.
초창기 「스타트렉」 시리즈를 대표하는 캐릭터 스팍은, 인간 어머
니와 벌칸족 아버지 사이에서 태어난 과학 장교다. 스팍은 정서를
억제하는 벌칸족의 관습을 따르기 때문에, 일상생활은 물론이고
특별한 결정을 내려야 할 때도 늘 냉정하고 '논리적'으로 접근한
다. 스팍의 냉정함은 정서가 풍부한 인간 동료들, 특히 제임스 커
크 선장이나 맥코이 수석의료관의 열정과 (끊임없이) 대립한다. 「스
타트렉」 시리즈 중 하나인 「넥스트 제너레이션」에는, 정서가 없는
주요 캐릭터로 안드로이드 '데이터'가 등장한다. 데이터는 스팍과
달리 좀 더 완전한 인간이 되기 위해서 정서를 느끼고 싶어 한다.
데이터는 마치 피노키오처럼 진정한 소년 혹은 남자가 되기 위해
노력하지만 정서의 부재로 인해 그 꿈은 자꾸만 가로막힌다.

   이러한 캐릭터들이 우리에게 전하는 메시지 중 하나는, 정서
가 인간이 되는 데 필수일 뿐만 아니라 위기와 혼란에 적절히 대
응하는 데에도 필수라는 것이다. 순수한 지적 능력(스팍)이나 전
산 처리 능력(데이터)은 정서의 부재를 어느 정도까지만 보완할 수
있을 뿐이다. 그렇다, 정서는 때때로 방해물이 될 수도 있고 우리
를 잘못된 길로 인도할 수도 있다. 하지만 「스타트렉」의 우주에서

정서는 행동을 촉진하고 행동은 일을 완성한다. 사실 우리의 우주에서도 마찬가지인 것 같다. 동물의 행동을 자극하는 정서의 능력은 애초에 정서가 진화하게 된 원인이었을지도 모른다.

그렇다면 정서란 무엇일까? 수년간 수많은 과학적 정의들이 제시되고 있다.[05] 심리학자 로버트 플러칙Robert Plutchik이 내린 정의를 보면, 정서가 어떻게 한 사람의 몸과 마음에서 발생하는지 설명하고 있다. 뿐만 아니라 그의 정의는 (인간을 포함한) 모든 동물한테 쉽게 일반화할 수 있다는 점에서 진화적으로도 적합하다. 플러칙은 다음과 같이 썼다.

정서란 단순히 어떤 것을 느끼는 상태가 아니다. 정서란 어떤 자극으로부터 시작된 사건들이 느슨하게 연결되어 있는 복잡한 사슬이다. 여기에는 여러 느낌들과 심리적 변화, 행동을 위한 충동, 그리고 구체적이며 목표지향적인 행동이 포함된다. 다시 말해서 느낌은 고립되어 일어나지 않는다. 그것은 개인의 삶에서 의미 있는 상황들에 대한 반응이고, 이따금 행동을 유발하기도 한다.[06]

정서에 대한 다양한 정의들은 정서적 현상이란 '자극→마음과 신체의 반응→행동'으로 이어지는 일련의 사건들이라는 데에 대체로 동의한다. 한 가지 주의할 점은 '행동'이 여러 형태를 취할 수 있다는 것이다. 어떤 때에는 아예 아무것도 하지 않는 것이 행동에 포함되기도 한다.

모든 동물에게 정서는 기본적인 욕구를 충족시키는 행동들, 예를 들어 먹이나 짝을 찾는 행동, 포식자나 위험한 상황을 피하는 행동, 그리고 주변 환경을 탐색하는 행동 등을 촉진한다. 새끼를 보살피는 동물들의 경우, 정서는 부모와 자식 사이의 관계 형성에 도움을 준다. 사회적 동물들의 경우, 관찰되고 경험된 정서는 집단생활의 이익을 얻기 위해서 각 개체의 행동을 관리하고 조정하는 역할을 한다. 문화적 전통과 신념, 관습에 의해 지배되는 사회적 생활을 특별히 영위하는 우리 인간의 경우, 정서는 문화에 의해 형성되고 또 문화를 창조한다.

동물들은 모두 정서가 있을까? 연구자들은 뇌가 있어야 정서를 느낄 수 있는 전제 조건이 갖춰진다고 생각하기 때문에, (단세포 생물처럼) 가장 단순한 형태의 동물들은 여기서 제외할 것이다. 흔히 이러한 동물들에겐 정서보다 반사 신경이 있을 거라고 생각하지만, 신경학자 안토니오 다마지오Antonio Damasio는 초파리나 민달팽이처럼 뇌가 작고 미숙한 동물들에게도 분명 정서가 있다고 주장한다. 이렇게 단순한 동물들에게 없을지도 모르는 것은 바로 느낌, 즉 정서를 체내에서 경험할 수 있는 능력이다.[07]

좀 더 복잡한 동물들의 경우, 정서와 느낌은 환경 자극에 대응하여 동물들이 적절하게 행동하게끔 동기를 부여하도록 진화되었다. 물론 행동이 전부 정서적 자극의 결과는 아니다. 우리는 일상적이거나 습관적인 행동을 할 때는 스팍이나 데이터와 약간 비슷하다. 하지만 모든 일이 다 일상적일 수는 없다. 우리는 환경을 완벽하게 예측할 수 없고, 정서는 우리가 다양한 자극에 다양한 방식으로 반응하는 데 도움을 준다. 위험에 빠졌을 땐 **두렵고**, 방해물을 만났을 땐 **화가 나고**, 가치 있는 물건을 얻었을 땐 **기쁘고**, 그 물건을 잃었을 땐 **슬프고**, 역겨운 음식을 먹거나 불쾌한 것을 볼 땐 **혐오감을 느끼고**, 예상치 못한 일이 일어나 가던 길을 멈출 땐 **깜짝 놀란다**. 이것들은 우리가 느끼는 주요한 정서의 일부로서 우리의 행동을 유연하게 해준다. 의식을 가진 우리 인간들에게, 이러한 정서들은 단순히 행동만 취하도록 하는 것이 아니라 경험되고 기억되면서 느낌으로 맥락화된다. 정서를 경험하지 못하거나 표현하지 못하는 것은 중요한 장애이다.

정서란 무엇인가

수십 년간의 인지심리학 연구는 행복, 분노, 공포, 슬픔, 혐오, 놀라움 등이 포함된 기본적인 정서들을 체계적으로 분류해놓았다. 그리고 여기에는 '안면 타당도face-validity(검사 문항의 타당도를 비전문가인 피험자가 판단하는 정도—옮긴이)'를 적용했다. 이런 기본적인 정서들은 심리과학자들이 관심을 갖고 그것을 이해하기 훨씬 전부터 민족심리학에서 먼저 인지되고 있었다. 실제로 1960년대까지 많은 학자들은 정서가 각각의 문화마다 독특하게 나타날 수 있고, 공통되는 신경학적 혹은 인지적 토대의 기초를 보여주지 못한다고 생각했다. 하지만 오늘날 현대의 인지과학에서는 정서가 '실재'하며, 보편적인 심리학적·신경생물학적·정신생리학적 현상이라고 확신한다. 그리고 문화는 정서가 표현되는 전후 상황을 제공하기는 하지만 정서의 궁극적인 원천은 아니다.

인간 정서를 바라보는 보편적 시각은 1960년대에 심리학자 폴 에크먼Paul Ekman과 월리스 프리젠Wallace Friesen의 획기적인 연구로 보강되었다. 그들은 서구 문화권 사람들과 파푸아뉴기니의 고립된 부족민들을 대상으로 한 연구를 통해, 다양한 문화권의 사람들이라도 인간의 얼굴 사진에서 정서를 읽어내는 방식은 비슷하다는 것을 보여주었다.[08] 보편성 자체가 생물학적 토대를 설득력 있게 증명하는 것은 아니지만, 그러한 토대를 찾기 위한 탐색이 타당하다는 점은 보여준다. 이어진 연구들은 정서에 대한 생물학 기반의 관점을 강화했다.

하지만 이런 생물학적 관점의 중요성을 넘어, 정서의 생물학이 어떻게 작동하는가에 대해서는 아직 논란거리가 많이 남아 있다. 에크먼은 개별적이고 기본적인 정서들이 존재한다는 생각을 계속해서 강력하게 주장한다. 그는 다양한 기준을 기반으로 기본 정서들을 다음과 같이 정리했다. 즐거움, 분노, 두려움, 경멸, 평온, 혐오, 당황, 흥분, 공포, 죄책감, 흥미, 자부심, 안도, 슬픔, 만족, 기쁨, 부끄러움. 이러한 기본 정서들 각각은 진화에 의해 형성된 본질적이고 특정한 특성들을 지니고 있다.[09] 에크먼은 이러한 정서들 각각이 그것과 관련된 정서 "가족family"의 생물학적이고 진화적인 핵심을 대표한다고 본다. 하나의 정서에서 나타나는 변화의 정도는 학습과 문화적 차이 혹은 개인적 차이의 결과로서 드러난다.

정서를 분류한 다른 체계들도 기본 정서라는 개념과 정서의 표현에 존재하는 명백한 변주를 조화시키려고 노력한다. 로버트 플러칙은 정서를 색상환color wheel과 비슷한, 수레바퀴 같은 모양으로 정리한다. 이 정서 바퀴에서 서로 연관된 정서들은 마치 기본 색깔의 다른 색조인 것처럼 서로 연결되어 있다.[10] 어떤 정서와 그 반대되는 정서는 정서 바퀴의 맞은편에 위치하고 있다. 예를 들어, 감탄의 맞은편에는 증오가, 슬픔의 맞은편에는 기쁨이, 기대의 맞은편에는 놀람이 있다. 정서 바퀴는 각각의 바퀴살을 대표하

는 기본 정서들로부터 혼합되어 나타나는 정서들이 있다고 암시
한다.

정서를 색상환으로 표현한 것은 기본 정서 모형에 그것과 꽤
다른 어떤 모형이 결합된 것이라고 볼 수 있다. 이 다른 모형에서
정서는 두 개의 심리학적 과정의 상호작용, 즉 각성도의 높고 낮음
과 그 각성 여부가 긍정인지 부정인지에 따라 그려지는 결과물로
표현된다. 이러한 차원 모형에서 정서는 좀 더 기본적이고 유동적
인 두 개의 심리학적 차원들의 조합으로 나타나며, 이것은 "중요
한 상황 및 정서적 맥락에 따라 정서적 경험을 해석하고 정제하는
인지 과정"과 결합된다.[11] 이러한 관점에서 볼 때 우리가 경험함으
로써 인지하는 기본 정서들은 실제로 그렇게 기본적이거나 특별
하지 않다. 우리가 흔히 겪는 정서적 경험들이 얼마나 복잡하고
상호 연관되어 있는지를 떠올리면 바로 알 수 있다. 조너선 포스
너Jonathan Posner와 동료들이 지적하듯, 사람들은 "정서를 고립되고
분리된 실체로 인식하는 것이 아니라 오히려 모호하고 중복되는
경험으로 인식한다."[12] 그러므로 기본 정서들을 식별하는 것은 하
나의 연속체를 나누기 위한 다소 임의적인 방식일 수 있다.

일부 인지과학자들은 이것을 좀 더 분명히 밝히기 위해서 방
대한 양의 데이터를 체계적으로 살펴보았다. 이 데이터는 정서를
기능적으로 살핀 영상 연구들에서 나온 것이다. 1990년대 중반부

터 수천 명의 사람들이 이러한 영상 연구에 참여했다. 그들이 일종의 정서적인 일을 하는 동안 과학자들은 그 사람들의 뇌 활동 패턴을 측정했다. 매우 상이한 연구들을 합치고 정렬할 수 있는 방법 중 하나가 바로 메타 분석이다. 이것은 수많은 실험 결과를 객관적으로 그리고 계량적으로 종합하여 고찰하는 연구 방법이다. 연구자들은 이를 통해 잡다한 소음 속에서도 어떤 신호가 잡히기를, 그리고 이 신호가 주관적인 생각으로 끝날 수 있는 것에 객관적인 근거를 제공할 수 있기를 바란다.

뇌 속의 정서를 메타 분석해보니 분명하게 드러나는 결과가 몇 가지 있었다. 그중 하나는 뇌에서 특정 정서를 담당하는 특정 영역이 없다는 것이다. 수십 년에 걸친 연구를 살펴보면, (측두엽 내측에 위치한 뉴런의 집합체로 작은 아몬드 모양인) 편도체는 공포를 경험하는 데 중요한 부위이지만, 분노, 혐오, 행복, 슬픔과 관련된 네트워크에서도 활성화된다.[13] 대뇌변연계의 전형적인 정서 영역들과 대뇌피질의 일부 영역도 이러한 네트워크에 참여하지만 배타적인 방식은 아니다. 반면 스테판 하만Stephan Hamann이 강조한 것처럼, 신경촬영법(뇌 구조를 영상화하는 기법—옮긴이) 연구들을 보면 기본 정서들은 특정한 활성화 네트워크와 지속적으로 관련되어 있다.[14] 이는 기본 정서들이 종을 뛰어넘어 진화했고, 뇌에서 공용 네트워크를 이용한다는 생각과 일치한다. 하지만 크리스틴 린드

퀸스트Kristen Lindquist와 리사 펠드먼 배럿Lisa Feldman Barrett이 지적하
듯, 정서가 표현되는 맥락과 그 정서에 대한 행동 반응은 종에 따
라서 다르게 나타난다. 이것은 기본 정서들조차도 신경 네트워크
가 매우 다양하다는 것을 의미한다.[15]

　　타인이 관찰할 수 있는 정서의 공공연한 표현과 감춰져서 보
이지 않는 뇌 역학 사이의 어딘가에, 그러한 정신적 사건들을 실
제로 경험하는 사람이 있다. 정서적 사건들을 인식하고 경험하는
것은 그것들을 느끼는 것이다. 사람들은 모두 느낌이 주관적이며
개인적이라고 알고 있다. 하지만 인지과학자들은 느낌에서 좀 더
좋은 느낌을 받기 시작했다.

느낌이란 무엇인가

누군가가 자신의 정서를 애써 숨기려 하지 않는다고 가정했을 때,
사람들은 대체로 그 사람이 어떤 정서를 경험하고 있는지 쉽게 알
아차린다. 분노나 기쁨처럼 표현이 '큰' 정서일 때에는 더욱 그렇
다. 죄책감이나 자부심, 질투처럼 좀 더 '사회적인' 정서는 이내 알
아차리기 어려울 수 있다. 하지만 정서가 표현되는 상황을 어느 정
도 이해한다면(그리고 정서를 표현하는 사람과 그 사람이 소통하고 있는

다른 사람과의 관계를 이해한다면), 우리는 실제로 그런 정서들도 쉽게 알아차릴 수 있을 것이다. 인간에게 일차적 정서와 사회적 정서는 모두 사회적 상호작용에서 중요한 부분이다. 우리는 그런 정서들을 읽고 반응하는 데 능숙하도록 진화해왔으며, 문화는 그런 정서들이 적절히 표현되도록 여러 규칙들을 부과한다.

신경학자이며 인지과학자인 안토니오 다마지오는 타인이 읽기에 조금 더 힘든 정서 그룹이 있다는 것을 알아냈다. 그는 이것을 '배경 정서background emotion'라고 부른다. 배경 정서에는 "열정, [……] 불쾌나 흥분 상태 또는 날카롭거나 고요한 상태"가 포함된다. 대체로 이런 정서들은 그것을 관찰하는 사람보다 그것을 경험하는 사람에게 훨씬 더 분명히 인식되며, 신체에서 진행되는 자가조절 과정을 반영한다. 다마지오는 다음과 같이 썼다. "여기에는 체내에서 어떤 요구가 발생하거나 충족됨에 따라, 또는 다른 정서나 욕구 또는 지적 계산을 통해 평가되고 다루어지는 외부의 상황에 따라 수정되는 대사 조절 작용도 포함된다."16 배경 정서는 기분mood과 구별된다. 배경 정서는 지속적으로 진행되는 감정 상태를 반영하지 않고, 오히려 다른 정서들과 마찬가지로 몸과 마음의 현재 상태를 알린다는 점에서 그렇다.

배경 정서를 읽는 것은, 예를 들어 복권에 막 당첨된 어떤 사람이 기쁨으로 충만하다는 걸 알아내는 것보다 훨씬 더 어렵다.

그렇지만 신체의 움직임이나 얼굴 표정처럼 미묘한 비언어적 단서들을 포착함으로써, 다른 사람의 배경 정서를 이따금 이해할 수는 있다. 이런 배경 정서들이 감지되기 힘들다는 것을 감안할 때, 어떤 사람과 친숙해지면 그 사람의 배경 정서를 읽는 데 도움이 된다. 기본 정서들에 비해서 배경 정서는 개인의 행동에서 특별히 두드러지게 나타나지 않는다. 그래서 이런 정서들은 쉽게 오해되거나 잘못 해석될 여지가 많다.

예를 하나 들어보자. 예전에 나는 수영 대회에 출전한 아들을 관람석에서 지켜보았다. 경기가 끝나자 나를 잘 모르는 학부모 한 명이 다가와서 이렇게 말했다. "우와, 경기 내내 차분하시더군요. 저라면 절대로 그렇게 못할텐데 말이죠." 나는 지금껏 수영 경기를 많이 보았다고 그 학부모에게 중얼거리듯 말했다. 이건 사실이었다. 하지만 내가 차분했다는 말은 결코 아니다. 나를 잘 아는 사람이라면, 나의 고요함과 몸의 경직, 그리고 침묵은 차분함이 아니라 긴장의 표시라는 걸 알았을 것이다. 나는 당연히 알았다. 이러한 배경 정서들은 다른 사람한테는 아니더라도 나한테는 완전히 유효하기 때문이다. 우리 모두는 '우리가 어떻게 느끼는지'라는 중요한 평가를 내리기 위해서 이런 정서들을 사용한다. 하지만 배경 정서가 그 자체로 느낌은 아니다.

그렇다면 느낌이란 무엇일까? 다마지오가 제안하는 배경 정서의 개념은 우리를 느낌의 수준에 좀 더 가까이 데려간다. 그에 따르면 배경 정서와 느낌은 둘 다 신체 상태와 밀접한 관련이 있다. 다마지오는 느낌을 "신체의 특정 상태에 대한 지각인 동시에 사고의 특정 방식, 그리고 특정 주제를 가진 생각에 대한 지각"[17]으로 정의한다. 좀 더 간략히 정리하면, 느낌이란 "신체 상태의 변화를 동반한 정신적 경험"[18]이다. 정서연구자들이 대부분 그러하듯, 다마지오도 정서를 동물의 행동을 유발하는 자극에 대한 반응으로 본다. 그리고 그러한 정서에 대한 지각을 느낌으로 본다. 예를 들어보자. 공포의 정서는 우리의 안녕을 위협하는 어떤 것을 마주했을 때 우리가 갖는 생리적인 반응들의 집합이다. 반면 공포의 느낌은 그러한 정서에 대한 의식적인 지각이다. 이들은 외부 자극, 그리고 신체 상태의 전적으로 내부적인 변화 둘 다에 반응하여 발생할 수 있다.

정서와 마찬가지로 느낌도 뇌의 다양한 네트워크에 영향을 받는다.[19] 하지만 느낌의 핵심은 신체의 현재 상태에 대한 지각, 즉 우리 몸의 상태를 좌우하는 항상성 과정의 범위에 대한 평가다. 뇌의 기저부에 위치한 뇌줄기brain stem는, 이름 그대로 뇌와 척수를 줄기처럼 이어주면서 신체의 항상성을 유지하는 데 중요한 역할을 한다. 신체의 정보는 척수를 통해 뇌줄기로 전달된 다음, 간뇌의 시상을 지나 대뇌피질로 전달된다. 뇌줄기 안의 몇몇 독립된 부위들은 정서와 느낌이 발생하는 것과 관련이 있다. 이런 부위들은 호흡, 섭취, 배설 등과 같은 기본적인 생명 유지 기능을 통해 신체와 행동을 이어준다. 뇌줄기에서 이루어지는 신체 상태에 대한 내부적 모니터링, 즉 **신체내부감각**interoception은 "느낌이 발생하는 상태"[20]의 기반을 제공한다.

하지만 느낌은 우리의 정서를 단순히 지각하는 것이 아니다. 다마지오는 느낌을 "상호작용하는 지각"[21]이라고 부른다. 느낌은 신체의 현재 상태를 평가하는 것과 더불어, 외부의 대상 및 사건들을 지각하는 동안 발생한다. 결과적으로 신체의 상태는 지각된 대상이나 사건들에 대한 태도와 기억 등 여러 요인들에 의해 영향을 받을 수 있다. 지각된 외부의 대상은 변함이 없는 반면, 내부의 대상인 신체는 역동적이다. 이러한 결합은 결국 느낌 그 자체가 역동적인 현상이라는 것을 의미한다고 다마지오는 강조한다.

피카소의 인상적인 그림 「게르니카」를 처음 보는 사람이 있다고 해보자. 누구나 그 그림에서 숙달된 전문 기술과 매우 정서적인 주제를 볼 수 있다. 하지만 그 그림을 처음 본 사람에게 「게르니카」는 피카소가 열여덟 살 때 그를 차버린 여자아이의 이름이었다고 말해보자. 그 사람은 당황하거나 곤혹스러운 느낌을 받을 수 있다. 그 작품의 규모나 크기를 감안했을 때, 피카소가 다소 과잉 반응한 것처럼 보일 수도 있다. 그런 다음 그 사람에게 사실 이 그림은 1937년 4월 독일과 이탈리아의 파시스트 군대가 연합해서 벌인 무자비한 공습으로 거의 폐허가 된 스페인 바스크 지방의 작은 마을을 기억하기 위해 그린 작품이라고 말해보자. 게다가 그 무자비한 공습은 프랑코의 지시를 받던 스페인 민족주의자들이 요청한 것이라고도 설명해보자. 아마도 그 사람의 느낌은 바뀔 것이다. 그리고 피카소가 이 그림을 보는 사람이라면 누구라도 갖기를 원했던 바로 그런 느낌이 나타날 것이다.

인간의 정서와 느낌은 우리의 환경, 즉 발달적·역사적·문화적·심리적 환경에 영향을 많이 받는다. 분명 아주 기본적인 자극에 의해 드러나는 몇몇 기본 정서들이 있다. 예를 들어 공포는 밤에 우리를 놀라게 한 어떤 동물의 소리에 대한 반응이다. 달콤하고 짭짤하고 바삭바삭한 것처럼, 우리가 날 때부터 끌리는 것 같은 음식과 풍미는 그것들을 즐기는 동안 기쁜 정서를 불러일으킨다. 하지만 문화적·생물의학적 조건을 약간 고려했을 때, 초콜릿 케이크나 기름진 스테이크를 보고 등을 돌리는 사람이 있을 수도 있다. 대부분은 이런 음식에서 진한 풍미를 느끼지만, 그 사람은 이런 음식에 마음이 끌리지 않고 오히려 "불쾌"하거나 "역겨울" 수 있다.[22] 이 경우 역겨움의 신경생물학은 문화가 역겨움의 상태로 있으라고 지시하는 동안 일정하게 유지된다.

나는 여기서 상황의 중요성과 느낌의 가변성을 짚고 넘어가려 한다. 왜냐하면 다양한 문화권의 사람들에게 '집의 느낌'이 광범위하게 공유된다는 개념은, 외부의 대상과 느낌 사이의 불변성을 암시하기 때문이다. 우리의 뇌는 특정한 사물이나 환경에 대해 특정한 느낌을 형성하는 쪽으로 치우쳐 있을 수 있다. 어쩌면 이것은 우리의 뇌가 음성언어의 생산을 이끄는 네트워크들을 형성하도록 치우쳐 있는 것과 같은 방식일 수도 있다. 아니면 우리는 특정한 조건하에서 우리가 집과 연관 짓는 느낌을 생산하기 위해 결합하는, 다양한 정서적 능력을 갖고 있을 수도 있다. 전자는 생래적인 면을 강조하는 진화론적 관점과 일치하는 반면, 후자는 신경생물학과 환경 사이의 상호작용적인 관점과 일치할 것이다. 물론 상호작용적인 시각이 진화론적인 시각과 일치할 수도 있지만, 문화적 수준에서만 그렇다. 그리고 당연하게도 인간의 인지와 행동이 복잡하다는 것을 감안할 때, 둘 중 하나를 꼭 선택해야 할 필요는 없다. 실제로 왈피리 원주민의 예는, 집의 느낌이라는 개념이 상당히 광범위할 수 있다는 것을 보여준다. 그들에게 집은 어떤 구조물에 의해 정의된 장소가 아니라, 활동과 관계에 의해 그리고 기억과 정보에 의해 정의된 장소다.

지금까지 정서와 느낌의 토대에 대해서 알아보았다. 이제 우리는 집의 느낌을 인지적 관점에서 탐색할 준비가 되었다. 인간의 도덕 감각처럼 집의 느낌은 그 자체로 하나의 정서가 아니라, 어떤 환경에서 상호작용하는 다양한 정서와 인지 과정으로부터 이끌어내지는 것이다.[23] 우리는 집의 느낌이 한 가지가 아니라 여러 가지라는 걸 보게 될 것이다. 그리고 집의 느낌은 단순히 자기 자신에 대한 개인의 느낌에 관한 것이 아니라, 다른 모든 사람들에 대한 것이라는 점도 보게 될 것이다. 집은 인간이 바깥세상을 마주하기 위한 준비를 할 수 있는 공간을 제공한다. 이러한 준비에는 우리가 집 밖에서 성공하는 데 도움을 줄 수 있는 사람들과 중요한 관계를 맺는 것도 포함된다. 준비를 한다는 것은 몸과 마음을 쉬게 한다는 의미도 된다. 집은 세상일에 지친 우리를 다시 회복시키는 데 아주 탁월한 공간이다. 따라서 집의 느낌은 우리가 (사람 및 공간과) 관계를 맺고 휴식하고 회복하면서 경험하는 느낌들에서 나온다.

항상성의 느낌

당신이 엄격하기로 소문난 직장 상사의 집에 처음으로 초대받아 방문한다고 가정해보자. 게다가 일과 관련된 중요한 저녁 식사 자리다. 당신은 상사의 집에 도착하자마자 코트를 의자 위에 던지고 신발과 양말을 벗은 다음 가장 가까운 소파에 털썩 주저앉는다. 그러고는 몸을 긁적이며 이렇게 말한다. "와, 꼭 집에 있는 느낌이에요!" 상사는 당신의 행동에 깜짝 놀랄 것이다. 그런 행동은 지나치게 친숙하고 터무니없으며 더 나아가 아주 무례한 행동으로 해석될 수 있다. 부적절한 행동이기도 하지만, 더 큰 문제는 침범이다. 상사의 집에서 당신이 집에 있는 느낌을 받는다고 주장하는 것은, 상사가 상사의 개인적인 공간과 맺고 있는 관계를 침범하는 것이다. 그러한 주장은 불안정하거나 제대로 작동하지 못하는 정신 상태를 암시할 수도 있다. 어쨌든 평범한 사람이라면 상사의 집에 들어서는 순간 집의 느낌을 받지 못한다는 걸 우리는 모두 잘 알고 있다. 집의 느낌은 뭔가를 의미하며, 현실에서 그것은 단순히 주어진 것이 아니라 획득해야만 하는 느낌이다.

수필가 벌린 클링켄보그Verlyn Klinkenborg는 집을 "낯선 사람의 눈으로는 잠시도 볼 수 없는 공간"이라고 썼다.[24] 낯선 사람은 다른 누군가의 집을 살펴본다. 그리고 건물의 구조와 물건들, 즉 물질적인 것들에 의해 정의된 공간을 본다. 우리가 우리의 집을 살펴볼 때도 당연히 같은 것들을 본다. 하지만 이 물건들에 대한 우리의 상호적인 지각은 기억과 관계에 의해서, 그리고 신체의 휴식 및 회복으로 얻은 안도에 의해서 형성된 어떤 느낌을 발생시킨다. 집은 우리를 보호하고 우리에게 통제력을 준다. 많은 경우 이런 보호나 통제감은 실제보다는 환상에 가깝지만, 우리가 주변 환경에서 받는 온갖 스트레스에서 벗어나 일시적으로 휴식을 취하게 하기에는 충분하다.

집의 감각은 명시적으로 배울 필요가 없다. 그것은 대개 직관적인 느낌으로 형성된다. 우리는 이러한 느낌들을 완전히 형성한 상태로 태어나지 않는다. 특정한 언어를 말할 수 있는 능력이나 옳고 그름을 감지할 수 있는 능력을 갖고 태어나지 않는 것처럼 말이다. 오히려 집의 느낌과 그것을 경험하고 이용하는 능력은 적절한 발달 환경 속에서 흡수되고 양성된다. 집의 감각이 언어나 도덕성과 다른 점은, 사실상 우리 머릿속에서 일어나는 일에 관한, 우리가 장소에 대해 갖는 우리의 느낌에 관한 것이라는 점이다. 인간은 집의 느낌과 감각을 갖고 있지만 생물학적으로 타고난 건축가는 아니다. 우리 유전자는 벌집이나 개미집처럼 특정한 장소에 특정한 구조물을 지어야 한다고 프로그램되어 있지 않다. 또 구조물을 지을 때 특정한 행동을 반복해서 해야 한다고 되어 있지도 않다. 우리는 집을 지으려는 본능이 없다. 대신 도구를 만들고 사용한다. 주택이나 오두막, 아파트, 심지어 활동 영역이 구분된 동굴까지 이 모든 것들은 문화적 전통 안에서 길러진 우리의 기술적 지능을 보여준다. 하지만 우리는 진화를 거치면서 어떤 공간을 집으로 생각할 수 있는 능력을 갖게 되었다. 나는 집의 감각, 즉 집을 느낄 수 있는 능력은 도덕 감각과 매우 비슷하다고 생각한다. 뇌에 존재하는 여러 가지 다양한 정서적 네트워크와 항상성 네트워크의 산물이라는 점에서 그렇다. 도덕성의 근원지가 뇌에 단독으로 없는 것처럼 '집의 근원지'도 뇌에 단독으로 없다. 그 대신 우리 생활의 어떤 중심 장소가 인지적으로 특별해진다. 그러면서 느낌과 정서가 그 장소에서, 바로 우리가 집이라고 부르는 그 장소를 둘러싸고 합쳐진다.

집은 우리가 바깥세상에서 직면하는 어려움으로부터 우리의 몸과 마음을 회복시키는 공간이다. 오늘날 거대 도시에서 그러한 것처럼, 사람들이 모두 수렵채집인으로 살았을 때도 그랬을 것이다. 우리가 바깥세상에서 마주하는 시련과 고난은 우리를 지치게 하고 또 우리에게 안 좋은 느낌을 남길 수 있다. 이런 것들은 모두 집에서 바로잡힌다. 집은 우리 생활의 균형을 유지하기 위해 꼭 필요하다. 그리고 우리의 전체적인 항상성을 위해 필수적이다.

'전체적인 항상성'이란 무엇일까? 생리학에서 항상성이란 몸의 평형을 유지하기 위한 여러 신체 조절 과정들을 말한다. 먹고 마시는 행동과 소화 활동, 성적 행동, 체온 조절 등이 여기에 해당된다. 항상성은 뇌의 중요한 부위인 시상하부에서 조절된다.[25] 시상하부는 몸의 (소화관, 심근, 분비샘과 연결되어 있는) 자율신경계로부터 연락을 받은 다음, 이것을 변연계를 통해 대뇌피질까지 확장해서 연결한다. 우리가 집에 있을 때 얻는 안정과 균형의 감각은 생리적인 항상성과 정확히 일치하지는 않지만, 생리적 항상성은 우리가 돌아갈 집이 있을 때 얻을 수 있는 전체적인 항상성에 확실히 기여한다. 그리고 이것은 집에서 얻는 느낌의 일부이다.

안토니오 다마지오는 신체의 항상성 체계를 단계별로 구분한다.[26] 가장 낮은 단계에는 기본 반사, 대사 작용, 면역계가 있다. 중간 단계에는 쾌락 및 통증 행동이 있고, 그 바로 위에는 **욕구**의 개념과 밀접하게 연관된 과정들, 즉 기본적인 충동과 동기가 있다. 그리고 가장 높은 단계에는 정서와 느낌이 있다. 이것들은 사람들의 행동과 반응에 동기를 부여하는데, 의식적인 의사결정의 결과라기보다는 무의식적인 수준에서 종종 일어난다. 물론 의식적인 의사결정은 정서 및 느낌과 결합해 어떤 사람이 행동을 취하도록 할 수 있다.

집은 바깥세상에서 강요되는 불균형과 우리 생활을 조화롭게 맞출 수 있는 공간이다. 이러한 전체적인 항상성은 느낌 수준에 있는 신체의 항상성과 연결된다. 집의 느낌은 신체의 항상성 유지에 도움이 된다. 생리적 항상성이 더 효과적으로 얻어질 수 있는 환경, 즉 (상대적으로) 보호되거나 통제되는 환경에 우리 신체를 두도록 함으로써 그렇게 되는 것이다.

우리 삶의 균형을 유지하는 데 집이 어떤 도움을 주는지 떠올려보자. 먹는 것과 자는 것이 제일 먼저 떠오를 것이다. 먹는 것과 식욕은 뇌와 소화관 사이의 복잡한 연결망에 의해 조절되는데, 이는 연구자들이 이제 막 해명하기 시작한 문제다.[27] 허기와 포만의 느낌이 반드시 집과 직접적으로 연결되는 것은 아니다. 그러나 인류 진화에 있어서 혁신적인 점 한 가지는 먹을거리를 얻는 장소와 준비되고 소비되는 장소(집)가 종종 다르다는 것이다.

자는 것은 집과 더 강하게 연결되어 있을지도 모른다. 수면이 피곤에 지친 우리 몸을 완전히 회복시켜줄 때, 우리는 전체적인 수준에서 수면이 가져온 항상성의 이점을 느낀다. 수면은 두뇌 기능에 분명히 중요하다. 우리는 여러 연구들을 통해 잠을 제대로 못 자면 학습과 그 밖의 다른 인지 기능들이 지장을 받는다는 걸 확인할 수 있다. 게다가 알츠하이머병을 비롯한 수많은 신경 질환들은 수면 장애와 관련이 있다.

수면이 뇌의 항상성에 어떻게 도움을 줄까? 여기에는 몇 가지 견해가 있다.[28] 그중 하나는 우리가 깨어 있으면서 무언가를 하거나 배우는 동안, 우리는 불가피하게 (뉴런 사이의 연접 부위인) 시냅스의 활동성을 지속 불가능한 수준으로 높인다는 것이다. 생리학자들은 잠을 자는 동안 이러한 시냅스의 연결 활동이 활동적으로 유지할 수 있는 수준으로까지 하향 조절된다고 말한다. 또 다른 가설은 수면이 깨어 있는 동안 형성된 신경의 연결과 통로 들을 강화하는 데 필요하다는 것이다. 이것은 수면을 학습과 기억 형성에 필수적인 부분으로 만든다. 한편 최근의 연구는 깨어 있는 동안 세포 수준에서 생산된 유독한 노폐물이 잠을 자는 동안 깨끗이 없어진다는 걸 보여준다. 우리가 잠을 자는 동안 뇌척수액과 뇌 속의 세포외액 간의 교환이 증가하는데, 이를 통해 세포의 세척이 촉진되는 것이다. 이 모든 가설들을 보면 수면은 깨어 있는 동안의 신경 활동에 항상성의 균형을 제공한다.

허기와 피로는 강력한 동기 부여제이며, 신체의 근본적인 욕구들이 해결되어야 한다는 걸 보여준다. 집의 느낌 중 하나는 집이 이러한 욕구들을 충족시켜주는 환경이라는 기대이다. 기대, 희망, 믿음은 강력한 인지적 힘이 될 수 있다. 잘 알려진 플라시보 효과는 기대가 얼마나 강력한 힘을 발휘할 수 있는지, 그리고 그 기대가 행동뿐만 아니라 뇌와 신체의 생리 현상을 어떻게 조절할 수 있는지도 보여준다.

정서와 느낌처럼 플라시보 효과도 한때는 과학적인 연구를 넘어서는 것으로 여겨졌다. 그것은 약물 연구에서 통제되어야 하는 변인이었지 연구 대상은 아니었다. 예를 들어보자. 통증 치료를 받는 사람들 중 3분의 1은 일반적으로 치료 후에도 플라시보 효과를 보일 거라고 간주된다. 그런데 이 수치는 너무 높아서 실제 치료가 효과적인지 아닌지를 결정하는 데 매우 높은 기준을 세운다. 같은 약이라도 플라시보 효과의 정도는 문화에 따라 달라질 수 있다. 이것은 기대, 환자와 의사 관계, 약물에 대한 태도 사이의 복잡한 상호작용을 보여준다.[29] 새로운 뇌영상 촬영 기술과 생체의 분자생리기능을 추적하는 기술의 진보로 인해, 플라시보 효과는 이제 임상적인 수준에서 관측될 뿐만 아니라 그 효과를 뒷받침하는 메커니즘도 입증될 수 있다. 그래서 이제 우리는 플라시보가 통증, 불안, 우울, 중독, 알츠하이머병, 파킨슨병의 치료에 어떻게 영향을 주는지 더 잘 알게 되었다. 그리고 이것이 호흡기, 심장, 내분비, 그리고 우리 몸의 면역 체계에 어떻게 영향을 주는지도 잘 알게 되었다.[30]

프레드라그 페트로비크Predrag Petrovic와 동료들이 진행한 흥미로운 신경촬영법 연구는, 플라시보에서 나타나는 보상 기대와 정서 사이의 상호작용을 입증한다.[31] 그들은 피험자들에게 일련의 사진들을 보여주었다. 사진 중 일부는 무난한 것들이었지만 나머지는 (신체 절단처럼) 불쾌하고 불편한 사진들이었다. 그리고 페트로비크와 동료들은 피험자들에게 그 불쾌감을 종합적으로 평가해달라고 요청했다. 보상 기대를 형성하기 위해서, 실험 첫째 날 피험자들은 먼저 어떤 약물 치료도 받지 않은 채로 사진들을 보았다. 그런 다음 바로 항불안제를 투여하고 같은 사진들을 보았고, 그 후에는 항불안제에 대한 해독제를 투여하고 사진을 봤다. 예상대로 피험자들은 약물 치료 없이 사진들을 볼 때 가장 불쾌했다고 평가했고, 항불안제를 투여한 후에는 불쾌감이 급격히 줄어들었다고 보고했다. 피험자들은 실험이 시작되기 전에 이 실험이 어떻게 진행되는지 충분히 설명을 들었으므로, 약을 투여한 후엔 사진들에 대한 인식이 바뀔 거라고 기대할 수 있었다. 실험 둘째 날, 피험자들은 또 일련의 사진들을 보았다. 다만 이번에는 신경촬영법도 같이 진행했다. 그들은 전날 그랬던 것처럼 (항불안제나 해독제 같은) 약을 투여받을 거라고 믿었지만, 실제로는 (주사약 대신 식염수를 담은) 플라시보를 받았다.

대체로 피험자들은 플라시보를 받았을 때 사진들이 덜 불쾌했다고 평가했다. 다시 말해서 그들은 식염수만 맞았을 뿐인데도 불안이라는 정서가 감소되는 경험을 했다. 또한 기대 효과도 있었다. 첫째 날 약물 효과가 크게 나타났던 피험자들은 이후 플라시보 효과도 크게 나타났다. 페트로비크와 동료들은 신경촬영법 결과를 보고서 뇌의 전방대상피질과 안와전두피질의 일부를 아우르는 네트워크를 확인했다. 이 영역들은 정서의 과정이 높은 수준에서 처리될 때 종종 활성화되는 곳인데, 플라시보로 고통이 조절되는 동안에도 활성화되었다. 페트로비크와 동료들은 불안과 고통의 조절 둘 다에서 공유되는, 일반적인 플라시보 네트워크가 존재한다고 말한다. 게다가 보상 기대와 플라시보 효과가 갖는 효력 사이의 연관성은 뇌의 보상회로, 특히 신경전달물질 중 하나인 도파민에 의해 조절되는 보상회로의 중요성을 보여준다.

무엇보다도 플라시보는 기대가 갖는 영향력을 분명히 보여준다. 신체의 다른 시스템에 영향을 주는 플라시보의 능력은 기대가 우리 생활의 여러 측면들을 어떻게 형성할 수 있는지 보여준다. 집은 그 자체로 항상성 메커니즘이 아니다. 집은 우리가 배고플 때 음식을 제공할 수 없고, 우리가 피곤할 때 우리 몸에 활력을 불어넣어줄 수도 없다. 그러나 아주 긴 진화적 시간을 거치면서 그리고 비교적 짧은 우리 생애를 거치면서, 집은 우리가 이러한 근본적인 욕구들이 충족될 거라고 기대하게 된 공간이다. 이러한 기대는, 다시 말해 신체의 가장 기본적인 항상성 시스템 중 두 개와 연결된 이러한 기대는 집의 느낌이 갖는 본능적인 힘의 원천이 된다.

집은 사람들이 살면서 생리적인 항상성을 얻는 공간들 중 하나다. 그래서 우리가 집의 느낌을 묘사할 때 편안함이나 안정, 안전 같은 단어들을 사용하는 건 놀라운 일이 아니다. 이런 것들은 의식적인 자기 성찰에 의해 표면화되거나, "지금 느낌이 어때요?" 같은 질문들에 의해 조성되는 배경 정서다. 집안 생활에서 이와 똑같이 중요한 질문은 "어떻게 느끼기를 기대하나요?"이다. 상사의 집에 들어가서, 너무 빨리 그리고 너무 열렬히 집의 느낌을 갖는 건 단지 사회적 결례만이 아니다. 그것은 어떤 장소에 대한 사람의 직관적인 기대가 어떠해야 한다는 근본적인 오해를 배반한다. 어떤 의미에서 한 장소(이를테면 주택)는 시간이 지남에 따라 우리의 항상성 욕구들을 해결해준다는 것을 증명함으로써 집이 될 권리를 '얻는다.'

뇌의 휴식처

현대 사회에서 바쁘게 살아가는 많은 사람들에게, 적어도 집은 휴식을 취하고 긴장을 풀고 잠시 자유를 즐기면서 기분을 전환할 수 있는 장소를 제공한다. 어쩌면 집은 아주 오랫동안 그래왔을 것이다. 사교 활동이 많은 젊은 도시인과 수렵채집인 둘 다에게, 집은 바깥세상에서 발견될 수 있는 자극과 새로움이 최소한 어느 정도는 부재한 곳으로 정의된다.

　내가 사무실에 앉아서 창밖을 응시하며 먹이통에 모여든 새들을 멍하니 바라볼 때, 그러니까 새들을 보기는 하지만 실제로는 보는 게 아닌 상태에서 머릿속으로 이 생각 저 생각을 할 때, 내 뇌는 정확히 무엇을 하고 있을까? 무엇인가를 하고 있을까, 아니면 아무것도 안 하고 있을까? 심리학자들은 오랫동안 '뇌 상태 brain states'라고 불리는 어떤 것을 인식해왔다.[32] 이것은 기분mood과는 구별된다. 기분이 뇌 상태와 상호작용할 수는 있지만 말이다. '경계alertness'는 중요한 뇌 상태이다. 우리는 행복하면서 경계할 수 있고, 또 슬프면서 경계할 수 있다. 하지만 경계 상태의 뇌가 특정하게 갖고 있는, 지속적으로 강화된 인식 감각은 특정 신경 네트워크에 의해 유지된다. 뇌 상태 간의 전환은 대개 무의식적으로 일어나지만, 명상은 사람들에게 어떻게 하면 의식적으로 하나의 뇌 상태에서 다른 뇌 상태로 전환할 수 있는지를 가르친다. 뇌영상 연구들은 숙련된 명상가일수록 뇌 상태 간의 전환이 쉽고 활성화가 감소한다는 것을 보여준다. 예를 들어 (정신을 집중하는 것처럼) 주의를 기울일 때 활동이 관찰되는 뇌의 부분들에서 활성화가 감소한다.

딴생각에 빠지거나 공상에 잠겨 있는 뇌 상태를 **휴지 상태**resting state라고 한다. 휴지 상태는 수면과 같지 않다. 우리가 완전히 깨어 있고 의식하고 있다는 점에서 그렇다. 눈을 감고 있을 수도 있고 뜨고 있을 수도 있지만, 실제로는 어떤 것에도 시각적으로 집중하고 있지 않다. 우리는 보통 차분하고 편안하며 휴식을 취하고 있다. 휴지 상태 동안 우리의 의식적인 자각은 자극에 영향을 받지 않는 생각들로 채워져 있다. 다시 말해 이런 의식적인 자각들은 우리를 둘러싸고 있는 환경에서 오는 것이 아니라 우리의 머릿속에서 생긴다. 사람들이 공상에 잠겨 있을 때, 그들은 '멀리 떨어져 있는' 듯 보일 수 있고 또 그런 거나 다름없다. 왜냐하면 그들의 집중력이 주위 환경에 있지 않기 때문이다.

휴지 상태인 뇌는 생리학적으로 휴식하고 있지 않다. 우리는 여러 매체들을 통해, 뇌가 어떤 작업을 할 때 특별히 활성화되는 부분을 화려한 색깔 얼룩으로 보여주는 기능적 뇌영상 이미지를 볼 수 있다. 그런데 이런 이미지에 있어서 많은 오해의 소지를 불러오는 것 중 하나는, 이 이미지들이 뇌가 어떤 작업을 할 때 적극적으로 활성화되지 않는 부분들은 전부 제거하고 만들어진다는 것이다. 놀랍게도 연구자들은 어떤 작업을 하는 뇌 네트워크의 에너지 소비 증가가 휴지 상태일 때보다 겨우 5퍼센트 정도 높다는 걸 발견했다.

신경촬영법의 선구자인 마커스 라이클Marcus Raichle과 동료들은 휴지 상태인 뇌의 활동을 가장 먼저 심도 있게 살펴본 연구자들 중 하나다.[33] 라이클과 동료들, 그리고 휴지 상태인 뇌의 활동을 자세히 살펴본 다른 연구자들은 아주 근본적인 사실을 하나 발견했다. 그것은 휴지 상태인 뇌의 "고유한 활동"이 그저 단순한 무작위적 소음이 아니라는 사실이다. 라이클은 이럴 때 나타나는 뇌의 특정 부위를 "디폴트 모드 네트워크default mode network, DMN"라고 명명했다. 이것은 뇌가 목표지향적인 일을 시작할 때 뇌의 활성화를 확실히 감소시키려 하는(활성화되는 뇌의 영역이 어디든지 상관없이) 뇌 영역들의 네트워크이다. 휴지 상태인 뇌의 이러한 활성화 징후는 높은 수준의 시각적 처리와 관련된 대뇌피질의 일부와, 인지와 정서를 중재하는 것과 관련된 대뇌피질의 일부에서 나타난다.

DMN뿐만 아니라, 휴지 상태인 뇌의 활성화는 꽤 광범위한 변동을 보여준다. 이 변동은 처음 언뜻 보기에는 무작위로 나타나는 것 같았다. 하지만 좀 더 심층조사를 해보니 상당히 작위적이고 두드러지는 무언가가 드러났다. 휴지 상태인 뇌의 소음에서 나타나는 것은 기능적 뇌 네트워크와 일치하는 신호들이다. 휴지 상태인 뇌는 이 네트워크들을 아주 짧게 잇따라서 활성화시키는데, 외부의 작업이나 자극이 없는 상태에서도 그렇게 한다. 36명의 피험자 그룹과 수많은 기능적 뇌 연구 데이터베이스를 비교분석한 연구가 하나 있다. 이 연구는 휴지 상태인 뇌의 활성화가 10개의 개별적인 기능 영역으로 분류될 수 있다는 것을 알아냈다.(이 영역들은 언어, 기억, 시각적 지각 등 일부 인지 작업이나 감각 처리와 관련되어 있었다.) 그리고 그 각각은 다수의 기능적 하위 네트워크로 나뉠 수 있다는 것도 알아냈다.[34] 휴지 상태인 뇌의 활성화에 관한 연구는 진화에 관한 통찰도 제공한다. 한 연구는 원숭이와 인간의 휴지 상태 뇌 네트워크를 비교했다.[35] 중복이 있기는 하지만, 인간 고유의 네트워크들은 전두엽과 두정엽에서 확인되었다. 이 두 곳은 우리의 진화 과정에서 가장 중요하게 확장된 뇌의 부위이다.

우리는 휴지 상태인 뇌의 활동을 통해 무엇을 할까? 한 가지 확실한 것은, 사람들이 깨어 있는 시간의 상당 부분을 그런 상태에서 보낸다는 것이다. 심리학자 매튜 킬링스워스Matthew Killingsworth와 대니얼 길버트Daniel Gilbert는 아이폰 앱을 이용해 하루 중 아무 때나 무작위로 수천 명의 사람들(주로 미국인들)에게 설문조사를 했다. 그들은 설문 대상자들에게 무엇을 하고 있었는지 혹은 무엇을 느끼고 있었는지 물었다. 킬링스워스와 길버트는 사람들이 자기 시간의 46.9퍼센트를 딴생각을 하며 보낸다는 것을 발견했다. 다시 말해 깨어 있을 때조차도 우리 뇌는 약 절반의 시간 동안 휴지 상태에 있다.

우리가 딴생각에 빠진 동안 하는 일 가운데 하나는 정신적인 시간 여행이다. 심리학자 마이클 코벌리스Michael Corballis는 과거를 회상하고 미래를 예측하는 능력, 또 계획을 세우고 그 계획의 진행 여부에 따라 다시 계획을 세우는 능력은 인간의 독특한 특성인 것 같다고 강조한다. 다른 동물들에게도 계획 능력이 약간은 있다. 특히 주변 환경의 문제들을 극복할 때 그런 능력을 발휘한다. 하지만 코벌리스가 쓴 것처럼, 우리의 정신적 시간 여행은 "각기 다른 사건들에서 각각 다른 조합으로 나타난 [……] 사람, 행동,

물건, 정서 등등의"³⁶ 기억들을 끌어낸다. 정의에 따르면 휴지 상태인 뇌는 외부 자극의 압박과 운동 동작 처리에 대한 내부의 요구들로부터 최소한 일시적으로 자유롭다. 딴생각을 할 때 우리는 과거와 현재의 여러 세계들을 접하게 된다.

집은 우리가 잠을 자는 공간인 것처럼, 우리가 가장 안전하고 안정적으로 휴식하는 뇌 상태를 가질 수 있는 공간이기도 할 것이다. 일상생활에서 이런 뇌 상태로 많은 시간을 보내는 게 분명하다면, 우리에게 이것이 **필수적**이라고 말할 수 있을까? 의심의 여지없이, 휴지 상태인 뇌의 고유한 활동은 건강하고 제대로 기능하는 뇌의 징후이다. 연구자들은 비교적 길지 않은 시간 동안 이 주제를 탐구해왔는데, 알츠하이머병, 우울증, 조현병, 자폐증, 주의력결핍 과잉행동 장애ADHD 등의 질환에서 휴지 상태인 뇌 활동의 붕괴가 관찰되었다. 한 가지 희망적인 것은 알츠하이머병처럼 진행성 질환의 경우에, DMN의 부족이 질환의 확실한 임상적 징후보다 먼저 나타날 수 있다는 것이다. 따라서 DMN은 이런 질환의 초기 생체지표로서의 역할을 할 수 있다. 그렇다면 우리는 뇌의 영구적 손상이 너무 많이 일어나기 전에 임상적 치료를 할 수 있을 것이다. 집은 뇌 발달을 위해 중요한 환경이다. 그리고 뇌가 발달하면서 DMN도 발달된다.³⁷ 현 시점에서 우리는 이러한 발달 환경의 붕괴가 휴지 상태인 뇌 상태를 바꿀 수 있는지 없는지,

혹은 그러한 붕괴로부터 파생되는 인지적 결과가 훗날 인생에서 어떻게 나타날지는 알지 못한다.

집에 있는 것은 세상의 일부가 되는 것이자 세상으로부터 벗어나는 것이다. 마치 휴식을 취하면서 딴생각을 하는 뇌가 외부 자극보다는 내면과 더 많이 관련되어 있는 것처럼 말이다. 집과 휴지 상태인 뇌 상태를 연결하는 가장 중요한 고리는, 휴식을 취하고 외부 자극에 주의를 기울이지 않는 것이 집 환경에서 더 안전할 뿐만 아니라 더 받아들이기 쉽다는 것이다. 바깥세상의 다른 모든 혼란과 자극이 아니더라도, 우리는 사회적 동물이며, 사회적 관계에서 해방되는 것은 그만큼의 결과들을 가져올 수 있다. 내가 볼 때 대부분의 사람들은 바깥세상에서 너무 많은 자극을 받기 때문에 집이 제공하는 한가한 시간을 고마워하는 것 같다. 아마도 그들은 항상성의 균형을 찾고 있는 것이다. 장기적으로 볼 때, 뇌가 어떤 일을 하거나 주변에 주의를 기울이기 위한 에너지 요구량이 상당 정도 증가하면 결국에는 그에 상응하는 비용을 치러야 하는데, 그것은 집에서의 상대적인 휴식기를 통해 보상받을 수 있다.

긴장이 완화된 뇌

휴지 상태인 뇌가 반드시 긴장이 완화된 뇌는 아니다. 자기공명영상MRI 기계에 누워서 눈을 감고 딴생각을 하며 '실제' 검사가 시작되기를 기다리는 사람이 있다고 하자. 그 사람의 뇌는 휴지 상태일 수 있다. 하지만 그러한 상황에선 본질적으로 긴장을 누그러뜨릴 수 없다. 사람들은 종종 그들의 집 환경을 쉬면서 재충전하는 장소이자 긴장을 풀며 편안히 있는 곳으로 여기며, 적어도 그게 이상적이라고 본다. 물론 현실에서는 집이 언제나 긴장을 완화할 수 있는 곳은 아니어서, 집에서 멀리 떨어질 때 휴식을 취할 수 있는 사람들은 떠나기를 선택할 것이다. 하지만 좀 더 전통적인 시대를 떠올려보면, 당시에는 긴장을 풀 수 있는 다른 선택지가 없었을지도 모른다. 예를 들어 모퉁이 술집이나 피트니스센터 같은 곳들 말이다. 집이 바깥세상의 개입으로부터 분리되어 수면과 휴식에 도움이 되는 공간을 제공하는 것처럼, 집은 최소한 긴장 완화의 가능성과도 관련이 있다.

　실험적 환경에서 진짜로 긴장이 완화된 뇌를 연구하는 건 어렵다. 하지만 명상을 인지적으로 살펴본 연구들 중에서 우리가 이용할 수 있는 대용물을 하나 찾아볼 수는 있다. 그러나 신경과학자 앙투안 루츠Antoine Lutz와 동료들이 언급하듯, 명상은 단순히 긴장 완화가 아니다.[38] 사실 명상에는 여러 종류가 있고, 또 명상을 통해 얻고자 하는 정신적 변화들도 명상법마다 그 목표가 뚜렷하게 다르다. 그중에서도 오픈 모니터링open monitoring, OM으로 알려진 명상법은 집에서 느끼는 것과 같은 긴장 완화를 떠오르게 할 것이다. OM 명상의 목표는 외부 대상에 주의를 기울이는 것이 아니라, '일반적으로 사람들에게 내재되어 있는 정신적 기능들'의 감각을 강화하는 것이다. OM 명상은 사람들이 명상을 할 때 배경 정서나 신체 감각, 딴생각을 의식하는 건 허용한다. 하지만 이런 것들 중 어느 하나가 주의의 대상이 되는 건 허용하지 않는다. 의식은 어떤 주의력 없이 지속된다. 어쩌면 모순적이게도, 이런 잠재적인 외부 및 내부의 방해 자극들을 의식함으로써 그 자극들을 통제하고 무시할 수 있으며, 정신이 더 복잡한 활동을 하게끔 자유를 줄 수 있다. 어느 OM 명상 실천가는 블로그 게시물 작성을 다음과 같이 묘사했다. "나는 키보드를 칠 때마다 키보드를 누르는 내 손가락과 내 호흡을 의식하도록 내버려둔다. 그리고 의자에 기댄 등의 따뜻함을 느끼도록 내버려둔다. 갑자기 떠오르는 이런저런 생각들도 의식한다. [……] 나는 그것들을 지켜보고 그것들이 떠나가게 그냥 둔다. 이런 활동들은 모두 현재의 나를 있는 그대로 유지한다. [……] 글이 어려움 없이 술술 써진다."[39]

명상을 기능적 신경촬영법으로 찍은 보고서를 보면 매우 복잡하고 또 일관적이지 않다.[40] 명상 상태에서는 (명상을 하지 않는 상태와 대조적으로) 보통 여러 뇌 영역의 활성화/비활성화가 변화를 보인다. 숙달된 명상가의 뇌는 덜 숙달된 명상가의 뇌와 구별된다. 그리고 단기간의 훈련이라도 초보 명상가의 뇌 활성화를 변화시킬 수 있다. 명상을 하는 동안 관찰되는 뇌의 활성화/비활성화는 DMN에서 보이는 것과 일부 중복될 수 있다. 하지만 DMN이 상당히 광범위하다는 것을 감안하면 이 둘에서 보이는 중복의 의미는 제한적이다. 흥미롭게도 오랫동안 명상을 한 사람들의 뇌를 보니 실제로 해부학적 구조에 변화가 있었다. 전두엽과 해마 일부분에서 회백질의 증가가 관찰된 것이다.[41] 명상은 기능적으로뿐만 아니라 구조적으로도 아주 유연한 뇌를 형성할 수 있다.

이런 신경촬영법 데이터들(명상에 대한 뇌파(뇌전도 혹은 EEG) 연구를 포함해서)을 모두 종합할 때, 앙투안 루츠와 동료들은 명상하는 뇌를 휴지 상태의 뇌나 경계하는 뇌처럼 또 다른 뇌 상태로 봐야 한다고 주장한다.[42] 이들은 명상이 훈련을 통해서 뇌의 기본적인 기능에 지속적인 변화를 일으킬 수 있다고 말한다. 그러한 변화는 뇌의 다양한 활동 과정에 영향을 미칠 수 있다.

OM 명상으로 유도된 뇌 상태는 우리가 집에서 경험하는 긴장 완화 상태를 이해할 수 있게 해준다. 긴장이 완화될 때 우리는 우리의 몸과 마음을 들여다보지만 너무 유심히 살피지는 않는다.

또 주변에서 일어나는 일들에 지나치게 주의를 빼앗기지도 않는다. 긴장이 완화된 상태에서도 우리는 여전히 목표 지향적인 행동을 할 수 있다. 어쩌면 평소보다 신경을 덜 빼앗기기 때문에 훨씬 더 효율적일 수도 있다. 긴장 완화와 OM 명상의 큰 차이점은, 명상가들이 부정적인 것이나 매우 산만한 것 또는 불안감을 유발하는 감각이나 현상을 더 잘 다루도록 훈련받는다는 것이다. 그들은 대부분의 사람들이 긴장을 풀 수 없는 조건하에서 긴장 완화와 같은 뇌 상태를 유지한다.

집의 느낌은 딱 한 가지가 아니다. 최소한 세 개의 서로 다른 뇌 상태, 즉 생리적 항상성의 기대, 휴식, 그리고 긴장 완화의 뇌 상태를 포함하고 있다. 그리고 이것들은 모두 바깥세상보다 집에서 얻을 가능성이 더 크다. 집이 아닌 곳에서 집에 있는 것 같다고 말할 때, 우리는 이런 뇌 상태의 일부 혹은 전부가 경험될 수 있다고 느끼거나 예측하는 것일지도 모른다. 물론 실제 집이 아닌 곳에서 집의 느낌을 너무 빨리 받는 것도 부적절할 수 있다. 이것은 위험한 일이 될 수 있으며, 특히 먼 과거에는 더 그랬다. 하지만 집의 느낌은 개인의 내부에서 일어나는 뇌 상태를 넘어선다. 그것은 종종 집을 공유한 사람들 간의 관계를 포함한다.

공감의 영역인 집

딕 체니 전 부통령과 롭 포트먼 오하이오주 상원의원은 둘 다 공화당 출신으로, 이들이 보수 우익 정치인이라는 것을 반박하기는 힘들 것이다. 그러나 2000년대에 그들은 동성 결혼 문제에 대해 공화당원 대다수와 의견을 달리했고, 더 나아가 동성 결혼을 공개적으로 지지했다. 그들에겐 사실 동성애자 자녀들이 있었다. 체니의 딸 메리와 포트먼의 아들 윌이 바로 그들이다. 곤경에 빠진 자녀들과의 강화된 공감이 동성 결혼에 대한 그들의 정치적 입장에 영향을 주었다고 볼 수 있다. 이것은 '롭 포트먼 효과'로 잘 알려져 있다. 여론조사원들은 동성 결혼을 지지하는 미국인들의 비율과, 가족이나 가까운 친구 중에 동성애자가 있다고 응답한 사람들의 비율이 거의 똑같이 증가한다는 것을 발견했다.[43] 이것은 쉽게 '공감 효과empathy effect'라고 할 수 있다.

당연히 공감은 어느 정도까지만 확대된다. 메리 체니의 친언니인 리즈 체니는 와이오밍주에서 잠깐 상원의원을 지내는 동안 동성 결혼에 반대 입장을 취했다. 그리고 인디애나주 하원의원인 마일로 스미스가 동성 결혼 금지를 위해서 인디애나주의 헌법 개정을 주도했을 때, 캘리포니아주에서 동성 파트너와 동거하고 있던 그의 아들 크리스는 이를 공개적으로 비판했다. 그럼에도 불구하고 마음 깊이 고수하던 정치적·종교적 믿음까지도 바꿀 수 있는 공감의 힘은, 체니와 포트먼의 인상적인 전향에서 확실히 볼 수 있다.

공감empathy은 다른 사람의 정서적 상태나 상황(그 사람이 느끼는 것 혹은 느낄 것으로 기대되는 것)을 이해하는 데서 발생하는 정서적 반응이다. 공감과 연민sympathy은 둘 다 다른 사람의 정서적 곤경에 대한 정확한 인식을 필요로 한다. 하지만 공감은 단순히 상대방한테 필요한 것이 무엇인지에 관심을 보인다기보다는 상대방의 정서를 여러 측면으로 느낀다는 점에서 연민보다 좀 더 강력한 정서다. 심리학자 장 디세티Jean Decety는 처음으로 공감하는 뇌를 조사한 중요한 연구자들 중 하나다.[44] 그는 공감을 위한 기본적인 신경메커니즘이 다른 정서들의 신경메커니즘과 마찬가지로 오래 전 포유류의 진화 과정에서 생겨났다고 주장한다. "정서 전이"의 증거는 설치류에게서 볼 수 있다. 예를 들어 쥐들은 낯선 쥐보다는 가까운 친척 쥐의 고통을 관찰한 후에 동작을 멈추고 숨을 죽이는 행동을 훨씬 더 쉽게 보인다. 우리와 가까운 영장류는 다른 영장류의 정서적 고통에 반응하여 다양한 사회적 행동 및 진정 행동들을 보여준다.

우리 자신과 다른 영장류들처럼, 일부 포유류한테 공감은 어미와 자식 간의 유대 관계에서 가장 기본적으로 나타난다. 디세티가 쓴 것처럼, "양육자가 반드시 아이와 공감해야 한다는 점에서 애착은 공감 없이 존속할 수 없다."[45] 우리 대부분이 알고 있듯이 인간의 경우, 강하고 지속적인 정서적 애착 관계는 엄마와 (현재 가장 나이 어린) 자식 사이에서만 나타나는 것이 아니다. 그것은 나이가 더 많은 자식들과 엄마의 생식 파트너에게까지도 확장될 수 있다. 강한 공감적 유대 관계는 아빠와 자식, 그리고 형제자매들 사이에서도 형성될 수 있다.

다른 복잡한 인지 현상처럼, 공감은 어린이가 어른으로 성장하면서 발달한다. 디세티의 기능적 신경촬영법 연구는 어린이가 어른으로 성숙하면서 뇌의 공감 네트워크가 어떻게 변하는지를 보여준다. 어린이와 어른 모두 고통을 겪는 사람들을 보는 동안 뇌의 "고통 기반"의 일부 영역들이 공감적으로 활성화되었다. 생각지 못한 고통으로 괴로워하는 사람들의 사진들을 볼 때, 측두엽에 있는 뇌도insula와 전방대상피질처럼 정서 및 느낌과 관련된 영역들에서 활성화가 보였다. 그리고 다른 영역들 중에서는 운동 및 감각의 대뇌피질에서 활성화가 보였다. 다른 사람에 의해 해를 입은 사람들의 사진을 볼 때는, 전전두엽피질의 몇몇 영역들에서도 활성화가 관찰되었다. 뿐만 아니라 편도체의 활성화도 증가되었는데, 이는 훨씬 더 중요한 정서적 내용을 시사한다. 피험자의 나이가 어릴수록 편도체의 활성화는 더욱 강해졌다. 이것은 아이들의 정서적 활동이 늦게 성숙되는 고등의 대뇌피질 영역들보다 일찍 성숙되는 변연계 구조들에 의해 더 주도된다는 주장과 일치한다.

공감은 개별 관계들뿐만 아니라 집단의 멤버십이나 동일시에 의해서도 영향을 받는다. 예를 들어 명백한 인종차별주의자들의 경우에서 우리는 이것이 사실이라고 예상할 수 있다. 하지만 여기에는 잠재의식적인 영향들이 있을 수도 있다. 심리학자 샤오징 수Xiaojing Xu와 동료들이 실시한 신경촬영법 연구에서, 각각 중국인과 백인인 피험자들은 고통스런 상황에 처한 사람들의 이미지들을 보았다. 이미지 속의 사람들은 피험자들의 내집단이거나 외집단이었다.[46] 내집단 구성원들의 고통스런 이미지를 봤을 때, 두 그룹은 모두 전방대상피질과 뇌도 그리고 전두엽의 일부를 포함해서 공감적 반응과 일치하는 뇌의 활성화를 보였다. 하지만 외집단 구성원들의 고통스런 이미지를 봤을 때에는 전방대뇌피질의 활성화가 현저히 감소했다. 이것은 중국인과 백인 피험자 모두에게 해당되었다. 이미지의 불쾌감이나 고통의 강도를 주관적으로 기록한 것을 봤을 때, 그 피험자들에게서 집단 편향은 전혀 나타나지 않았다. 때문에 중국인과 백인 피험자들은 고통에 빠진 대상자들을 의식적인 수준에서는 모두 같은 방식으로 바라보았지만, 잠재의식적인 수준에서는 내집단 구성원에 대해 훨씬 더 깊게 공감했다고 주장할 수 있다.

인종과 민족성이 공감적 반응에 영향을 미치는 유일한 요소는 아니다.[47] 다른 신경촬영법 연구들에서는 고통스러운 상황에 빠진 사진 속의 사람이 사랑하는 사람이냐 낯선 사람이냐에 따라서 피험자들의 공감 반응에 차이가 있었다. 또는 어떤 축구 팬이 고통에 빠진 누군가를 구하기로 결심할 때, 그 사람이 같은 팀의 동료 팬인지 아니면 상대 팀의 팬인지에 따라서도 차이가 있었다. 이러한 결과는 놀랍지 않다. 인간의 사회성은 무작위가 아니다. 우리는 지속적으로 소속된 집단 안에서 상호작용하며 산다.[48]

인간 사회에서 가장 기본적인 내집단은 집을 공유하는 사람들로 구성된다. 우리는 주로 가족들과 집을 공유하지만 항상 그런 건 아니다. 사실 우리가 우리의 친척을 식별할 수 있는 능력은 유전자 탐지가 아니라 인지와 상황에 기초한다. 때문에 집은 그 자체로 누가 가족이고 가족이 아닌지에 대한 우리의 느낌을 형성하는 데 중요하다. 일부 노동자들은 (전통적인 수렵채집법이 없는) 현대의 직장을 '집처럼 느끼기' 시작했고, 또 그들은 서로를 '가족처럼 느낀다.' 이것은 단지 비유적 표현이 아니다. 시간, 근접성, 친밀감은 우리가 집을 느끼는 것과 같은 방식으로 직장을 느끼게 한다.

공감은 집에서 발생하는 가장 강력한 정서일 것이다. 그래서 공감의 느낌은 집의 느낌을 구성하는 중요한 부분이다. 집에서 이뤄지는 공감의 범위는, 정서를 나누면서 상호 유익한 관계에 있는 거주자들을 아우른다. 체니와 포트먼 같은 보수적인 미국 정치인들이 그들의 자녀들에게 공감하여 자신들의 삶에서 중요한 또 다른 내집단의 정책을 부인했다는 것은 놀라운 일이 아니다. 어쩌면 정치인들이 가족보다 사회 정책을 선택하는 게 더 놀라운 일일 것이다. 집에서의 생활을 너무 깊이 들여다보지 않더라도 우리 대부분은 경험을 통해 이러한 공감의 위반이 가족 관계에 절대로 좋지 않다는 것을 알고 있다.

동기화되는 생활

많은 사람들이 그러했듯 나도 젊었을 때에는 다양한 주택 환경에서 임의로 구성된 룸메이트들과 함께 살았다. 우리는 때로는 같이 살기 전부터 친구였거나 친구의 친구이기도 했고, 혹은 완전히 처음 보는 사람들(이기도 했지만 전반적으로 비슷한 사회경제적 계층)이었다. 그때 잘만 되었다면 우리는 몇 년 동안 집을 공유한 가족 같은 관계까지는 아니더라도, 그것과 비슷한 끈끈한 우정을 발전시켰을지도 모른다.

　나는 (까다로운 성격이나 찜찜한 위생 상태 외에도) 가정의 화목을 가로막는 한 가지가 있다고 생각했다. 그건 다른 사람들과 같지 않은 몇몇 룸메이트들의 스케줄이었다. 그들은 그 집 대다수 사람들과 생활 패턴이 일치하지 않았다. 일이나 공부 스케줄, 혹은 지극히 야행성인 생활양식 때문이었다. 근본적인 이유가 무엇이든, 그리고 설령 그들이 다른 구성원들과 잘 어울렸다 하더라도, 그들은 스케줄이 같지 않아서 완전히 통합된 집의 구성원이 될 수 없었다.

당신이 가정을 공유하는 사람들의 동시성synchrony에 대해 들었을 때 가장 먼저 떠오르는 건 아마도 월경주기의 동시성일 것이다. 이런 현상은 1971년 마사 매클린톡Martha McClintock에 의해 처음 보고되었다.(당시 학부생이었던 매클린톡은 이후 유명한 이론심리학자가 된다.) 매클린톡은 미국 동부의 한 여자 대학교에서 기숙사를 함께 쓰는 여자 대학생들이 시간이 지나면서 월경주기가 같아지거나 적어도 점차 비슷해진다는 것을 발견했다. 이는 페로몬이 쥐의 생리주기에 영향을 준다고 알려진 것처럼 인간의 생리주기에도 영향을 미칠 수 있다는 가능성을 제기했다. 아니면 한 집에서 같이 사는 근접성의 어떤 면들이 생리주기를 일치시켰는지도 모른다. 유감스럽게도 다양한 모집단을 대상으로 한 후속 연구와 이러한 유형의 데이터를 분석한 통계들을 검토한 결과, 인간(혹은 감금된 영장류들)이 월경주기의 동시성을 갖고 있다는 주장의 신뢰성은

상당히 떨어졌다.[49]

월경주기의 동시성이라는 아이디어는 여러 이유에서 흥미롭다. 이러한 생각은 분명 숙소의 공유가 사람들을 일치시킬 수 있다는 직관적인 감각에 기초하고 있을 것이다. 그곳이 여자 기숙사이든 군 내무반이든, 그건 상관이 없다. 함께 사는 사람들은 중요한 방식으로 동시성을 갖게 된다. 심리적으로, 심지어는 생리적으로도 그렇다. 예를 들어 한 연구는 결혼한 동거 커플들에게서 기분과 코르티솔(스트레스 호르몬) 수치의 "공동조절coregulation"이 있다는 것을 보여주었다.[50] 이러한 동시성은 결혼 생활에 덜 만족하는 커플들에게서 훨씬 두드러졌다. 부정적인 기분은 "전염성"이 있었고, 이런 기분은 스트레스를 증가시키기 때문에 양쪽 배우자들의 코르티솔 수치가 상대적으로 증가했다.

인지과학자들은 무의식적인 행동 모방과 정서적 동시성이 인간의 사회적 상호작용에 매우 중요한 역할을 한다는 것을 오래전부터 알고 있었다. 심리학자 루스 펠드먼Ruth Feldman은 이런 패턴이 부모와 유아 사이의 초기 상호 작용부터 시작된다고 강조한다.[51] 펠드먼의 기능적 신경촬영법 연구들은 보상 및 자극, 사회적 이해와 연관된 영역들의 광범위한 네트워크가 활성화되는 뇌 영역들이, 다른 사람들에게서 동시성을 감지하고 또 자신의 아기들에게서 정서적 동시성의 표현을 감지하려는 엄마들한테서 사용된다는 것을 보여주었다. 부모-유아 동시성은 어린아이들이 사회적 존재가 되는 법을 배우는 매우 중요한 시기에 큰 역할을 하는지도 모른다. 동시에 이것은 인간의 사회적 상호작용에서 사회적 동시성을 중요한 위치에 올려놓는다.

사회적 동시성은 행동 모방으로 시작될 수 있다. 그리고 그 행동 모방은 다소 숨겨져 있기는 하지만 인간관계에서 강력한 힘을 갖고 있다. 자연스럽게 상호작용하는 사람들을 관찰한 심리 연구를 보면 그들은 서로를 모방하는 다양한 행동들을 보여준다. 그 행동에는 버릇, 제스처, 자세를 비롯한 여러 움직임이 포함된다. 행동 모방은 이미 서로를 잘 알고 있는 집단 내에서, 그리고 어떤 집단에 속하기를 바라거나 그 집단과 관계가 형성되기를 희망하는 사람들 사이에서 더 흔하게 나타난다. 개인의 차이도 한몫을 한다. '공감을 잘하는' 사람일수록 행동 모방을 할 가능성이 더 높기 때문이다. 모방은 긍정적인 사회적 상호작용을 촉진한다. 타니아 차트랜드Tanya Chartrand와 제시카 라킨Jessica Lakin이 쓴 것처럼, 모방은 "상호작용하는 사람들 사이에 애정, 공감, 관계를 형성하게 한다. [……] 그 '사회적 접착제'는 사람들을 하나로 묶어 결속하게 한다."[52]

모방에는 반드시 선도자와 모방자가 있다. 반면 사회적 (혹은 상호적) 동시성에는 비슷한 행동을 하는, 거의 동등한 관계의 사람들이 있다. 행동 모방처럼 사회적 동시성도 긍정적인 사회적 상호 작용을 촉진한다. 여러 연구들을 보면 사회적 동시성은 호감을 높인다. 또 유사성과 친밀감, 관계에 대한 인식을 강화한다. 순응, 조력, 협력을 촉진할 뿐만 아니라 상호작용하는 파트너에 대한 정보를 기억하게 만든다. 심지어는 고통의 역치도 높인다.

사람들은 다른 사람들과 무언가를 함께 하는 걸 좋아한다. 사회적 동시성은 심리적으로 가치가 있고 사회적으로 이로운 것이다. 우리는 전 세계의 문화에서 다양한 방식으로 표현되는 사회적 동시성을 본다. 진화의 긴 시간 동안 다양한 모습으로 나타난 사회적 동시성은 우리 조상들이 스스로 만들어낸, 점점 복잡해지는 사회를 조직하고 안정화시키는 데 도움이 되어왔다. 인지고고학자 스티븐 미슨Steven Mithen은 지금껏 진화해온 사회적 동시성 중에서 가장 획기적인 방법은 바로 음악을 만드는 것이라고 주장한다. 그는 다음과 같이 썼다.

음악을 함께 만드는 사람들은 그들의 몸과 마음을 공유되는 정서적 상태로 만들 것이다. 그러면서 자기 정체성이 약화되고, 동시에 다른 사람들과 협력하는 능력이 증가할 것이다. 사실 '협력'은 정확한 표현이 아니다. 왜냐하면 정체성들이 하나로 통합되면서 협력할 '다른' 사람이 없기 때문이다. 그저 어떻게 움직일

지를 결정하는 하나의 그룹만이 있을 뿐이다.[53]

미슨에게 음악을 만드는 것은 언어가 진화하기 위한 전제 조건 중하나다. 예를 들어 음정과 리듬은 음악뿐만 아니라 언어에 있어서도 중요한 구성 요소다. 미슨은 (다양한 이유로) 오직 현대인들만이진정한 언어를 갖고 있다고 주장한다. 우리의 조상이자 친척인 네안데르탈인들은 그저 "가수"다. 하지만, 그들의 노래는 정서적 소통과 사회적 조화를 유지하는 데 중요한 역할을 했다.

미슨의 인용구를 다시 읽어보자. 하지만 이번에는 첫 번째 문장에서 '음악'이란 단어를 '집'으로 바꿔보자. 사회적 동시성이 주는 이익은 집 생활의 이점과 딱 들어맞는다. 사람들이 집에서 함께 살 때, 그들은 더 큰 문화적 및 생태학적 환경 안에 만들어진단순한 공간만을 공유하는 게 아니다. 그들의 스케줄과 활동도서로 얽히고 겹쳐진다. 이런 종류의 동시성은 과거에는 진화적으로 유리했고, 현재에는 심리적인 보상을 준다.

집의 느낌은 우리가 집에서 갖는 느낌들에서 나온다. 이러한느낌들은 세 가지 수준에서 안정과 통제의 감각을 촉진한다. 우선우리 몸에 있어서, 집은 우리가 바깥세상의 노동과 고난으로부터회복되기를 기대하며 찾는 공간이다. 우리 뇌에 있어서, 집은 휴식을 취하고 긴장이 완화되는 느낌을 얻을 수 있는 곳이자 최상의 뇌 기능을 위해 (아마도) 필수적인 한가한 시간을 경험할 수 있는 공간이다. 마지막으로 모든 사람들에게 집은 엄마와 아이들 사이에(뿐만 아니라 가정을 공유하는 구성원들 간의 다른 중요한 관계들에도) 존재하는 힘 있고 공감 주도적인 사회적 관계로부터 발생하는 곳, 또는 발생해야 하는 곳이다. 가정을 공유한다는 것은 삶을 공유한다는 의미다. 활동 패턴뿐만 아니라 궁극적으로는 공유된 목표와 공동의 세속적인 활동들이 동시성을 갖는다는 걸 의미한다.

주택은 즉석에서 집이 될 수 없다. 하지만 어린 시절에 배웠던 집을 느낄 수 있는 능력은 우리가 다른 장소와 상황에서 살더라도 집에 있는 느낌을 받도록 한다. 집의 이점을 경험할 수 있는 우리의 능력은 이전 가능하다. 우리가 새로운 집을 만드는 데 성공했다는 걸 언제 알 수 있을까? 그건 몸의 항상성, 신체적·정신적 피로에서 회복될 거라는 기대, 그리고 사회적 동시성과 연관된 느낌들의 총합이 우리의 거주지를 이 세상에서 다른 누구보다 바로 우리 자신에게 속한 장소로 느끼게 해줄 때다. 우리는 바로 그런 곳에서 집의 느낌을 받는다. 그런데 집은 어떻게 해서 생기게 되었을까? 다음 장에서 나는 집이 없을 때부터 집이 생길 때까지, 종으로서 우리의 여정을 추적할 것이다.

2장

✧

집과 보금자리

인간 이외의 동물들도 집에서 지내는 것을 좋아하는 것 같다. 나는 경험을 통해 이것을 알고 있다. 우리는 집을 동물 손님들과 나눠 쓰고 있다. 이 중에는 초대받은 손님도 있고 초대받지 않은 손님도 있다. 개, 고양이, 햄스터, 도마뱀, 물고기는 전자의 범주에 들어가고, 양서류, 설치류, 거미, 곤충은 후자에 속한다. 인간이 주택이나 다른 주거지들을 짓는 이유 중 하나는 외부 환경으로부터 자신을 지키기 위해서다. 그리고 이것은 수많은 다른 종들과 공유하는 목표이기도 하다. 동물들에게 세상은 위험한 곳이다. 그들에게 해를 끼칠 수 있는 여러 생물과 포식자로 가득하기 때문이다. 동물들은 이러한 위험으로부터 자신을 보호하기 위해 다양한 주거지를 만들어놓고 상황에 맞게 이용한다. 주거지에서는 음식을 저장할 수도 있고, 생식 파트너가 머물 수도 있으며, 자손들을 훈련시킬 수도 있다. 그곳은 휴식을 취하거나 겨울잠까지도 잘 수 있는 공간이다.

어떻게 집은 인간에게 보편적인 것이 되었을까? 어떻게 우리는 집이라는 진화의 여정을 떠나게 되었을까? 앞으로 살펴보겠지만 이것은 결코 수월한 여정이 아니었다. 사실 우리와 가장 가까운 친척인 영장류는 자신을 보호하기 위한 주거지를 거의 만들지 않는다. 주거지가 집의 느낌을 얻는 데 필수는 아니지만, 대부분의 인류 문화에서 (마음속 개념인) 집과 (물질적 구조물인) 주택 사이에는 밀접한 관련이 있다. 우리와 특별히 가깝지 않은 종들의 주거 습관을 살펴보면서 집이 주는 이익, 아니 최소한 주거지에서의 생활이 주는 이익이 무엇인지 살피는 것은 유용할 수 있다.

집의 이점? 설치류의 경우

다섯 살 무렵 나는 내가 태어난 곳인 아이오와주 아이오와시티 공원에 위치한 동물원에 가는 것을 좋아했다. 그렇게 작은 동물원들은 더 이상 존재하지 않는다. 야생 동물이 살기에 적절한지를 판단하는 현재의 기준으로 볼 때 그런 동물원들은 이제 유지될 수가 없다. 나는 거기 있던 동물들이 거의 기억나지 않는다. 어쩌면 우리 안에는 곰이 있었고, 울타리 안에는 버펄로가 있었을지도 모른다. 하지만 기억나는 게 딱 하나 있는데 그건 바로 검은꼬리프레리도그cynomys ludovicianus다.[01]

　그 동물원에는 프레리도그를 보여주기 위해서 만든 커다란 우리가 있었다. 프레리도그는 그곳에 자기들의 서식지를 만들었다. 마치 야생에서 그러는 것처럼 땅 밑으로 굴을 파고 살았다. 프레리도그는 바닥에 뚫린 여러 구멍들에서 톡 튀어나와 주변을 둘러본 다음 다시 밑으로 쏙 들어가곤 했다. 프레리도그는 응집력 있는 가족이 분명했다. 그들 중 일부가 (동물원에서 전혀 걱정할 필요가 없는) 포식자들을 경계하는 동안 나머지는 자기 일에 몰두했다. 그 전체적인 광경은 철장으로 만든 작은 우리보다 훨씬 더 '실제'에 가까웠다. 그리고 어린 내 눈에 그 광경은 자급자족적인 가정(혹은 몇몇 가정들이 모인 마을)의 모형처럼 보였다. 마치 인간의 집 생활을 반영한 설치류 버전 같았다.

프레리도그는 적갈색 설치류로 다람쥐과에 속하며 다 자랐을 때 무게가 1킬로그램 정도 된다.[02] 프레리도그의 서식지는 미국의 중앙 평원을 중심으로 캐나다 남부와 멕시코 북부 지역까지 펼쳐져 있다. 예전에는 프레리도그가 많았다. 1900년만 해도 50억 마리가 있었고, 텍사스의 한 서식지에만 4억 마리가 있었던 것으로 추산된다. 농부와 목장주 들이 프레리도그를 유해 동물로 여기기 시작하면서 프레리도그는 몰살되었고, 결국 1974년에는 멸종위기종의 명단에 오르게 되었다. 그 이후로 프레리도그의 수는 조금씩 다시 늘어나고 있다.

비록 내가 동물원에서 봤던 프레리도그 서식지는 하나의 가정처럼 보였지만, 야생에서는 분명 더 클 것이다. 하지만 프레리도 그의 서식지는 좀 더 작고 가정적인 단위(무리)로 세분화되며, 거 기에 거주하는 프레리도그들은 그곳을 필사적으로 방어한다. 한 무리는 수컷 한 마리와 암컷 두세 마리, 그리고 그 새끼들을 중심 으로 구성된다. 암컷들이 평생을 이 무리에서 지내는 반면 수컷은 좀 더 방랑적인 생활을 즐기는데, 이것은 사회적 동물들의 보편적 문제인 근친교배를 줄이는 데 긍정적인 효과가 있다. 프레리도그 의 굴은 입구가 여러 개이며, 잠을 자거나 새끼를 기르고 젖을 먹 이는 것처럼 특수한 용도로 사용되는 공간들로 나뉜다.

인간의 주택처럼 프레리도그 굴의 주된 목적은 비바람과 포 식자들로부터 자신들을 보호하는 것이다. 프레리도그는 주행성 으로 밤이 되면 잠을 자기 위해 굴속으로 들어간다. 프레리도그 는 동면하지 않기 때문에 굴은 1년 내내 혹독한 날씨로부터 프레 리도그를 지켜준다. 코요테와 뱀, 맹금류 들은 프레리도그를 즐 겨 잡아먹는다. 이런 동물들은 먹고 싶은 동물을 찾아 나서는 데 그들 시간의 3분의 1을 쓴다. 프레리도그는 포식자를 발견하면 큰 소리를 반복적으로 낸다. 그래서 가까운 친족과 먼 친족 모두에 게 가장 가까이 있는 굴로 서둘러 들어가도록 한다. 이러한 시스 템은 포식자를 피하기 위한 전략으로서 프레리도그에게 (그리고 굴을 파는 다른 설치류들에게) 확실히 효과가 있다. 환경을 인위적으로 변경한 서식지를 중심으로 하는 프레리도그의 조직화된 사회 활동은, 수백만 년에 걸친 진화 속에서 자연선택이 어떻게 적응 행동을 창조하고 형성했는지를 보여주는 훌륭한 사례이다.

집의 이점? 곤충의 경우

매년 봄과 여름이면, 나는 오르간 파이프 말벌이 우리 집 주변에 있다는 것을 느낀다. 아니, 정확히 말하자면 느끼는 것이 아니라 듣고서 안다. 요란스런 날갯짓 소리에 말벌들이 왔다는 것을 처음으로 인식하기 때문이다. 오르간 파이프 말벌들은 집 주변과 처마 밑, 베란다 난간, 차고 안을 윙윙거리며 돌아다닌다. 암컷들은 집을 짓기 위해 적당히 외지고 직사광선이 내리쬐지 않는 곳을 찾는다. 말벌들은 매우 미세한 진흙으로 집을 짓는다. 집은 치약 튜브를 길게 반 자른 모습으로, 길이는 11센티미터 내외이며 폭은 1센티미터 정도 된다. 말벌들은 평평한 표면에 진흙을 '엮어서' 붙이며 집을 짓는다. 이 평평한 표면은 벽돌이나 나무 벽, 야외용 접이식 의자 뒷면, 작업대 다리, 곱게 접힌 양산 등 거의 모든 곳이 될 수 있다. 심지어 진흙 집을 붙일 수 없을 거라고 생각되는 곳도 다 된다. 오르간 파이프 말벌들은 이 튜브 모양의 집을 놀라울 정도로 빨리 지을 수 있다. 집을 짓는 아주 짧은 시간 안에 진흙은 모두 말라서 딱딱하게 굳는다. 보아하니 그 말벌들은 진흙을 쌓는 동안 날갯짓을 유난히 더 심하게 하는 것 같다. 비록 튜브형 집 각각은 그것을 짓는 암컷이 계획한 단독 프로젝트라 하더라도, 몇몇 암컷들은 같은 장소에 집을 여러 개 만들기도 한다. 그렇게 했을 때, 튜브형 집들은 실제로 파이프 오르간의 관들을 모아놓은 것과 닮았다.[03]

튜브형 집 각각은 오르간 파이프 말벌의 자손 하나를 위한 육아실 역할을 한다. 어미가 집에 알을 하나 낳으면, 그 알은 부화한 후에 그 안에서 애벌레와 번데기 단계를 거친다. 어미가 집 안으로 마비시킨 거미들을 한꺼번에 집어넣어주고 애벌레는 그것을 먹는다. 일정한 크기에 도달하면 애벌레는 번데기가 되고 마침내 성체 말벌이 된다.

오르간 파이프 말벌이라는 종과 그 구조물 사이에는 매우 정밀한 유사성이 있다. 단순히 그 종의 가장 두드러진 특징이 된 보금자리만을 말하는 게 아니다.(어쨌든 이 특징은 이 말벌의 이름이 되었지만.) 내가 중요하게 보는 건, 생태와 행동과 건축이 효율적이고 변하지 않는 하나의 묶음으로 합쳐지는 방식이다. 나는 말벌들의 부지런함과 그 건축물의 아름다움에 경탄한다. 심지어 빗자루의 무딘 끝으로 벽돌 벽에 붙은 오르간 파이프 말벌의 집들을 긁어

내어 마른 진흙과 먼지, 애벌레, 마비된 거미들이 우르르 쏟아질 때도 말이다.

오르간 파이프 말벌은 다른 말벌이나 벌, 개미처럼 스스로 집을 짓는 것으로 알려진 벌목 곤충에 속한다. 제임스 굴드James Gould와 캐럴 굴드Carol Gould가 표현하듯, 오르간 파이프 말벌은 가장 유명한 "동물 건축가" 중 하나다.[04] 그들과 같은 지위에 있는 동물로는 다양한 종류의 조류와 곤충들, 거미, 그리고 몇몇 포유류가 있다. 인간도 이러한 동물 건축가에 들어가지만 사실 우리는 특별한 경우다. 인간은 건축가이자 시공자이지만, 우리가 종으로서 만든 잡다한 건물과 구조물 들은 형식적인 응집력이 부족하다. 인간은 자신들의 집 짓는 방법을 하나의 미덕으로 여기겠지만(우리의 도구 제작과 사용 능력을 보여주는 최고의 증거로서, 우리가 풍경을 변화시키기 위해 설계한 다양한 사물보다 더 나은 게 있을까?), 말벌이나 벌의 관점에서 보면 인간이 건설한 세상은 우리 종의 거주 지역을 순수하고 깔끔하고 '자연스럽게' 확장한 게 아니라 무질서하게 확장한 것으로 보일 수도 있다.

인간이 타고난 건축가가 아니라는 건 놀라운 일이 아니다. 우리는 비건축가로서 긴 진화의 과정을 거쳐왔다. 인간은 영장류목에 들어가는데, 우리와 가까운 친척인 여우원숭이, 안경원숭이, 원숭이, 유인원 들은 대체로 집을 짓지 않는다. 다른 영장류가 집을 짓지 않는 건 유감스러운 일이다. 왜냐하면 영장류의 다양한 집을 보는 것도 재미있을 것 같기 때문이다. 여우원숭이들을 위한 아주 작고 단순한 집부터 시작해, 원숭이들을 위한 공들인 집들, 그보다 큰 유인원들을 위한 좀 더 큰 집들, 그리고 마침내 고도로 진화하고 부유한, 교외의 인간들을 위해 지은 대저택까지 말이다. 만약 그렇다면 우리는 주택과 집의 진화를 영장류 진화라는 좀 더 폭넓은 패턴에 연결할 수 있을 것이다. 그리고 어쩌면 집의 기원에 대해서도 깊이 있게 배울 수 있을지도 모른다. 비록 인간을 제외한 영장류에게 주거지라고 말할 수 있는 것은 거의 없지만, 느낌이나 정신적 공간으로서 집의 기원은 우리 영장류 조상의 어떤 측면들에서 찾아볼 수 있다. 그러므로 우리 영장류의 정체성을 탐구하는 것은 우리가 집의 진화를 향한 길의 시작을 찾는 데 도움이 될지도 모른다. 앞으로 살펴보게 되겠지만, 우리와 가장 가까운 친척인 대형 유인원들은 그중에서도 가장 흥미로운 진화적 단서들을 제공한다.

집의 이점? 영장류의 경우

인간이 갖는 집의 느낌이 어디서 왔는지 이해하려면 우리가 진화해온 동물학적 이웃들을 고려하는 게 중요하다. 우리 인간은 영장류 약 300여 종 중 하나에 속한다.[05] 오랫동안 과학자들은 영장류를 크게 두 그룹으로 나누었다. 비록 그 그룹의 구성들이 수년간 바뀌고 있긴 해도 그렇다.(이것은 영장류 자체의 변화가 아니라 과학자들의 분류 변화를 반영한다.) 좀 더 고전적인 분류 체계에서는 영장류를 원원류prosimian와 유인원류anthropoid로 나눈다. 원원류에는 여우원숭이, 로리스원숭이, 갈라고, 포토, 안경원숭이 등이 있으며, 이들은 모두 몸집이 작고 좀 더 '원시적인' 형태의 영장류이다. 반면 유인원류는 원숭이와 유인원으로 나뉜다. 지난 수십 년 간 인류학자들은 (코가 개처럼 촉촉하게 젖어 있지 않고 말라 있는 것과 같은) 몇몇 해부학적인 특징들을 들어서, 안경원숭이를 원숭이와 유인원이 있는 유인원류로 배치해야 한다는 것에 동의하고 있다. 전체 게놈을 비교한 최근의 분자유전학검사에서는 확실히 안경원숭이를 원숭이와 유인원류에 놓는다.[06]

또 유전학검사는 모든 영장류가 다른 포유류와 별개로 공통조상을 공유하고 있다는 걸 보여준다. 이런 점에서 우리는 영장류 전체가 진화적인 의미에서 하나로 묶여 있다는 걸 확신할 수 있다. 영장류는 그들을 하나의 그룹으로 정의하는 데 도움이 되는 몇몇 해부학적 특징들이 있다. 우리 몸도 이러한 특징들을 일부 보여준다. 우선 우리 손을 보자. 우리는 발톱 대신 손톱이 있고, 또 다른 손가락들과 마주할 수 있는 엄지손가락이 있어서 물건을 쥘 수 있다. 이러한 능력은 우리가 영장류라는 것을 나타낸다. 우리가 우리 손을 볼 때 나타나는 뛰어난 거리 지각도 영장류의 특징이다. 입체 시각은 정면을 향하고 있는 두 눈의 시야가 겹치기 때문에 가능한 것이다. 다른 포유류와 비교해서 영장류의 몸과 이빨은 특별히 전문화되지 않았고 그저 일반적인 형태만 유지하고 있다. 그렇지만 두개골에서 보이는 미세한 특징은 영장류를 다른 동물들과 구별되게 한다.(이처럼 미세한 특징들은 6000만 년 전의 설치류와 유사한 화석이 실제로 영장류의 조상인지 아닌지를 알아내는 데 중요할 수 있다.)

모든 영장류가 공유하는 또 다른 중요한 특징은 암컷이 일반적으로 새끼를 한 번에 하나만 낳는다는 것이다. 다른 동물들과 비교했을 때 포유류는 새끼들을 양육하는 데 힘을 많이 쏟는다. 그리고 이러한 양육은 어미가 새끼들한테 젖을 물릴 때부터 시작한다. 새끼를 하나만 낳고 그 새끼들이 느리게 성숙하는 경향은 영장류에게 더 극단적으로 나타난다. 영장류는 성장하는 데 시간이 많이 걸리는데, 이는 성인 영장류로서의 삶이 상대적으로 복잡할 수 있기 때문이다. 유인원류는 보통 매우 상호작용적인 사회적 그룹에서 사는데, 이러한 그룹은 복잡한 문제들을 처리하기 위해 일정 수준의 지능과 훈련을 필요로 한다. 실제로 유인원류는 보통의 포유류보다 훨씬 더 똑똑하다. 이러한 경향은 원원류보다 원숭이와 유인원에서 좀 더 뚜렷하게 나타나며, 그중에서도 대형 유인원에서 더 두드러지게 나타난다. 그리고 그다음이 우리 인간이다. 큰 뇌는 훈련하는 데 시간이 걸리고, 그 뇌가 성장하고 유지되기 위해서는 상대적으로 많은 에너지가 필요하다.

이러한 모든 요인들은, 새끼를 하나만 낳아서 집중적으로 양육하는 것이 왜 영장류의 특징이 되는지를 보여준다. 집의 토대를 진화론적으로 보기 위해 멀리 거슬러 올라가보면, 즉 영장류들이 모두 지금의 원원류처럼 생겼던 시대로 거슬러 올라가보면, 집의 토대는 영장류 어미와 그 새끼 사이의 관계에 기초했을 것이다. 집의 주된 기능 중 하나는 양육할 장소를 제공하는 것이다. 인간의 지능이 사회적·기술적으로 완전히 발전하려면 양육하는 데 몇 년이 필요하다. 어린 자녀를 키울 때에는 엄마뿐만 아니라 다른 사람들의 도움도 필요하며, 집은 (다른 영장류와 비교해서) 좀 더 집단적으로 아이를 양육하는 장소가 된다.

하지만 나는 여기서 더 나아가려고 한다. 원원류를 마치고 다음으로 넘어가기 전에, 나는 집과 연관된 원원류의 행동 하나를 또 다른 측면에서 논의해보고 싶다. 마다가스카르에서 다른 영장류와 격리되어 진화된 일부 여우원숭이를 제외했을 때, 원원류는 특별히 사회적이지도 않고 주로 밤에 활동한다. 이런 점에서 원원류는 전혀 인간과 같지 않다. 하지만 우리처럼 원원류도 자연 환경의 특정한 장소에서 더 넓은 공간들을 활용하며 산다.

원원류의 고정점

원원류가 매일(아니, 정확하게는 매일 밤) 살아가는 모습은 잘 알려져 있지 않다. 여기에는 그럴 만한 이유가 있다. 원원류는 대부분 크기가 작고 밤에 활동적이기 때문이다. 그래서 주로 낮에 활동하는 원숭이와 유인원 들을 관찰한 대학원생들이 지난 50년간 수백 개의 박사학위를 취득하는 동안, 상대적으로 야행성 원원류의 삶은 연구되지 않았다.[07] 우리가 알고 있는 것은 원원류들이 대부분의 포유류와 마찬가지로 먹이를 구하기 위해 돌아다니거나 사냥을 하는 어떤 지역이 있다는 것이다. 또 원원류는 그 지역에서 같은 종의 친구를 찾아 어울리거나 짝짓기도 한다. 이런 지역을 '행동권home range'이라고 한다. 단순하지만 중요한 이 개념은 동물 행동의 생태학적 연구에서 오랫동안 중심에 있었다. 행동권 내에는 동물들이 기본적으로 자주 돌아오는, 특별히 선호하는 장소들이 있다. 몇몇 연구자들은 이런 선호 장소를 '고정점fix-point'이라고 부른다.[08]

동물들은 행동권 내에 여러 종류의 고정점을 둘 수 있다. 그리고 음식과 물을 위해, 또는 무리와 어울리기 위해, 또는 휴식을 취하기 위해 그곳에 반복적으로 돌아온다. 일부 동물들의 경우 행동권 내의 특정 고정점이 다른 고정점보다 더 큰 의미를 지니기도 한다. 들다람쥐의 굴과 울새의 둥지는 다양한 목적으로 이용되는 고정점이다. 그곳은 휴식과 보호, 출산, 양육을 위한 공간이다. 이러한 고정점은 집에 대한 우리의 개념과 매우 가깝다.

영장류가 타고난 건축가는 아니지만, (잠시 인간을 논외로 했을 때) 과연 영장류의 행동권 내에서 이처럼 특별한 종류의 고정점들을 찾을 수 있을까? 몇 년 전에 선구적인 동물심리학자 하이니 헤디거Heini Hediger는 영장류의 보금자리와 집을 조사했다. 그리고 영장류의 보금자리는 오직 "계통 발생적인 [진화론적] 계보의 양극단 두 군데에서만 발견될 수 있다."는 사실에 약간의 놀라움을 표시했다.[09] 한편 대형 유인원들은 잠자는 보금자리를 습관적으로 만들어 사용하지만(이후에 더 많이 다룰 것이다.) 그런 구조물은 긴팔원숭이(즉 소형 유인원lesser ape)와 원숭이 사이에선 전혀 알려져 있지 않다. 하지만 좀 더 '원시적인' 영장류인 원원류에게는 보금자리를 만드는 행동의 예들이 많이 있다.

일부 원원류들은 나뭇잎으로 보금자리를 만들거나 나무의 구멍에서 오랫동안 지내는 것으로 밝혀졌다. 영장류 연구자들은 이따금 이런 보금자리들을 이용해 야생 원원류들을 찾아서 추적한다. 원원류들이 활동하는 밤에는 관찰이 어렵기 때문이다. 여기서 유념해야 할 것은 원원류들이 무척 작다는 것이다. 마다가스카르에서 고립되어 몸 크기가 커질 수 있도록 진화되었던 여우원숭이를 제외하면, 원원류는 대부분 평균 200그램 정도이고 가장 큰 원원류가 1.5킬로그램 안팎 된다.[10] 원원류는 자신들을 보호하기 위해서 큰 집이 필요하지 않다. 이들이 야행성이라는 것을 고려할 때, 원원류에게 은신처가 필요한 이유 중 하나는 단순히 낮 동안 숨어 있기 위해서이다. 수면 중인 작은 원원류는 온갖 종류의 포식자들에게 아주 좋은 먹잇감이 될 것이다.

원원류의 보금자리 습관은 어미 원원류가 새끼를 운반하는 방법에서 영향을 받았을 수도 있다. 유인원류는 대부분 갓 태어난 새끼를 팔에 안고 다니고, 그 새끼들도 아주 어릴 때부터 어미의 털을 붙잡음으로써 이 과정을 도울 수 있다. 영장류들은 전반적으로 임신 기간을 늘려서 갓 태어난 새끼의 신체적 성숙도를 높이려 한다.(인간은 임신 기간이 긴 편이지만 태어난 아기가 상대적으로 무력하기 때문에 이러한 경향에서 제외한다.) 원원류는 이것과 관련하여 다중적 양태를 보여준다. 로리스원숭이처럼 일부 원원류들은 (같은 크기의 다른 포유류와 비교했을 때) 임신 기간이 비교적 길고, 갓 태어난 새끼는 어미가 데리고 다닐 수 있을 정도로 성숙하다. 부시

베이비와 갈라고의 경우 임신 기간이 좀 더 짧고 새끼는 덜 발달된 상태에서 태어난다. 그래서 어미는 새끼를 입으로 나른다. 다양한 종류의 안경원숭이들은 이 중 하나의 형태를 보여준다.[11]

결과적으로 원원류의 어미가 새끼를 옮기는 방식은 새끼를 보금자리에 두고 나가는지의 여부와 직접적으로 관련이 있다. 새끼를 품에 안고 다니는 원원류 어미들은 사냥을 나가거나 먹이를 찾으러 나설 때 새끼를 보금자리에 남겨두지 않는다. 반면 새끼를 입으로 옮기는 어미들은 새끼를 보금자리에 홀로 남겨두고 떠난다. 새끼를 품에 안고 먹이를 찾아 나서면 어미한테 짐이 되지는 않을까? 이렇게 생각할 수도 있지만, 새끼는 아주 어릴 때부터 어미의 털에 매달려 있기 때문에 어미는 양쪽 팔을 상대적으로 자유롭게 움직일 수 있다.

새끼를 입으로 옮기는 원원류들의 보금자리는 적어도 세 가지의 중요한 기능을 한다. 그것은 바로 육아, 수면, 보호이다. 이런 의미에서 볼 때, 이러한 원원류의 보금자리는 새끼를 팔로 옮기는 원원류의 수면용 보금자리보다 좀 더 복잡한 고정점이다. 하지만 진화적 측면에서, 입으로 옮기는 것은 팔로 옮기는 것보다 좀 더 원시적인 행동이라고 일반적으로 알려져 있다. 팔로 옮기는 것은 나중에 획득된, 또는 새롭게 등장한 특징이다. 새끼를 팔로 옮기는 영장류 어미들은 임신 기간이 더 길 뿐 아니라, 하나밖에 없는 새끼와의 관계도 굉장히 밀접하다. 어미와 새끼의 깊은 유대는 영장류에 있어서 뇌 크기의 증가와 지능의 발전이라는 진화적 기초를 닦는 데 중요한 요인들 중 하나였을지도 모른다. 큰 뇌를 성장시키고 훈련하는 데는 시간과 에너지가 필요하다. 그리고 새끼를 팔로 옮기는 영장류 어미들은 새끼들한테 그러한 투자를 할 수 있는 위치에 있음을 확인했다.

유인원류는 거의 의심할 여지없이 새끼를 팔로 옮기는 원원류에서 진화한 것 같다. 그리고 그 과정에서 보금자리를 만드는 습관과 그곳에서 잠을 자는 습관을 없앤 것 같다. 수천만 년 동안 원숭이나 유인원으로 간주되는 어떤 종이, 규칙적으로 보금자리 또는 그와 비슷한 것을 만들어 거기서 휴식을 취하거나 중요한 일을 한 것 같지는 않다. 하지만 1500만 년 전과 2000만 년 전 사이, 보금자리에서 잠을 자는 습관은 영장류에서 다시 한 번 발전했다. 최종적으로 대형 유인원과 우리 인류가 생기게 될 진화론적 계통을 따라서 말이다. 그런 이유로 오늘날 우리는 하이니 헤디거가 말한 것처럼 놀라운 상황에 처해 있다. 우리는 영장류 중에서 200그램도 안 나가는 부시베이비와 200킬로그램 이상 나가는 수컷 고릴라가 둘 다 잠을 자기 위해 낮이든 밤이든 잠자리에 눕는 걸 알 수 있다. 그리고 이러한 장소를 무리 없이 보금자리라고 부를 수 있을 것이다. 하지만 영장류의 진화 계보에서 이 양끝을 제외한 나머지는 거의 대부분 어떤 종류의 보금자리도 없다.

보금자리를 만드는 유인원

1960년대와 1970년대 초, 젊은 여성 세 명이 우리와 가장 가까운 친척인 대형 유인원들을 오랫동안 연구하기 위해서 동아프리카와 인도네시아의 열대우림에 각자 들어갔다. 제인 구달Jane Goodall은 탄자니아에서 침팬지Pan troglodytes를 연구하기 시작했고, 이 연구는 이후 전 세계적으로 유명해진다. 다이앤 포시Dian Fossey는 르완다에서 마운틴고릴라Gorilla beringei를 연구하는 과학 여정에 들어갔지만 결국은 비극적인 죽음을 맞이한다. 비루테 갈디카스Biruté Galdikas는 보르네오섬에서 오랑우탄Pongo pygmaeus을 연구하기 시작했고 이들을 보호하는 데 평생을 헌신한다. 비슷한 시기에 다른 연구자들 수십 명도 다양한 종류의 영장류를 폭넓게 이해하기 위해서 자연 현장으로 뛰어들었다. 그들은 폐쇄된 곳에서 야생 영장류의 생활을 관찰했던 과학자들의 방식에 혁명을 일으켰다. 하지만 사람들의 상상력을 사로잡은 건 구달과 포시, 갈디카스였다. 그들은 인기 있는 잡지와 텔레비전 다큐멘터리, 심지어 영화에도 등장해 자신들이 하는 일들을 대중에게 보여주었다.

이 유명한 여성 세 명을 어느 정도 지도하고 감독한 건, 케냐 출생의 영국 고인류학자 루이스 리키Louis Leakey였다.[12] 오늘날에도 사람들은 이 여성 세 명을 "리키의 천사들"이라고 부른다. 리키는 현대 영장류가 야생에서 어떻게 살아가는지에 대해 더 많은 정보가 필요하다고 생각했다. 그래야 인류의 진화를 더 잘 이해하고, 또 자신과 고생물학자들이 동아프리카와 남아프리카에서 발견한 다양한 종류의 화석 인류와 유인원을 더 잘 해석할 수 있다고 생각했다. 그래서 리키는 연구자들을 현장에 보내려는 새로운 계획을 적극 지지했고, 자신의 영향력을 총동원해 그들을 그곳에 배치하고 자금을 지원했다.

구달, 포시, 갈디카스가 현장에 갔을 때, 그들은 모두 유인원들이 밤마다 잠을 자기 전에 약간의 시간을 들여서 보금자리나 침대 같은 걸 준비하는 모습을 보았다.(서양 연구자들은 '보금자리nest'라는 용어를 선호하는 반면, 일본의 영장류동물학자들은 '침대bed'라는 용어를 선호한다. 어쩌면 후자가 더 정확한 용어일 수 있다.[13]) 이들 셋은 연구 회고록에서 유인원들이 보금자리를 만드는 모습을 자세히 묘사했다. 나는 보금자리를 만드는 행동이 무엇과 연관되어 있는지 알아보기 위해서, 이들의 회고록 일부를 여기에 인용할 필요가 있다고 생각한다. 제인 구달과 그녀가 관찰한 침팬지부터 시작해보자.

어미와 함께 자는 새끼들을 제외한 모든 개체들은 매일 밤 자기 잠자리를 혼자서 만들었다. 약 3분쯤 걸려서 만드는데, 우선 위로 뻗은 V자형 나무나 수평으로 놓인 나뭇가지 두 개 같은 든든한 받침대를 고른다. 그런 후 손을 뻗어 더 작은 가지들을 그 위에 구부려 놓고 발로 누르면서 주변에 자라는 잔가지들을 밑에 깔고 그 위에 드러눕는다. 어떤 때는 몇 분 후 다시 일어나 잎이 많이 난 잔가지들을 한 움큼 집어 머리나 몸의 다른 부위 밑에 받쳐놓고 나서 잠을 청하기도 한다.[14]

잠깐 딴 이야기를 해보자. 만약 사람 손이 두 개가 아니라 네 개라면, 이러한 기술을 따라하는 게 더 쉬울지도 모른다.

고릴라 역시 보금자리를 만든다. 하지만 다이앤 포시에 따르면, 고릴라는 종종 땅 위에 보금자리를 짓는다.

어른 고릴라가 만든 잠자리는 튼튼하고 견고하다. 때로는 로벨리아와 세네키오 같은 커다란 식물을 이용하여 타원형의 잎사귀 같은 목욕통 모양의 잠자리를 만들기도 한다. 고릴라들은 잠자리의 가장자리를 신경 써서 만든다. 이 부분은 가지들이 여러 겹으로 얽혀 있고, 잎이 많이 달린 끝 쪽이 잠자리의 중앙으로 가게 되어 고릴라들이 누웠을 때 바닥을 쿠션처럼 만들어준다. 고릴라들은 잠자리를 나무에 만들 때도 있고 바닥에 만들 때도 있지만, 어른 고릴라는 무게 때문에 보통 바닥에 잠자리를 많이 짓는다. 우기에 고릴라들이 잠자리로 선호하는 장소는 나무둥치 안의 빈 곳이다. 이런 곳에 잠자리를 마련할 때는 이끼나 푹석한 흙만 사용한다. [……] 어린 고릴라들이 짓는 잠자리는 종종 잎사귀들이 허술하게 모여 있는 정도밖에 되지 않는다. 그렇지만 오랜 연습 끝에 누울 수 있을 만큼 튼튼한 잠자리가 된다.[15]

마지막 문장은 유인원에게 보금자리를 만드는 게 어린 시절에 발달되어야만 하는 기술이라는 것을 보여준다. 분명 이것은 어린 유인원이 어미를 관찰하면서 배우는 기술이며, 그들에겐 이 기술을 습득하려는 성향이 있을지도 모른다.

마지막으로 비루테 갈디카스는 오랑우탄이 그들의 사촌들만큼이나 보금자리를 만드는 데 능숙하다는 것을 보여준다. 하지만 어린 오랑우탄은 이런 기술을 터득하는 데 시간이 좀 걸린다.

나는 오랑우탄의 기술을 본 후 그들을 엔지니어로 인정했다. 오랑우탄이 보금자리를 쉽게 짓는다고 해서 그 구조물이 단순한 건 아니다. 우선 견고한 지지대를 선택해야 한다. 보통은 튼튼하고 커다란 나뭇가지이지만, 경우에 따라 나무 두 그루의 꼭 대기를 서로 묶거나 위로 뻗은 V자형 나무를 고르기도 한다. 그런 다음 커다란 가지에 붙은 잔가지들을 직각으로 구부리거나 비틀어, 침대의 스프링처럼 탄력 있는 잠자리를 둥글게 만든다. 이 작업은 3~4분이 채 걸리지 않는다. 하지만 약 30센티미터 두께의 매트리스를 만들기 위해서 부드럽고 잎이 많은 가지들을 고르고 쌓는 데는 30분을 쓴다. 그 결과 탄력 있고 꽤 안락한 잠자리가 준비된다. [······] 어린 오랑우탄들은 마치 타고난 성향처럼 주변의 나뭇가지들을 자연스럽게 구부린다. 하지만 보금자리를 만드는 것은 (새의 경우처럼) 본능적인 게 아니다. 청소년기 오랑우탄들이 몇 년 동안 놀이 삼아 연습한 후에야 비로소 그들은 진정한 보금자리를 만들 수 있게 된다.[16]

갈디카스의 설명에 따르면, 오랑우탄의 보금자리가 세상에서 제일 정교한 보금자리인 것 같다. 비록 갈디카스가 오랑우탄의 이러한 능력에 가장 큰 감명을 받은 연구자일지도 모르지만 말이다.

대형 유인원들('보노보'라 불리는 피그미침팬지와 우리 인간을 포함해서)은 해부학적으로나 유전학적으로나 명백하게 사촌 관계다. 하지만 이들 혈통은 그들만의 다양한 방식으로 진화해가고 있다. 오랑우탄은 약 1500만 년 전에 아프리카 유인원에서 갈라졌고, 침팬지와 고릴라는 약 700만 년 전에 분리되었다. 이 유인원 세 종류는 몸집의 두드러진 변화를 포함해 겉모습이 확실히 구분되는 방향으로 진화되었을 뿐만 아니라 각기 다른 사회 구조도 발달시켰다. 침팬지는 암컷 다수와 수컷 다수가 군집을 이루고 산다. 고릴라는 성인 수컷 한 마리와 암컷 다수가 어울려 사는, 하렘 같은 사회 구조를 특징으로 한다. 오랑우탄은 어미 암컷과 그 새끼를 제외하고 대부분 혼자 산다. 이러한 행동 및 해부학적 변화를 겪으면서도, 보금자리를 만드는 일은 유인원의 삶에서 공통적인 특징으로 남아 있다. 어쩌면 이것은 그렇게 놀라운 일이 아닐 수도 있다. 숙면은 모두에게 필요한 일이니까.

수면의 자연사

잠은 우리 모두에게 중요한다. 유인원이 매일 보금자리를 만든다는 건, 그들에게 숙면이 시간과 에너지를 적당히 지속적으로 투자할 만한 가치가 있는 중요한 일이라는 것이다. 그래서 집이 무엇이냐고 묻는 것은 잠이 무엇이냐고 묻는 것과 비슷한 의미인 것 같다.

잠은 뇌에서 조절한다. 좀 더 구체적으로 말하면 뇌의 시상하부인데, 이곳은 잠들고 깨야 하는 때를 몸에 알려주는 생체시계의 조절 중추다. 시상하부의 '시교차 상핵'이라는 (한 쌍의 둥근) 신경핵이 매일의 수면 주기를 주도하는 실질적인 역할을 한다. 이 신경핵은 (뇌에 존재하는 800억에서 900억 개의 뉴런에 비해, 각각에 겨우 1만 개씩만 있는[17]) 아주 작은 뉴런 다발이다. 조절 단백질은 이런 뉴런들에 의해 생성된다. 그리고 이러한 뉴런들은 다양한 뇌 영역들을 거치면서 대뇌피질의 일부 영역까지 가는, 연속적으로 '위쪽으로 가는' 활동을 추진하며 잠을 잘 것인지 깨어 있을 것인지를 결정한다. 시교차 상핵의 이러한 생체시계는 독자적으로 움직이지 않는다. 눈의 망막에서 이러한 신경핵으로 이어지는 직접적인 경로들은 주변의 빛과 어둠이 수면 주기에 직접적으로 영향을 미친다는 것을 보여준다.

우리 대부분이 알고 있듯이, 우리가 졸린지 아닌지는 생체 리듬뿐만 아니라 우리 몸의 신체적 상태에 따라서도 달라진다. 그래서 수면과학자들은 잠이 두 개의 독립된 과정에 의해 관리된다고 본다. 시교차 상핵을 거친 생체 주기와 항상성 주기가 바로 그것이다. 항상성 주기는 단 한 개의 뇌 부위로 추적될 수 없다. 정신과 신체의 현재 상태를 고려하는 과정에 걸맞게, 수면의 항상성 조절에는 다양한 호르몬과 순환 물질, 신경전달물질 들이 중요한 역할을 한다. 예를 들어, 에너지 대사 과정에서 나온 부산물 분자인 아데노신은 수면 조절에서의 그 역할이 1990년대 초부터 높이 평가되고 있다.[18] 카페인은 뇌에서의 아데노신 활동을 방해하기 때문에 사람들이 깨어 있게 한다.(미국인들의 하루 평균 카페인 섭취량은 불면을 증가시키는 것으로 알려진 섭취량을 넘어선다.) 뇌의 아데노신 수치는 잠자는 동안 떨어진다. 잠이 부족하면 아데노신 수치가 증가하고 이어서 졸음이 몰려온다. 아데노신이 졸음을 촉진하는 한 가지 방법은 신경전달물질로 아세틸콜린을 사용하는 뉴런을 억제하는 것이며, 그다음에는 이 신경전달물질에 의존하는 뇌의 흥분 경로들을 차단하는 것이다. 이 아데노신-아세틸콜린 경로는 수면의 항상성 조절 과정들 중 일부에 불과하다.

수면 그 자체는 주로 두 가지 형태로 나뉜다. 비급속 안구운동NREM 수면과 급속 안구운동REM 수면이 그것이다.[19] 일반적으로 수면은 NREM 수면으로 시작해서 REM 수면으로 바뀌며, 이 과정은 90분에서 100분 간격으로 반복된다. NREM 수면은 다시 4단계로 나뉜다. NREM 수면의 3단계와 4단계는 서파수면slowwave sleep(뇌전도에 기록되는 독특한 뇌파에 근거한 명칭이다.)이라고도 알려져 있으며, 이것은 가장 깊이 잠든 상태다. 그리고 야경증이나 야뇨증, 몽유병 같은 수면 문제들이 가장 빈번하게 발생하는 단계다. 잠이 부족한 사람일수록 3단계와 4단계가 더 오랫동안 유지되는데, 이는 수면 부족을 보충하는 일이 얼마나 중요한지 알려준다. NREM 수면과 다르게 REM 수면은 뇌전도 상에서 깨어 있는 상태와 거의 구별이 되지 않는다. 그리고 비록 REM 수면 중에 눈의 근육이 활성화되기는 하지만, 골격근은 억제되어 있으며 몸은 일시적으로 무기력하게 있는 '무긴장' 상태가 된다. 꿈은 NREM 수면과 REM 수면에서 모두 나타나지만, REM 수면에서의 꿈이 더욱 생생하고 현실적이다.

다른 사람들보다 잠이 더 필요한 사람들도 있다. 나는 하룻 밤에 8시간 이하로 자도 그럭저럭 지낼 수 있지만 내 아내는 그것보다 조금 더 자야 한다. 10대 초반인 내 아들은 정상적으로 활동하려면 잠을 9시간 이상 자야 한다. 만약 우리 집에 아기와 노인이 있다면, 아기는 하루에 16시간, 노인은 6시간을 잘 것이다. 인간이란 종 안에서 수면 시간은 개인의 수준과 나이에 따라 다양하게 나타난다. 그럼에도 불구하고 일반적인 성인의 경우, 인간이란 종에게 필요한 평균 수명은 8시간 정도 된다. 물론 우리가 그만큼 잠을 자느냐 안 자느냐는 또 다른 문제다.

필요한 수면의 양은 종마다 다르다. 기본적으로 동물들은 어떤 형태로든 잠을 자야 한다. 그런데 포유류와 조류에서만 NREM 수면과 REM 수면의 주기적인 순환이 보인다. 이러한 수면 패턴은 이 두 집단에서 독자적으로 (수렴) 진화했다. 왜냐하면 이런 패턴이 두 집단의 공통 조상인 파충류에게서는 나타나지 않앉기 때문이다. 조류와 포유류의 이러한 수렴적 수면 패턴은 뇌의 구조와 기능이 수렴되는 것과 같이 진행된다.[20] 수면연구자들은 잠이 뇌와 신경계의 회복에 필요하다는 것과, 또 조류와 포유류에서 보이는 다면적 형태의 수면이 의심할 여지없이 더 넓고 복잡하게 연결된 뇌의 특별한 요구들을 반영한 것이라는 데에 일반적으로 동의한다.

동물들은 모두 잠을 자야 할 것이다. 하지만 똑같은 시간을 자야 하는 건 분명 아니다.[21] 유인원류 대부분은 (그리고 일반적으로 낮에 활동하는 포유류들은) 9시간에서 11시간 정도 잠을 잘 수 있는 곳이 주변에 필요하다. 야행성의 올빼미원숭이는 잠이 매우 많은 포유류로 하루 17시간까지 잔다. 이러한 특징은 갈색박쥐나 큰 아르마딜로처럼 다른 야행성 포유류에서도 나타나며, 북아메리카의 주머니쥐는 하루에 18시간 이상 잔다. 정반대 편에는 덩치가 크고 풀을 뜯어 먹는 초식성 포유류들이 있다. 말이나 당나귀, 코끼리 같은 포유류들은 최소한 하루에 3시간에서 4시간 정도의 잠이 필요한 것으로 나타난다. 기린은 하루 2시간 이하로 자도 생활이 가능하다. 이렇게 다양한 수치가 보여주는 것은, 잠은 보편적이지만 잠과 관련되었다고 추측되는 행동과 수면의 양은 동물의 살아가는 방식에 의해 형성된다는 것이다. 수면 패턴은 동물의 생태와 환경에 따라 진화한다.

고래, 돌고래 들이 속한 고래목의 포유류 그룹은 이것을 아주 확실하게 보여준다. 고래목 동물들의 수면은 포유류 중에서 아주 독특하다.[22] 이 동물들의 수면 시간은 특별한 게 없다. 포획된 돌고래와 흰고래는 서로 다른 종으로, 이 둘을 연구해보니 그들은 어느 곳에서든 하루에 8시간에서 11시간 정도 잔다. 하지만 이 동물들은 잠을 잘 때 두 개의 대뇌반구 중 한 번에 한쪽 대뇌반구로만 잠을 잔다. 이러한 현상을 '단일반구 서파수면'이라고 한다.

이들은 왜 이런 수면 방식으로 진화했을까? 그건 포식 동물을 감시하기 위해서였을 수 있다. 또는 어미와 새끼가 동시에 쉬고 있을 때 어미가 새끼를 계속 지켜보기 위해서였을 수도 있다. 게다가 한 번에 한쪽 뇌로만 잠을 자는 것은 고래목의 동물들이 계속 움직일 수 있게 해준다. 일부 연구자들은 이 동물들이 이렇게 잠을 자는 건 끊임없이 수면으로 올라가 산소를 흡입하기 위해서라고 주장한다. 올레크 리아민Oleg Lyamin과 동료들은 호흡이 단일반구 서파수면으로의 진화에 중요한 요소였을지도 모른다는 건 인정한다. 하지만 고래목의 동물들에겐 산소를 얻기 위한 다른 해결책이 있다는 점도 지적한다.[23] 그들은 고래목 동물들이 단일반구 서파수면을 하도록 진화된 건, 몸을 계속 움직여 체온을 따뜻하게 유지하기 위해서라는 생각을 더 선호한다. 물은 체온을 떨어뜨리는 데 공기보다 훨씬 더 효과적인 매개체이기 때문에 온혈의

해양 포유동물들은 이 문제를 지속적으로 해결해야 한다. 지방층은 고래목의 동물들이 몸을 따뜻하게 유지하기 위한 방법 중 하나이며, 내부 장기를 열 손실로부터 보호한다. 단일반구 서파수면을 하는 동안 고래목의 동물들은 몸을 계속 움직여 근육을 수축시킨다. 그리고 그로 인해 열이 발생한다. 또 고래목의 동물들은 REM 수면을 하는 것으로 보이지 않는다. 따라서 이 동물들의 몸은 절대로 무긴장 상태가 되지 않으며, 더 나아가 고래목 동물의 수면 생리학은 (움직임을 통해) 몸을 따뜻하게 유지해야 할 필요에 의해서 형성되었다는 주장을 뒷받침한다.

생태 환경과 수면 습관은 진화와 관련이 있다. 고래목 동물의 수면은 이 동물들이 물속에서 어떻게 적응해왔는지를 보여준다. 생리학적 관점에서 보면, 대형 유인원의 수면은 포유류의 수면 형태와 크게 다르지 않다. 하지만 유인원이 만든 보금자리는 특이한 것이며, 이러한 보금자리는 주변 환경에 대한 유인원의 수면 적응을 반영한다.

수면의 위험

동물이 다른 동물을 잡아먹는 건 자연의 섭리다. 포식자의 입장에서 삶을 쉽게 살 수 있는 방법은 먹잇감이 움직이지 못하게 하고 주변 환경에 둔감해지도록 만드는 것이다. 다시 말해 잠자는 동물이 더 잡아먹히기 쉽다는 의미이다. 잠의 회복 능력은 수면 중에 먹이가 되거나 혹은 죽을 수 있는 위험을 보상할 만큼의 가치가 있어야 한다.

수면에는 필요성과 위험성이 모두 있기 때문에, 동물들은 수면 중 먹이가 될 위험을 줄이는 방향으로 진화한 것 같다. 잠을 덜자는 것은 하나의 해결책이 될 수 있다. 하지만 동물들에게는 필요한 최소 수면의 양이 있다. 이런 실질적인 제약을 감안할 때 잠을 줄이는 방법은 결코 보편적인 해결책이 될 수 없다. 수면 중 땅속 굴이나 나무의 빈 공간에 숨는 방법도 있다. 이것은 작은 동물들한테는 효과가 있지만 큰 동물들한테는 그렇지 않다. 사회적 동물로 살 때 얻는 이점 중 하나는, 전체 집단을 위해서 포식자 탐지기의 역할을 하는 추가적인 눈이나 귀를 더 갖고 있다는 것이다. 사회적 역학 관계는 사회적 동물들의 수면 습관을 형성하는 데 때때로 어떤 역할을 하는 게 틀림없다.

생물학자인 닐스 라텐보르크Niels Rattenborg와 스티븐 리마Steven Lima는 수면과 포식의 문제를 깊이 있게 살펴보았다.[24] 그들이 관찰한 바에 따르면, 수면 중 잡아먹히는 문제를 해결할 수 있는 방법 중 하나는 뇌의 한쪽 부분으로만 잠을 자는 것이다. 앞서 언급했듯이 고래목 동물들이 단일반구 수면을 하는 이유 중 하나는 이 방법이 포식자들을 계속 경계하는 데 도움이 된다는 것이다. 고래목 동물의 이러한 능력은 포유류들 사이에선 독특한 것이지만, 조류 중 일부는 때때로 한쪽 눈을 뜬 채로 한 번에 한쪽 뇌로만 잠을 잔다. 라텐보르크와 리마는 청둥오리 네 마리로 실험을 했다. 그들은 오리들을 일렬로 세운 후 오리들이 잠자는 것을 지켜보았다. 줄의 양쪽 끝에 있는 오리들은 중간의 오리들보다 좀 더 단일반구 수면을 취했다. 또 양쪽 끝의 오리들은 바깥으로 향한 한쪽 눈을 뜨고서 잤다. 바깥 오리들은 자신들이 포식될 위험이 더 높다고 인식했기 때문에 그랬을 것이다.(만약 실험자들이 배가 고파졌다면 진짜로 위험해졌겠지만.) 이러한 실험 결과는 바깥 오리들의 단일반구 수면이 포식되는 것을 방지하기 위한 적응이었다는 것을 알려준다.

단일반구 수면은 뇌의 반쪽으로만 잔다는 점에서 부분 수면의 한 형태다. 수면이 여러 가지 요소들로 구성된다는 점을 감안하면, 다른 형태의 부분 수면은 다양한 방식으로 다른 뇌 부위들을 끌어들임으로써 가능하다. 일부 사람들은 '수면 마비' 동안 이것을 불편하게 인식하게 된다. 수면 마비란 의식적인 지각과 REM 수면의 무긴장이 겹쳐진 상태이다. 이것을 겪는 사람들은 REM 수면에서 깨어나도 (일시적으로) 움직일 수 없다. 라텐보르크와 리마는 의문을 던졌다. 왜 동물들은 포식을 피하기 위한 수단으로 부분 수면을 더 많이 사용하지 않을까? 그들의 이론적인 모델링은 부분 수면이 휴식 시간 동안의 경계를 강화시킬 수 있지만, 수면의 회복 능력은 약화시킬 수도 있다는 것을 보여준다. 완전한 수면은 수면이 짧아질 수 있다는 것을 의미하며, 짧은 수면은 그 자체로 포식에 맞서는 방어책이 될 수 있다. 반면 부분 수면은 기껏해야 위태로운 경계의 한 형태가 될 뿐이다.

청둥오리의 경우, 뇌의 부분 수면은 수면의 질과 포식자에 대한 자각 사이에서 균형을 이루는 방법이다. 유인원의 보금자리는 포식을 예방하기 위한, 또 다른 형태의 수면 균형을 반영한 것인지도 모른다. 최근 영장류학자들은 보금자리의 패턴이 포식압 predation pressure에 영향을 받는지 알아보기 위해서 다양한 지역의 침팬지들을 연구했다.[25] 침팬지는 이따금 포식자한테 잡아먹힌다. 물론 흔하게 일어나는 일은 아니며, 포식자한테 잡아먹히는 대형 유인원이 직접 관찰되는 경우도 극히 드물다. 하지만 유인원의 잔해가 표범과 사자의 배설물에서 발견되는 등 몇몇 장소에서 나타난 간접 증거들은 일정 정도 포식압이 존재함을 보여준다. 분명 침팬지는 대형 고양이과 동물의 위험성을 알고 있다. 침팬지들이 표범과 사자한테 돌과 막대기를 던진다는 이야기는 많이 있다. 그리고 일부 침팬지 그룹은 대형 고양이과 동물이 나타났을 때 사

용하는 특별한 경고음도 갖고 있을지 모른다.[26]

덩치가 아주 큰 고릴라들을 제외하고, 영장류들은 거의 대부분 나무에서 잔다. 나뭇가지 끝에서 잠을 자는 것은 보금자리를 만들지 않는 영장류들이 포식자들을 피할 수 있는 방법 중 하나가 될 수 있다. 대형 유인원의 보금자리는 영장류의 일반적인 보금자리에 물리적인 장벽을 더하거나 아래쪽의 시야로부터 자신들을 차단해서 개선시킨 형태일 수도 있다. 영장류학자들은 침팬지로 한정해서 포식압이 높은 곳과 낮은 곳에서의 보금자리 분포 패턴들을 비교 분석함으로써, 보금자리는 포식자로부터 스스로를 보호하기 위해서 만든다는 것을 보여주려 했다. 침팬지의 서식지가 받는 포식압의 양은 여러 이유로 인해 다양했다. 아프리카 일부 지역은 인간이 대형 고양이과 동물들을 제거해서 침팬지들이 받는 포식압이 낮았다. 사바나 초원의 가장자리에 위치한 삼림은 나무가 빽빽이 들어찬 삼림보다 포식압이 더 높은 편이다.

피오나 스튜어트Fiona Stewart와 질 프뤼츠Jill Pruetz에 따르면, 상대적으로 증가한 포식압을 반영하는 침팬지의 보금자리 습관이 몇 개 있다고 한다.[27] 이를테면 더 울창한 삼림 지역에 보금자리를 선택하거나, 서로 가깝게 보금자리를 만들거나, 아예 같은 나무에서 만드는 방법이다. 더 많은 "탈출 경로"를 가진(즉 지면보다는 다른 나무로 건너갈 수 있는) 곳에 보금자리를 선택할 수도 있다. 그리고 (나무의 전체적인 높이를 가늠한 후에) 좀 더 높은 곳에 보금자리를 만들 수도 있다. 스튜어트와 프뤼츠는 그들이 조사한 탄자니아와 세네갈의 침팬지 서식지들을 비교했다. 그 결과 포식자가 많은 곳에 사는 침팬지들이 더 높은 나무에, 그리고 잔가지가 많은 곳에 보금자리를 만든다는 것을 발견했다. 침팬지의 보금자리와 포식의 영향을 살펴본 다른 연구들에선 다소 혼합된 결과가 나왔다.[28]

대형 유인원의 수면 패턴과 보금자리 습관에는 많은 요인들이 영향을 미친다.[29] 여기서 중요한 건, 몸집이 크고 사회적인 대형 유인원이 포식을 피하기 위해 다양한 전략을 발전시켜왔다는 것이다. 그래서 오늘날에는 포식압이 상대적으로 높은 대형 유인원 그룹과 그런 압력이 전혀 없는 그룹 사이에서 나타나는 수면 패턴과 보금자리 습관이 크게 다르지 않은 것 같다. 이런 이유로 영장류학자들은 포식압의 다양성이 보금자리의 다양성과 정확하게 일치한다는 것을 보여주기 어렵다. 그럼에도 불구하고 스튜어트와 프뤼츠는 침팬지가 선택하는 보금자리의 장소는 육상 포식자들의 위협으로부터 영향을 받는다고 주장한다. 이것은 유효한 데이터에 근거해서, 그리고 유인원의 보금자리가 수면 중 포식자로부터 안전한 장소를 제공한다는 동물들의 일반적인 목표를 충족시킨다는 사실에 근거해서 타당해 보인다. 잠잘 때 잡아먹히고 싶은 동물은 없다. 대형 유인원의 보금자리는 그들이 강력한 포식자들에게 실질적인 먹이가 되는 것을 피하게 한다.

밤의 휴식

21세기 초반 현대 사회에서, 의사나 매트리스 판매원한테 수면 장애를 이야기한다면 아마 **수면 위생**이란 단어를 듣게 될 것이다. 당신은 잠을 잘 자기 위해서 몸과 수면 환경을 준비하는 데 필요한 것들을 하고 있는가? 수면 위생에 대한 조언은 상식적인 것부터 임상적인 것까지 무척 다양하다. 딱딱한 매트리스와 머리를 잘 받치는 베개를 준비하라. 취침 전에는 카페인 같은 각성제를 먹으면 안 된다. 또 저녁 늦게 너무 많이 먹지도 말아라. 아침이나 오후에는 운동을 하는 게 좋지만 취침 전에는 하지 마라. 낮잠을 자지 말고 취침과 기상 시간을 규칙적으로 지켜라. 낮에 햇볕을 쬐어 뇌의 생체 시계를 맞춰라. 잠자는 곳이 너무 밝거나 너무 시끄러운 건 아닌지, 혹은 전자제품 같은 방해물로 가득 차 있는 건 아닌지 확인해라. 그리고 온도도 적당한지 확인해라.

야생의 대형 유인원은 현대의 도시 사람들보다 상당히 자연스러운 상태에서 산다. 그런 유인원의 수면 위생은 어떤 면에서 우리보다 훨씬 더 낫다. 그들은 햇볕을 많이 쬐고, 수면 시간은 열대의 태양이 뜨고 지는 것에 달려 있다. 비만이 될 만한 습관이 없고 전자제품 같은 방해물이 없으며 농축된 형태의 뇌 각성제를 좀처럼 섭취하지 않는다. 하지만 나무에 보금자리를 만드는 것은 그들의 수면 위생과 편안함을 향상시키는 데 다른 면에서 도움이 되는 것 같다. 예를 들어, 나는 잠자는 공간 주변에 코끼리가 있는 건 좋은 아이디어라고 생각하지 않는다. 그리고 고릴라도 나와 같은 생각인 것 같다. 캐럴라인 투틴Caroline Tutin과 동료들은 가봉의 어느 고릴라 그룹에서 보금자리를 연구했다.[30] 그들이 관찰한 결과, 고릴라는 부드럽고 폭신한 나뭇가지로 땅 위에 보금자리를 만들어서 잠자는 걸 선호했다. 하지만 코끼리가 주변에 있고, 코끼리와 먹는 식물이 겹칠 때에는 나무에 보금자리를 마련할 가능성이 높았다. 또 폭우도 고릴라가 나무에 보금자리를 만들게 했다. 때문에 이런 고릴라한테 추천해줄 수 있는 수면 위생에는 코끼리가 없고 건조한 곳에 침대를 만들라는 것이 포함될 것이다.

침팬지들도 잠잘 장소를 선택할 때 그들의 환경 조건에 민감하다. 특히 습도를 피하려고 하는 것으로 보인다. 카텔레이너 콥스Kathelijne Koops와 동료들은 서아프리카에 위치한 기니의 어느 산악 지역에서 침팬지들을 연구했다. 그들은 습도가 높은 환경일수록 침팬지들이 높은 고도에 있는 나무들을 찾아서 그곳에 보금자리를 만들 가능성이 높다는 것을 알아냈다.[31] 또 침팬지들은 습도가 높을 때 나무 꼭대기에 보금자리를 만들려고 했다. 침팬지가 보금자리 장소를 선택하는 기준에 기생충이나 다른 작은 해충을 피하기 위해서가 포함된다는 증거는 이 연구에서 보이지 않는다. 하지만 연구원들은 매일 밤 보금자리를 바꾸는 유인원들의 이러한 습관이 특정 기생충을 피하기에 효과적일 거라는 데 대부분 동의한다.

온도, 습도, 기생충, 코끼리가 적절히 결합된 편안한 곳을 찾으려는 노력은 대형 유인원의 수면 위생에 영향을 줄 것이다. 이것은 보금자리를 만드는지 여부와는 상관없다. 하지만 편안함은 진정으로 휴식할 수 있는 수면을 취하는 데 중요하다. 그리고 여기서부터 대형 유인원의 보금자리 만드는 습관이 시작되었는지도 모른다. 인디애나폴리스 동물원에 있는 개코원숭이와 오랑우탄의 수면을 비교한 최근의 연구는 이러한 견해를 뒷받침한다.[32] 데이비드 샘슨David Samson과 로버트 슈메이커Robert Shumaker는 잠자는 유인원들을 촬영한 수백 시간짜리 비디오를 분석했다. 그리고 모든 측정치(지속 시간, 수면 작업 능력, 깨어 있는 시간의 총합, 수면 분절 등)에서 오랑우탄이 개코원숭이보다 좀 더 깊고 효과적으로 잠잔다는 것을 발견했다. 원숭이들이 대부분 그러는 것처럼, 개코원숭이들은 (엉덩이 부분인) 둔부경부를 나뭇가지 위에 올려놓고 상체를 똑바로 편 상태로 잠을 잤다. 그에 반해 오랑우탄들은 등을 기댄 채 느긋하고 '태평한' 자세로 잠을 잤고 매우 편안해 보였다. 제대로 된 보금자리를 만들 만한 재료가 없어도 오랑우탄들은 언제나 주변 환경에서 지푸라기 같은 재료들을 이용해 침대처럼 생긴 수면용 받침대를 만들었다. 개코원숭이한테서는 이런 행동이 결코 보이지 않았다. 샘슨과 슈메이커는 우리 조상들이 잠을 깊이 자게 되면서 "다음 날"이라는 인지적 이익을 얻었다고 한다. 그리고 이 이익은 인류 진화에서 인지 능력을 강화하는 데 일정한 역할을 할 수 있었다고 말한다.

현대의 대형 유인원들은 나무에서 잠을 자는, 지금보다 더 작은 조상으로부터 진화했다. 어떤 이유에서든 이러한 조상의 계보에서 몸집이 더 커지게 진화되었기 때문에, 나뭇가지의 꼭대기에 눕거나 나무줄기에 기대어 똑바로 앉는 것은 더 이상 효과적인 휴식이 아니었다. 유인원의 침대는 부분적으로는 나무 위 환경에서 편안함을 강화하도록 진화한 것 같다. 이 습관은 나중에 인류의 인지 발달에 필수적이었을 수도 있다. 그리고 이러한 보금자리의 진화는 우리 인간이 수면 환경을 창조하고 통제하게 된 깊은 뿌리를 가리킨다. 자연의 위험에서 벗어난 곳에 잠자는 장소를 마련하면 안전감은 자연스럽게 따라온다. 이러한 안전감은 편안함만큼이나 대형 유인원의 보금자리와 인간의 집 사이에 존재하는 진화론적 연관성을 제공할 수 있다.

우리가 잊어버린 보금자리

나는 사람이 들어가 잠을 잘 만큼 커다란 가짜 새 둥지를 갖기 위해서 7만 달러를 지불하고 싶지는 않다. 하지만 캘리포니아 남부의 교외에 위치한 부유한 동네 벨에어에 사는 어떤 '기업 매수자'는 예술가 로드릭 올가모트 로메로Roderick Wolgamott Romero의 시그니처인 사람 크기 둥지에 기꺼이 많은 돈을 쏟아부었다. 사실 최근 들어 예술가들과 환경 친화적인 가구 제조자들이 잠을 자거나 이야기를 나누는 장소로 둥지 모양의 구조물을 만드는 것은 하나의 '경향'이 된 것 같다.**33** 1960년대에 세워진 유명한 반문화 공동체 에설런과 아주 가까운 빅서라는 곳에는, 고객들이 하룻밤에 110달러를 내면 커다란 둥지에서 잠을 잘 수 있는 리조트가 있다. 고객들은 유칼립투스 가지의 둥지 사이로 들어오는 태평양의 바람을 느낀다. 커플들은 이 둥지로 신혼여행을 가고 그곳에서 아이를 임신한다.

사람들이 좀 더 자연적인 세계로 다시 돌아갈 수 있는 구조물들을 만들기 위해 동물 건축가들을 모방하는 건 어느 정도 매력적인 생각이다. 진화적으로는 조류와 그 둥지가 오르간 파이프 말벌보다 우리와 더 가깝지만, 우리는 참새목의 새들이 엮은 둥지에 익숙해지도록 타고나지 않았다. 앞서 보았듯이 과거 우리의 보금자리들은 새 둥지보다 더 단순했지만 더 편했을 것이다. 그리고 짧은 수면과 휴식을 위해 만들어졌을 것이다. 새 둥지는 주로 새 끼를 낳고 기르는 것과 관련된 구조물이다. 복잡한 새 둥지들은 우리 인간이 자연 세계에 적응하기 위해 이용하는 건축물들로 수렴한다. 그러한 둥지에서 잠을 잘 때 얻는 새로움, 즉 자연의 소리와 저녁 공기의 냄새는 우리가 굳이 나뭇가지에서 잠을 자지 않고서도 얻을 수 있을 것이다.

만약 교외에 있는 유인원 스타일의 보금자리에서 잠을 잔다면 진짜로 좀 더 자연적인 경험을 할 수 있을까? 거대한 새 둥지보다는 분명히 자연에 더 많이 노출될 것이다. 하지만 부드러운 나뭇가지와 나뭇잎으로 이루어진 멋진 매트리스 같은 침대는 누워서 자기에 더 편할 것이다. 나는 그렇게 해보고 싶다. 하지만 내 몸무게는 침팬지와 고릴라의 중간이기 때문에 땅 위에 보금자리를 만들어야 할 것이다. 안타깝게도 우리 지역에는 사람 피부에 알을 낳는 벼룩이 있어서 땅 위의 보금자리는 그다지 끌리지 않는다.

하지만 사고실험을 해보니 유인원 보금자리에서 잔다고 해서 새 둥지에서 자는 것보다 특별히 더 매력적일 것 같지는 않다. 물론 새보다는 우리와 더 비슷한 누군가가 지은 구조물에서 밤에 잠을 잔다면 신선하기는 할 것이다. 하지만 우리 인간은 유인원의 보금자리 같은 건 까맣게 잊었다. 그럼에도 불구하고 우리가 계속 유지하고 있는 건, 매일 밤 보금자리를 만드는 것과 관련된 장소에 대한 감각이다. 장소에 대한 감각과 더불어 안전, 편안함, 그리고 통제의 느낌들이 함께 따라온다. 나는 인간이 갖고 있는 집에 대한 느낌의 진화적 기초를 유인원의 보금자리에서 발견할 수 있다고 믿는다. 다음 장에서 보게 되겠지만, 사람들이 오랫동안 머무르는 공간으로서의 집은 아직 출현하지 않았다.

3장

$\diamond$

석기 시대 집의 변천

진화는 변천transition과 관련이 있다. 그리고 인류학자들이 인류 진화 600만 년을 재구성할 때, 그들은 몇 가지 중요한 변천에 초점을 맞춘다.[01] 이러한 변천은 우리를 우리와 가장 가까운 유인원 친척들로부터 구분 짓는 해부학적이고 행동적인 변화들을 포함한다. 이러한 변천들 중 일부는 매우 명백하다. 대형 유인원은 대부분 네 발로 다니지만 인간은 두 발로 걷는다. 인간은 크고 볼록한 머리에 납작한 얼굴이지만, 유인원은 좀 더 작은 머리에 돌출된 얼굴, 커다란 이빨을 갖고 있다. 우리는 털이 거의 없지만 유인원은 거의 대부분 털이 굉장히 많다. 그 밖에도 여러 가지가 있다.

하지만 '명백한' 것은 유효한 기초 자료에 의해 결정된다. 한 세기 이상 동안 과학자들은 인류 진화에서 또 다른 중요한 변천은 도구 사용의 발전과 관련이 있다고 굳게 믿었다. 하지만 야생에서 침팬지를 몇 년 동안 연구한 제인 구달은 침팬지들도 도구를 만들고 사용할 수 있는 능력이 있다는 것을 알아차렸다. 그 이후로 다른 연구자들도 침팬지가 상당히 풍부하고 다양한 물질적인 문화를 갖고 있다는 것을 보여주었기 때문에, 인간은 이런 점에서 다소 덜 독특하게 되었다.[02] 도구 사용의 변천은 여전히 중요하지만, 한때 생각했던 것보다는 인류의 출현에 있어서 조금 덜 본질적인 것이었다.

내가 여기서 초점을 두는 것은, 행동권 내의 일시적인 수면용 보금자리에서 살았던 유인원의 패턴에서 독자적인 집을 기반으로 생활하는 좀 더 인간다운 패턴으로의 변천이다. 시간이 흐르면서 일어나는 여느 복잡한 변천처럼, (이 경우에는 아주 오랜 시간이지만) 그 변천이 완료된 시점은 항상 명확하지 않다. 변천이 끝나면 모든 것이 명백해지지만, 완료를 나타내는 어떤 기준점을 결정하는 건 매우 어려울 수 있다. 예를 하나 들어보겠다.

지난 20여 년 동안 나는 가족과 함께 이사를 다니면서 세 개의 주택에서 살았다. 새로운 주택으로의 이사는 거리에 있어서, 그리고 문화와 기후의 변화에 있어서 꽤 큰 이동이었다. 이사를 갈 때마다 우리는 집을 남겨두고 떠나왔다. 그리고 그 대신 새로운 공간에 있는 우리 자신들을 발견했다. 그곳은 처음엔 친숙하고 감정적으로 편안한, 주변 세상으로부터의 휴식처가 아니었다. 다행히도 시간이 지나면서 새로운 주택들은 우리에게 집이 되었다. 우리는 인식하지 못한 채 이런 변천을 겪었다. 누구나 이런 경험이 있을 것이다. 비교적 새로운 곳에서 살고 있는 당신은 어느 날 그곳이 여전히 낯설고 생소하다고 느낀다. 하지만 얼마 후 낯설고 생소한 그 느낌이 사라졌다는 것을, 그리고 좋든 나쁘든 지금은 그곳이 집이라는 것을 문득 깨닫게 된다. 새로운 곳으로의 이동은 하룻밤 사이에 일어날 수 있지만 집으로의 좀 더 복잡한 인지적·정서적 변천은 일반적으로 더 오래 걸린다. 그리고 시간이 흐르면서 아주 조금씩 발전한다.

여기에 복잡한 변천과 관련된 진화적인 사례가 있다. 내가 지난 몇 년 동안 꽤 자주 생각하고 글로 쓴 주제는 바로 인간 뇌의 진화다.[03] 커다란 뇌는 우리를 우리와 가까운 유인원 친척으로부터 명확하게 구별해준다. 뇌의 크기는 인류의 진화 과정을 거치면서 세 배가 되었다. 그 결과 인간 뇌의 평균 부피는 1300~1400세제곱센티미터가 되었고, 반면 침팬지의 뇌는 400~500세제곱센티미터이다. 뇌는 일반적으로 화석화되지 않는다. 하지만 당연하게도 뇌의 크기와 뇌가 들어 있는 두개골의 크기는 상관관계가 높다.(이때 두개골의 크기는 두개용량으로 측정한다.) 그렇기 때문에 화석 기록은 우리에게 최소한 뇌 크기의 진화에 대한 정보를 제공한다. 화석 기록은 (유인원에서 갈라진 후 인간 가족에 속한 구성원인) 호미닌 hominin들이 진화한 처음 몇백만 년 동안, 뇌가 대략 유인원 정도의 크기에 머물렀다는 것을 알려준다. 하지만 약 200만 년 전부터 유인원보다 다소 큰 (특히 그들의 몸집에 비해 큰) 뇌를 지닌 호미닌들이 등장하기 시작했다. 그 뒤로 몇십만 년 안에 약 1000세제곱센티미터 되는 뇌의 부피가 나타나기 시작했다. 그리고 지난 100만 년 이상 동안 뇌의 부피는 현대의 크기에 이를 때까지 계속 증가했다.

그러니까 뇌가 유인원의 크기에서 인간의 크기로 변천한 것은 200~300만 년 동안 이루어진 것이다. 하지만 언제부터 뇌가 유인원보다 인간에 좀 더 비슷하게 되었을까? 이것은 인류 진화를 연구하는 학생들이 한 세기 이상 씨름하고 있는 다소 임의적인 질문이다. 한편 사람들은 대부분 신경학의 모래밭에 선을 하나 긋고 "뇌가 이 크기에 도달하면 유인원보다는 인간에 가깝다."라고 말하는 것이 비현실적일 거라고 생각한다. 하지만 대형 유인원의 뇌 크기를 확실히 넘는(즉 600세제곱세티미터 이상 되는) 화석 호미닌들은 우리와 같은 속인 호모Homo, 사람속에 넣으려는 강한 경향이 있다. 다른 말로 하면 어떤 경계선, 즉 '뇌의 루비콘강'이라고 불리는 어떤 선이 그어졌고 우리 인류는 그 선을 넘었다는 것이다. 이 선은 새로운 종의 이름을 짓거나, 또는 어떤 종이 진짜 인류의 조상인지 아닌지를 확인하는 데 도움이 될 수 있다. 하지만 뇌 진화의 관점에서 볼 때, 이 선은 연속적인 과정에서 임의로 그은 경계선에 가깝다.

인류 진화에서 중요한 변천들을 확인하는 것과 그것들이 어떻게, 왜 일어났는지 알아내는 것은 별개의 문제다. 인류학자들은 인간과 대형 유인원, 원숭이 들이 살고 있는 현대의 풍부한 데이터를 기반으로 인류 진화에 대한 강력한 가설들을 종종 세운다. 하지만 궁극적으로 데이터와 가설은 과거로부터 나온 증거에 기초하여 실제 그 기간에 배치되어야 한다. 그리고 우리는 인류가 어떻게 출현하게 되었는지에 대한 독특하고 유일한 이야기를 알고 싶어 한다. 이것은 항상 쉬운 일이 아니다. 과거로부터 유지되어 온 것은 그것이 한때 있었다는 것을 알려주는 희미한 표시에 불과하기 때문이다. 그럼에도 불구하고 고인류학자와 고고학자 들은 (오래된 물건들의 연대 측정 방법들을 꾸준히 향상시키는) 지질학자들의 도움을 받아 인류의 생물학적 역사를 재조명하기 위한 근거들을 꾸준히 제시하고 있다. 집은 우리 호미닌 선조들의 생활이 진화되는 과정에서 나왔다. 불, 가족, 섹스, 고기, 그리고 상대적으로 느린 인간 아이들의 성장 속도, 이것들은 모두 집의 진화에서 중요한 역할을 했다. 과거를 돌아보며 우리가 집에서 살고 또 집을 사랑하는 종으로 변천하게 되었던 그때를, 즉 우리가 건넌 진화의 경계선을 정확하게 지적하기는 어려울 것이다. 그렇지만 우리는 마침내, 그리고 분명히 종으로서 집에 이르렀다. 그 여정을 자세히 살펴보기 전에 나는 집으로의 이러한 변천과 관련된 진화적인 배경을 설명할 것이다.

네 다리 유인원에서 두 다리 호미닌으로

오늘날의 인간과 침팬지는 그들의 공통 조상을 약 600만 년 전 아프리카 어딘가에 살았던 어느 유인원에서 찾아낼 수 있다.[04] 이 공통 조상은 다소 큰 대형 유인원처럼 보일지도 모른다. 물론 침팬지는 아닐 것이다. 왜냐하면 침팬지는 우리와 비슷하게 진화했기 때문이다. 하지만 이 공통 조상과 더 가깝게 갈라져 나온 것은 침팬지보다는 확실히 인간이다. 사실 이 공통 조상이나 초기 호미닌의 행동과 생활을 복원하는 우리의 능력은, 화석과 그 화석이 발견된 지질학적 환경에 동시대의 대형 유인원에 관한 지식이 결합해 강화된다.[05]

초기 인류학자들은 3대 요소, 즉 커진 뇌의 크기, 이족보행, 그리고 석기 제작이 서로 상호작용하면서 진화해 현대의 인류가 되었다고 확신했다. 당연히 이러한 요소들은 모두 중요하다. 하지만 동아프리카와 남아프리카의 채석장, 협곡, 계곡, 사막에서 나온 정보들을 보면 이런 요소들이 전부 동시에 진화한 건 아니었다. 또 인류 진화가 침팬지와의 마지막 공통 조상에서 오늘날의 인간에게로 곧장 넘어온 것도 아니었다. 이러한 인류의 변천은 쭉 뻗은 줄기의 나무보다는 어수선하게 엉클어진 덤불로 더 잘 표현될 수 있다.

비록 몇몇 오래된 화석 유해들이 사람아과Homininae로 지정되어 논란이 되고 있기는 하지만, 가장 널리 받아들여지고 있는(하지만 여전히 보편적이지는 않은) 가장 초기의 호미닌 후보자들은 동아프리카의 아르디피테쿠스속 구성원들이다.[06] 만약 오늘날 아르디피테쿠스 성인을 보게 된다면 그들은 꼭 유인원처럼 보일 것이다. 별로 놀라운 일도 아니다. 왜냐하면 아르디피테쿠스가 기본적으로 유인원이었으니까 말이다. 그들은 몸무게가 약 50킬로그램 나갈 것이다. 그리고 두개용량은 약 300~350세제곱센티미터로, 오늘날의 대형 유인원보다 작은 편에 속한다. 아르디피테쿠스는 오늘날의 대형 유인원과 비슷하게, 그리고 현대의 인간과는 다르게 커다란 송곳니를 갖고 있었다. 하지만 송곳니의 마모 형태를 보면 그들은 유인원보다 후기 호미닌에 더 가깝다. 가장 중요한 것은 아르디피테쿠스의 해부학적 측면들, 예를 들어 척추 위에 있는 두개골의 위치와 골반 같은 것들이 확실히 이족보행을 나타낸다는 것이다. 아르디피테쿠스의 팔은 여전히 길고 나무에서의 생활에 적응된 형태다. 하지만 이런 팔의 특징 때문에 아르디피테쿠스를 독특한 유인원의 한 형태라고 보는 사람들이 여전히 있다.

아르디피테쿠스는 오스트랄로피테신류라고 알려진 호미닌의 다른 그룹으로 대체되었다.(이 속의 이름은 오스트랄로피테쿠스이며, 1924년 레이먼드 다트Raymond Dart가 처음으로 명명했다.) 오스트랄로피테신류는 당연히 이들의 조상이라고 추정되는 아르디피테쿠스에서 진화되었고, 약 400만 년 전부터 100만 년 전까지 동아프리카와 남아프리카에서 살았다. 그들은 한때 초기 인류가 살았던 환경이라고 여겨지던 광활한 사바나 초원보다 삼림 또는 삼림과 초원의 경계 지역에서 살았던 것 같다. 오스트랄로피테신류에는 무려 10개의 서로 다른 종이 포함될 수 있다. 인류학자들 사이에 존재하는 다양한 시각들과 더불어 최근의 발견들은 한때 단순했던 그림을 더 복잡하게 만들고 있다.[07] 하나의 그룹으로서 이들 오스트랄로피테신류는 이족보행을 했고, 현대의 인간에 비해 몸집이 작았다(30~50킬로그램). 뇌의 크기는 일반적으로 현대의 대형 유인원의 범위(400~500세제곱센티미터) 안에 들어갔다. 오스트랄로피테신류의 몸집이 현대의 대형 유인원보다 작다는 것을 감안하면, 이들의 뇌 크기는 상대적으로 더 컸다. 이처럼 신체의 크기에 비해 상대적으로 큰 뇌는 오스트랄로피테신류의 인지 발달 가능성을 알려주는 하나의 징후로 간주된다.[08]

오스트랄로피테신류 종들의 다양성은 우리에게 중요한 교훈을 준다. 바로 인류 진화가 일부 예기치 못한 길들로 들어갔다는 것이다. '건장한robust' 오스트랄로피테신류로 알려진, 오스트랄로피테신류의 한 그룹은 거대한 어금니와 작은 앞어금니가 있었다.(경우에 따라 이들을 파란트로푸스속으로 분류하기도 한다.) 강고한 오스트랄로피테신류는 뒤쪽에 있는 이 어금니들을 이용해 질긴 풀과 씨앗처럼 단단한 것들을 먹었다. 연구에 따르면 그들은 다른 음식들도 먹었다고 한다. 하지만 다른 음식들이 부족했던 그 시기에 먹을 것에 대한 적응 과정으로서 애초부터 거대한 어금니를 진화시켰던 것 같다고 한다.[09] 그들은 커다란 턱 근육을 이용해 엄청나게 센 씹는 힘을 만들어냈다. 이를 위해서는 강력한 안면근육이 필요하기 때문에, 근육이 부착할 수 있도록 정수리에 시상융기가 발달한 두개골을 다시 만들어야 했다. 그들은 몸이 아니라 머리가 건장했고, 그들의 몸집은 다른 오스트랄로피테신류와 비슷했다.

건장한 오스트랄로피테신류는 인류의 계보를 나타내는 나무(혹은 덤불)가 놀라울 정도로 다양했다는 것을 보여준다. 게다가 그들은 인류 진화가 어떻게 펼쳐지는지에 대한 귀중한 통찰력을 제공한다. 이족보행은 운명이 아니었다. 다른 말로 하면, 큰 뇌와 음성언어, 복잡한 문화적 전통, 정교한 물질문화를 가진 우리 현대인들은, 유인원이 두 발로 걷게 되면서 시작된 어떤 과정의 필연적인 결과물이 아니었다. 건장한 오스트랄로피테신류는 또 다른 방법이 있다는 것을 보여주었고, 그 방법은 과학자들이 현대의 인류와 유인원에 대해 알고 있는 것을 바탕으로는 결코 예측될 수 없었던 것이었다. 건장한 오스트랄로피테신류의 생존 방식은 한 동안(약 270만 년 전에서 120만 년 전까지) 잘 작동했다. 하지만 결국에는 다른 방향으로 갔던 두 발 유인원들과 경쟁할 수 없었다.

인류의 변천

약 260만 년 전, 현재의 에티오피아에 살았던 어느 호미닌은 돌을 서로 부딪쳐 파편들을 떼어낸 다음 그 돌을 자르거나 긁는 도구로 사용했다.[10] 이 도구 제작자가 어떤 종에 속하는지는 모른다. 오스트랄로피테신류 종의 구성원일 수도 있고, 어쩌면 호모속의 가장 초기 구성원일 수도 있다. 그 도구를 만든 사람이 누구인가와는 상관없이, 그들의 출현은 인류 진화에서 엄청나게 과도기적인 시대가 시작되었다는 것을 의미한다. 약 250만 년 전의 이 호미닌 화석 기록은 오스트랄로피테신류의 다양성을 나타낸다. 그리고 그들과 오늘날 우리와의 직접적인 관계는 명확하지 않으나, 확실히 (증조부의 증조부의 증조부의 증조부의…… 등과 같은) 사촌 수준에는 있었다. 하지만 180만 년 전의 화석 기록은 좀 더 인간과 유사한 계보가 만들어졌다는 것을 명백하게 보여준다.

어쩌면 우연의 일치가 아니겠지만, 약 250만 년 전에 빙하기와 간빙기의 주기적 교대는 더 심해졌고 이것은 기후뿐만 아니라 해수면의 변화도 일으켰다. 고고학자 리처드 포츠^{Richard Potts}는 다른 호미닌들보다 인지적 수준이 높은 우리 선조들이 그들의 범위를 확장하고 번창할 수 있었던 건 이렇게 환경 변화가 급격했던 시기에 융통성 있게 행동했기 때문이었다고 주장한다.[11] 우리의 호모속은 이러한 불안정한 기후로 인해 약 200만 년 전 아프리카에서 생겨났다. 루이스 리키와 동료들은 이 호모속의 첫 번째 구성원들에게 (손재주를 가졌다는 뜻의 라틴어 어휘를 따서) 호모 하빌리스라는 이름을 붙여주었다. 그들은 (호리호리한) 오스트랄로피테신류와 크게 다르지 않았다.[12] 우리가 볼 때 그들은 팔이 아직도 너무 길어서 진짜 인간처럼 보이지 않고, 그저 두 다리로 걷는 짤막한 유인원 같을 것이다. 하지만 그들의 평균 두개골 부피는 약 650세제곱센티미터로, 어떤 대형 유인원이나 오스트랄로피테신류의 평균보다 월등히 컸다. 호모 하빌리스의 상대적으로 큰 뇌는, 이 시기에 발견된 석기들을 바로 이들이 만들었을 가능성이 높다고 인류학자들이 생각하는 주된 이유다.

초기 호모일 수 있는 몇몇 종들이 약 200만 년 전에 살았을지도 모른다. 이것은 오늘날 고인류학자들에게 많은 논쟁거리를 준다. 하지만 시간을 좀 더 뒤로 돌릴 때, 호모 에렉투스라고 불리는 종이 초기 호모 종의 주요한 후손으로서 분명히 나타난다. 그들의 '전형적인' 모습을 보면, 호모 에렉투스는 가장 대표적인 인류 조상들 중 하나다. 약 100년 전 아시아(자바와 중국)에서 처음 발견된 호모 에렉투스는 약 180만 년 전부터 5만 년 전까지 구세계, 즉 유럽과 아시아, 아프리카 도처에서 살았던 것으로 알려져 있다. 초기 호모가 처음 등장했을 때와 오스트랄로피테신류의 연대가 겹치고, 또 초기 호모의 마지막과 현대의 호모 사피엔스가 겹치는 것은 분명하다. 호모 에렉투스의 두개골 용량은 대략 900~1100세제곱센티미터다.[13] 호모 에렉투스의 두개골에는 현대 인간뿐만 아니라 초기 호모와 오스트랄로피테신류 둘 다와도 구분되는 특징이 몇 가지 있다.[14] 비록 호모 에렉투스의 두개골 용량은 상대적으로 크지만, 그 모양은 길고 낮으며 이마는 납작하게 기울어져 있다. 두개골은 그 이전과 이후의 종들에 비해 두껍고 눈두덩이는 꽤 튀어나왔을 수 있다. 호모 에렉투스는 현대인만큼 크지 않았지만 오스트랄로피테신류나 초기 호모에 비해선 상당히 컸다.

호모 에렉투스가 있었던 **장소**는 그들의 **존재**만큼이나 중요하다. 그들은 초기에 아프리카에서 진화했다. 하지만 170만 년 전쯤에 아프리카 밖으로 이주하기 시작했다. 아프리카가 아닌 다른 지역에서 발견된 에렉투스(혹은 어떤 호미닌이라도)의 가장 오래된 증거는 조지아의 드마니시라는 곳에서 나왔다. 결국 호모 에렉투스는 먼 거리를 횡단하고 열대 환경이 아닌 곳에서 살아남은 능력을 증명한 첫 번째 호미닌 종이 되었다. 나중에 논의하겠지만, 불은 아마도 그들이 살아남을 수 있도록 해준 기술적인 무기 중 하나였을 것이다. 또 그들은 주먹도끼를 만들었다. (돌을 정밀하게 좌우 대칭으로 깎아낸, 눈물방울 모양의 다목적 도구인) 주먹도끼는 단순한 도구들에 대한 초기 호모의 인지적 발전을 분명하게 보여준다. 뿐만 아니라 우리가 초기의 호미닌들에게 기대한 것처럼, 호모 에렉투스는 고고학적 기록에 남아 있지는 않지만 석기가 아닌 다른 도구들을 사용했을 가능성이 있다.

나는 호모 에렉투스가 어떤 면에서 가장 '거리가 먼' 호미닌 종이라고 다른 곳에도 썼다. 적어도 그들이 어떻게 살았는지 이해하려고 할 때는 그렇다.[15] 좀 더 앞선 호미닌들의 경우, 우리는 대형 유인원들을 그들의 모델로 삼을 수 있다. 이것은 그들이 대형 유인원과 똑같다고 말하는 게 아니다. 하지만 진화적 측면에서 초기 호미닌들은 분명 호모 에렉투스보다 대형 유인원과 좀 더 비슷했다. 시간의 반대편 끝에서, 우리는 네안데르탈인과 우리의 좀 더 직접적인 선조들이 어떻게 살았는지 이해하기 위해서 우리 자신을 모델로 삼을 수 있다. 호모 에렉투스는 우리와 우리의 유인원 사촌들로부터 다소 거리가 있고 분리된 곳에 놓여 있다. 그럼에도 불구하고 우리가 인류라고 생각하는 것들의 토대는 확실히 에렉투스의 시대에 있었다. 인간의 특징들, 다시 말해 언어, 문화적 존재, 그리고 신체적 능력만큼이나 기술에 의존하는 특징은 많든 적든 어느 정도는 에렉투스의 일상생활에서 형성된 것 같다. 현생 인류로의 온전한 변천은 호모 에렉투스 시대에 이미 진행되었던 모양이다.

나는 집에 대한 느낌도 인류 진화에서 중요한 초기 호모, 즉 호모 에렉투스 단계에서 형성되기 시작했다고 생각한다. 집은 수면을 위한 보호된 환경을 제공하는 것 외에도 음식을 준비하고 먹고 나누는 장소다. 또 집은 재생산적 생활의 신체적·정서적 중심지다. 인류학자들은 고고학 및 고생물학의 기록들과 얼마 안 남은 현대의 수렵채집인들을 관찰해서 얻은 다양한 정보들을 이용해, 인류의 섭식과 생식 패턴이 어떻게 진화되었을지 재구성하려고 노력한다. 집의 진화에 대한 직접적인 증거는 찾기 어려울 수 있다. 그러니 집이 인지적인 면에서 어떻게 만들어질 수 있었는지 더 많이 알기 위해서, 인간의 음식과 성에 대해 고찰한 다른 견해들을 참고해보자.

'본거지'는 집의 선배일까?

현대 사회에서 집은 우리가 집에서 하지 않는 것들에 의해 정의될 수 있다. 대체로 사람들은 집의 범위 밖에서 일하고 음식을 구하고 교육을 받고 치유되고 생식 파트너를 만난다. 사람들은 기술의 도움을 받아 물리적 세상과 가상의 인터넷 세상으로 과감하게 뛰어들고, 그래서 행동권의 전형적인 동물학적 한계를 넘어 그 범위와 크기를 확장해왔다. 하지만 집 그 자체는 이렇게 잠재적으로 거대한 행동권 안에서 여전히 특권을 가진 장소로 남아 있다. 집은 사람들이 그들 주변의 더 넓은 세상과 교류하는 하나의 기반이다.

1970년대에 고고학자 글린 아이작Glynn Isaac은 약 200만 년 전에 살았던 초기 호모의 "본거지home base" 발전이 인류 진화에서 중요한 혁신이자 이정표임을 밝혔다.[16] 아이작은 본거지가 사회적 행동의 중요한 변화를 반영하는 것이며, 이것은 유인원의 생활방식에서 좀 더 인간다운 생활방식으로의 전환을 알리는 것이라고 주장했다. 본거지 진화에 대한 아이작의 모델은 다면적인 구석기 고고학에 대한 그의 견해를 반영한 것이다. 그는 이러한 고고학을 과거의 진화에 관한 가설들을 세우기 위해 다른 영장류 및 현생 인류에 대한 지식과 실험적인 연구들을 이용할 수 있는, 진정한 인류학적 학문으로 보았다. 아이작의 접근 방식은 학계에 지대한 영향을 주고 있다. 그리고 아이작은 그의 이른 죽음 이후 거의 30년이 지난 지금까지도 고고학에서 유의미한 인물로 남았다.

아이작은 음식을 구하고 처리하는 방법에 있어서 대형 유인원들과 전통적인 수렵채집인들이 어떻게 다른지 그 차이점을 강조함으로써 자신의 본거지 모델을 발전시켰다. 인간에게 음식은 "공동의 책임"인 반면, 대형 유인원에게 이것은 훨씬 더 개인적인 문제다. 침팬지들은 협동하여 사냥을 나가고 그렇게 잡은 고기를 나누어 먹지만, 동물 먹이는 그들의 식단에서 기껏해야 10퍼센트 정도밖에 되지 않는다.(그리고 식단 대부분은 협동 사냥의 수확보다 곤충에서 나온 것이다.)[17] 반대로 현대 인간의 경우, 사냥과 동물성 단백질은 전체 식단의 비중으로 볼 때나 사회생활의 중심적인 측면에서 볼 때나 훨씬 더 중요하다고 아이작은 강조했다. 사회생활은 언어에 의해 촉진되는데, 이는 대형 유인원에게서 찾아볼 수 없는 의사소통 체계다. 또 아이작은 음식과 도구 같은 물건들을 운반하는 인간의 성향에 주목했다. 사족보행을 하는 유인원은 이것이 능숙하지 못하다.

인간의 이러한 다양한 측면들은 전부 말 그대로, 그리고 비유적으로 아이작이 주장한 본거지에서 하나로 합쳐졌다. 모든 인간 사회는 사람들이 주변 환경에서 해야 할 일을 개별적으로 혹은 집단적으로 수행한 후에 따로 만나는 장소를 갖고 있다고 아이작은 지적한다. 사람들은 원재료를 들고 본거지로 가서 그것으로 도구를 만든다. 음식도 본거지로 옮겨서 가공하고 분배한다. 본거지는 바깥세상에서 무엇을 할 것인가에 대해 계획을 세우고 이야기를 나누는 공간이다. 따라서 본거지는 집의 선배 격이다.

우리의 호미닌 선조들이 집과 같은 것을 발전시키기 전에 생활에서 본거지의 단계를 거쳤다는 주장은 꽤 그럴듯하고 논란의 여지도 없어 보인다.[18] 사실 현대의 유인원과 인간이 그들의 환경에서 어떻게 살고 있는지 감안하면 이러한 단계는 아마도 불가피했을 것이다. 그리고 그것이 어떻게 형성되었는지 생각해보는 건 흥미로운 일이다. 하지만 아이작의 본거지 모델은 이러한 상상보다 좀 더 명확했다. 그는 200만 년 전에 초기 호모가 살았던 동아프리카의 고고학적 장소들에서 본거지의 근원을 확인했다. 아이작은 이 장소들을 조사한 연구에서 세 가지 주요한 결론을 이끌어냈다. 이 중 두 가지는 현재 일반적으로 받아들여지고 있다. 먼저 아이작은 초기의 석기 제작자들이 도구나 원재료를 휴대 및 운반했다고 한다. 둘째로 이 도구는 큰 동물을 도살하기 위해 사용되었다고 한다.(이것은 동물 뼈에 그어진 석기 자국들로 증명되었다.)

아이작의 세 번째 주장은 훨씬 더 논란이 많았다. 그는 땅에 놓인 동물 뼈와 석기의 배치를 볼 때, 이 호미닌들은 동물 사체를 해체하고 분배하기 위해 그것을 중심지로 운반했다고 주장한다. 아이작의 관점에서 이 고고학적 장소에 있는 유물들은 200만 년 전의 본거지를 직접적으로 보여주는 것이었다. 안타깝게도 이러한 유물들이 어떻게 이런 식으로 놓이게 되었는지에 대한 아이작의 해석은 잘 받아들여지지 않았고 그는 신랄한 비판을 받았다.[19] 이러한 고고학적 유적지의 형성은 호미닌의 활동은 물론이고 과거의 지질학적·생태학적·동물학적 요인들의 상호작용으로 발생했던 것이다. 간단히 말해 다른 고고학자들은 탄자니아에 있는 올두바이 협곡의 퇴적물 속에서 본거지(혹은 아이작이 종종 말했던 것처럼 "중심지entral places")를 발견하는 데 어려움을 겪었다.

아이작을 가장 신랄하게 비판한 사람은 루이스 빈퍼드Lewis Binford였을 것이다. 빈퍼드는 학문적 논쟁을 결코 피하지 않았던 고고학자다. 1980년대 초 버클리 대학을 다녔던 시절 나는 빈퍼드의 수업을 들었고 그 자리에는 (당시 버클리 대학의 교수였던) 아이작도 참석했다. 빈퍼드는 본거지 모델에 대해 이야기했다. 내가 기억하기로 그는 인정사정 봐주지 않았다. 아이작은 몇몇 부분에서 반박했지만 결국 본거지 모델은 무너지고 말았다. 큰 강당이었음에도 불구하고 그건 무척 불편한 상황이었다. 얼마 전에 빈퍼드는 아이작이 본거지를 둔 초기 호모들을 "중산층의 고상한 척하는 원시인 비슷하게" 보았다고 썼는데, 이런 묘사는 그것이 드러내는 것만큼이나 부당했다.[20] 내가 '드러내는'이라고 말한 이유는, 이 표현이 집의 개념이 얼마나 강력한지를 보여준다고 생각하기 때문이다. 이 논쟁의 고고학적인 장점들을 넘어, 빈퍼드는 중산층 대학 교수로서의 자신의 생활을(때로 그는 그렇게 고상한 사람이 못 되었지만) 아이작의 모델에 대입한 후, 그 안에 담긴 집의 개념에 반발했다.

아이작이 이러한 초기의 고고학적 장소를 좀 과도하게 해석했을지도 모른다. 하지만 그렇다 하더라도 나는 아이작의 본거지 모델이 매우 유용하다고 생각한다. 대형 유인원이 주변 환경을 이용하는 방식으로부터, 궁극적으로 집과 같은 것에 기반을 두는 방식으로 바뀌는 초기 호모의 중요한 변천을 강조할 때 그렇다. 또 아이작의 모델은 그 옛날 동아프리카의 고고학적 장소에서 어떻게 집에서와 비슷한 활동이 이루어질 수 있었는지 조사하는 흥미로운 연구를 촉발시켰다. 예를 들어 엘런 크롤Ellen Kroll은 가공물과 동물 유해가 이 장소에 분포된 방식을 자세히 조사했고, 그 결과 햇살을 가리는 나무들이 이 지역에서 중요했을 거라는 가설을 세웠다.[21] 초기 호모들은 커다란 나무 그늘에서 일하고 쉬면서 태양의 열기를 피하려고 했을지도 모른다. 그리고 이곳에 여러 번 방문하면서 (석기와 파편, 동물 뼈의) 잔해들을 남기고 떠났을지도 모른다. 뜨거운 기후에서 일하는 사람들은 어떤 것이든 그늘로 사용할 만한 것을 찾는다. 아마 우리의 선조들도 그렇게 했을 것이다. 이것은 집이나 본거지는 아니지만 그것의 시작일 수는 있다.

고고학자 진 셉트Jeanne Sept는 집으로의 변천을 완전히 다른 방식으로 접근한다.[22] 몇몇 연구자들은 야영지와 집이 땅에 어떻게 흔적을 남기는지 알아보기 위해서 현대의 수렵채집인들이 남긴 자국과 쓰레기 들을 연구했다. 하지만 셉트는 이러한 거주지들 상당수는 고고학적 기록에 남을 만한 흔적을 남기지 않는다고 언급했다. 그리고 좀 더 결정적일 수도 있는데, 셉트는 현대 인간의 패턴을 기준으로 삼는 것은 과거의 (가능성 있는) 집 유적지의 해석에 선입견을 품게 만든다고 주장했다. 좀 더 균형 잡힌 시각을 제공하기 위해 셉트는 1980년대 후반, 가장 초기의 침팬지 보금자리 연구 중 하나를 시작했다. 그것은 침팬지의 위치와 소비 패턴, 그리고 이런 것들과 관련된 잔여물을 '고고학' 지도로 만드는 연구였다. 이것은 대형 유인원의 보금자리 습성을 조사하는 수많은 연구들을 이끌었고, 그중 일부는 내가 이전 장에서 논의했던 것들이다. 그 결과로 우리는 대형 유인원의 보금자리 재사용은 무작위가 아니라 특정 환경이나 사회적 조건과 관련이 있다는 것을 알게 됐다. 또 셉트는 침팬지가 작은 동물을 사냥한다는 점을 감안할 때 고고학자들이 작은 동물을 사냥하는 초기 호모들에 더 관심을 기울인다면 그들의 행동을 평가하는 데 또 다른 수단을 사용할 수 있다고 말한다. 그 평가 수단은 바로 현대 인간보다 대형 유인원의 행동을 더 참고하는 것이다.

보금자리를 만드는 행동은 우리를 다시 나무로 돌아가게 한다. 초기 호모를 비롯해 그보다 더 앞선 호미닌들은 몸이 완전히 이족보행에 적응되었다. 그렇지만 나무에 오르는 적응도 유지했다는 것을 기억해야 한다. 이것은 길고 구부러진 손가락, 그리고 다리 길이에 비해 상대적으로 긴 팔 같은 특징들로 알 수 있다. 앞선 호미닌들은 나무에서 의미 있는 시간을 보냈을 수도 있고 아닐 수도 있다. 우리는 그것을 알 수 없다. 하지만 그들이 나무에 있는 동안은 불을 피우고 유지하기 어려웠을 거라는 건 알고 있다. 그래서 만약 초기 호모나 그들의 직접적인 조상들이 초반에 상당한 시간을 나무에서 보냈다면, 불의 유입은 그들을 땅으로 끌어내렸을지도 모른다.

불과 집, 무엇이 먼저일까?

나는 화로가 지닌 원시적인 매력을 남몰래 이해했다.
텔레비전은 저항할 수 없는 매력을 지닌 불이었다.

—존 업다이크, 『로저의 의견』(1986) 중에서

2000년대 초 UCLA의 '가족의 일상생활 센터Center on Everyday Lives of Families, CELF'에서 근무하던 인류학자와 고고학자 들은 로스앤젤레스의 서른두 가구에서 물질적인 문화(즉 물건들)를 집중적으로 연구했다.[23] 그들은 집의 거주자들이 주변의 물건들과 어떻게 관계를 맺고 있는지를 살펴보았다. 놀랄 것도 없이, 그들은 텔레비전이 미국인들의 가정에서 물질적 문화의 중심이라는 것을 발견했다.(당연히 다른 선진국의 가정에서도 그렇다.) 연구자들은 현대의 가정에서 텔레비전의 위치가 종종 사회적 상호작용을 위한 주요 영역을 규정한다는 걸 알아챘다. 이러한 영역들은 결국 텔레비전의 위치에 의해 형성되고 규정된다. 미국 가정의 절반 이상이 텔레비전을 한 대 이상 보유하고 있었는데, 두 번째와 세 번째 텔레비전들은 주로 침실에서 발견되었다. 그러므로 사람들은 그들이 모이는 곳과 쉬는 곳에 텔레비전을 두는 것이다.

업다이크처럼 '가족의 일상생활 센터' 연구자들도 하나의 은유에 도달하게 된다. "공간의 설계와 구성에 미치는 영향을 볼 때, 텔레비전은 일종의 화로일 수 있다. 화로는 인류 역사에서 꽤 최근까지도 집에서의 사회적 상호작용과 활동의 공간 분배에 가장 큰 영향을 행사했다."[24] 어쩌면 이 문장을 은유라고 말하는 게 잘못되었을지도 모른다. 텔레비전은 빛, 소리, 억제된 움직임, 따뜻함이 집중된 원천, 그러니까 말 그대로 불같은 것이다. 그리고 업다이크도 이것을 파악했다. 기술이 덜 발달되었던 시대의 사람들에게 화로가 얼마나 중요했는지 이해하려면, 현대의 집 거주자들이 텔레비전 없이 생활하는 모습을 상상하면 된다.

화로와 집. 이 둘의 연관성은 오래된 것이자 보편적인 것이라는 점이다. 1만 년 전으로 거슬러 올라가 초기의 도시 지역들을 살피는 고고학자들은 진흙과 돌로 만든 비교적 획일적인 구조물들 안에서 화로의 존재나 관리된 불의 증거를 보고 그것이 주택임을 확인한다.[25] 수렵채집인이나 전통적인 농경인이 살았던 비도시 지역의 바닥에 펼쳐진 유물과 쓰레기의 배치를 연구하는 고고학자들도 마찬가지로 불의 증거를 살핀다. 불의 존재와 위치는 생활 공간이 어떻게 배치되었는지를 확인하는 데 도움이 된다. 집주인이 잠시 자리를 비운 현대의 주택에 들어갈 때, 우리가 텔레비전의 위치를 보고 그 공간을 사용하며 상호작용하는 그곳 거주자들의 일반적인 위치를 상상하는 것과 비슷한 방식이다. 화로가 주거지와 어떤 면에서 일치한다면, 불을 통제하며 사용하게 된 기원을 확인하는 일은 집에 대한 느낌의 진화를 이해하는 데 매우 도움이 될 것이다. 불행히도 고고학 기록에서 불을 식별하기란, 다른 많은 것들과 마찬가지로 잘 보존된 가장 최근의 사례에서는 '명백할' 수 있지만 시간을 계속 거슬러 올라가면 좀 더 까다로운 문제가 된다. 어떤 연구자는 통제된 불로 보는 것을 다른 연구자는 우연한 연소로 보는 일도 생기는 것이다.

수십만 년에 걸친 많은 고고학 장소들에서 불의 증거가 발견된다. 하지만 번개와 화산 활동을 포함해 불이 일어날 수 있는 자연적 요인들은 여럿이다. 이것은 호미닌들이 먹다 남긴 뼛조각들과 그들의 도구 사이에 남은 불의 증거가 그들이 손수 다뤘던 불의 흔적인지 여부를 식별하기 어렵게 만든다. 또 초기 호모들이 살았던 아프리카 사바나의 건조한 삼림 지역은 자연적인 불에 무척 취약했을 것이다. 이 또한 호미닌의 통제된 불을 찾아내는 문제를 복잡하게 만든다. 고고학자들은 오래전부터 고대 유적지에서 통제된 불의 증거가 발견된다고 주장해왔다. 하지만 그곳에 불이 있었다 해도 그것이 통제된 불이라는 증거는 불충분하다고 주장하는 다른 고고학자들도 마찬가지로 오래전부터 있었다.[26]

시간을 거슬러 올라갈 때, 현대의 인간과 네안데르탈인이 모두 불을 사용했다는 증거는 명백하다. 최소한 10만 년 전에 (유럽과 아프리카 등지에서 각각) 살았던 네안데르탈인은 요리뿐만 아니라 돌, 나무껍질 같은 원재료로 도구를 만들 때에도 불을 사용했다. 현대 인간과 네안데르탈인의 공통 조상은 수십만 년 전에 살았고, 이들은 의심의 여지없이 불을 사용했다. 비록 정교한 수준까지는 아니었겠지만 말이다. 유럽에서 불을 사용한 증거는 적어도 40만 년 전으로, ('베이징원인'이 발견된) 중국의 저우커우뎬에서는 50만 년 전으로 거슬러 올라간다. 그리고 이스라엘의 게셰르베노트야아코브에서는 그 증거가 79만 년 전까지 거슬러 올라간다.[28] 이러한 유적지에서 발견된 돌과 뼈, 그리고 불의 증거는 전체적으로 볼 때 호모 에렉투스가 적어도 몇몇 지역에서 이따금 불을 사용했다는 것을 강력하게 암시한다. 하지만 불의 사용은 언제 시작됐을까?

남아프리카의 원더워크 동굴에서의 최근 연구는 그 시작이 적어도 100만 년 전으로 거슬러 올라간다고 추정한다.[29] 25미터 깊이의 동굴 속에서 프란체스코 베르나Francesco Berna와 동료들은 불에 노출된 증거를 보여주는 조각난 석기들, 식물과 뼈의 잿더미를 107만 년 전부터 99만 년 전에 해당하는 고고학 지층에서 확인했다. 이 지층은 180만 년 전까지 거슬러 올라가는 고고학적 연대 내에 놓여 있었고, 이는 초기 호모 에렉투스와 연관 있는 것으로 보인다. 동굴 속의 불이 박쥐 배설물에 의해 점화되었거나, 잿더미가 범람과 같은 다른 혼란에 의해 동굴 속으로 옮겨졌다는 증거는 없다. 그리고 그 자리가 동굴 입구로부터 꽤 멀리 떨어져 있기 때문에 번갯불이 들어왔을 가능성도 매우 낮게 만든다. 이처럼 100만 년 전에 불이 사용되었다고 하는, 최근의 명백한 발견은 좀 더 오래된 고고학 장소에서 불이 통제되었을 수도 있다고 주장한 이전 연구들의 신빙성을 높일 수 있다. 140만 년 전 이상으로 거슬러 올라가는 동아프리카의 몇몇 중요한 장소들에는 불의 사용을 보여주는 결정적인 증거가 있다.[30]

호모속이 (약 180만 년 전에) 출현하는 데에 불이 결정적이었다는 생각은 최근 영장류학자 리처드 랭엄Richard Wrangham에 의해 대변되고 있다.³¹ 랭엄이 보기에 불은 요리를 의미했고, 요리는 우리 조상들에게 더 많은 음식을 제공했다. 여기에는 커다란 동물의 근육에서 발견되는 풍부한 단백질뿐만 아니라 감자 같은 땅속 줄기에 존재하는 탄수화물과 열량의 저장도 포함된다. 불에 익히지 않았다면 이런 음식들은 거칠고 질겨서 섭취하기 힘들었을 것이다. 뇌는 에너지를 매우 많이 소모하는 기관이다. 호모 종에서 관찰되는 뇌 크기의 증가는 그것의 성장과 유지를 위해서 좀 더 질 높은 식단을 요구했을 거라고 랭엄은 주장한다. 랭엄은 불이 훨씬 더 향상된 식단을 성취할 수 있게 만들었을 거라고 거의 확실하게 말했다. 그는 이족보행의 유인원으로부터 좀 더 포괄적으로 인간적인 무엇인가에 이르는 변천 속에서 불이 중요한 역할을 했다고 주장한다. 불을 사용할 줄 아는, 이 인간에 가까운 이들은 170만 년 전부터 열대 아프리카를 떠나 좀 더 온화한 기후의 유라시아로 들어갈 수 있었다. 적어도 이것은 한 가지 가능성이다. 79만 년 전보다 더 이전에 아프리카 이외의 지역에서 발견된, 통제된 불의 명백한 증거는 이러한 시나리오를 증명하는 데 도움이 될 것이다.

불을 만들거나 사용하는 것은 초기 호모가 나무에서의 생활을 버리도록 촉진했을 뿐만 아니라, 그들이 땅 위의 어느 특정한 장소에서 시간과 에너지를 투자하도록 했을 것이다. 불은 적어도 불이 피워져 있는 시간만큼은 본거지에서 생활의 중심이 될 수 있었을 것이다. 그러니까 적어도 동물 사체를 해체하거나 어떤 도구를 만들 때만큼은 그랬을 것이다. 비록 불이 음식을 가공하는 기술로 시작되었다 할지라도, 어떤 공유된 공간 안에서 음식을 나눠 먹는 중요한 행위는 불을 그 이상의 무언가로 바꾸어놓았다. 그리고 이것은 궁극적으로 집과 불의 동일화로 이어졌으며, 우리는 이런 현상을 오늘날 전 세계의 문화에서 볼 수 있다. 저명한 고고학자인 데즈먼드 클라크Desmond Clark와 잭 해리스Jack Harris는 초기 호모에게 통제된 불이 중요했다는 가설을 지지하는 논평에서 다음과 같이 썼다. "불은 음식을 나누거나 고기를 먹는 행위, 또는 새로운 형태의 성적 행동과 마찬가지로 [……] 초기의 인류 조상들이 인간 사회의 특징인 긴밀한 가족 단위로 뭉치게 하는 데 도움을 주었다."[32] 집은 150만 년 전에 불과 가족의 결합에서 나왔을지도 모른다.

가족의 기원 찾기

가족은 고고학 기록에 증거를 거의 남기지 않는다. 과거의 유물을 볼 때 우리는 가족의 존재를 추측하거나 심지어 느낄 수도 있지만, 가족을 이루는 일련의 관계와 사회적 역학은 돌이나 뼈에 보존되지 않는다. 가족의 기원에 대한 통찰력을 얻기 위해서는 현대 인간의 행동과 대형 유인원의 행동 사이에 보충이 필요하다. 그리고 포유류를 분석해서 얻은 행동과 해부학 사이의 연관성도 추가되어야 한다. 종을 넘나드는 가족 역학의 연구는 집의 기원이 가족과 관련 있을 수 있음을 분명히 보여준다.

한 가지 기억해야 할 것은 가족의 기원을 찾는 일이 2차 세계대전 이후 미국의 단란한 핵가족을 찾는 게 아니라는 점이다. 아직도 많은 사람들이 그런 핵가족의 형태를 '자연스럽다'고 생각한다. 인류학자들은 친족 관계가 인간 사회 구조에서 중심이기는 하지만, 그 친족들이 구성되고 배치되는 방식은 문화적으로 굉장히 다양하다는 것을 보여준다. 하지만 가족의 중심에는 몇 가지 기본적인 관계들이 있고, 진화인류학자들은 인간 가족들이 어떻게 생겨났는지 재구성할 때 이런 관계들에 초점을 맞춘다.

대형 유인원의 경우, 어미와 새끼의 관계는 근본적인 것이다. 상대적으로 수컷은 새끼들을 양육하고 부양하는 것과 관련이 거의 없다. 호미닌 진화의 어느 시점에서 수컷은 가족 부양을 책임지게 되었고, 그들은 생식 파트너와 새끼들을 위해 먹을 것을 제공하는 중요한 역할을 맡기 시작했다. 앞서 말했듯 호미닌의 점점 커지는 뇌는 질 높은 식단을 필요로 했다. 게다가 좀 더 복잡한 인지를 할 수 있는 큰 뇌는 훈련하고 성장하는 데 시간이 더 많이 걸린다. 만약 호미닌 엄마들이 전적으로 혼자 힘으로 살아남아야 했다면 그들은 상당한 곤경에 처했을 것이다. 대형 유인원과 비교할 때, 호미닌 엄마들은 새끼를 오랫동안 돌봐야 했기 때문에 (영양학적으로) 더 부담이 컸을 것이다. 이러한 상황에 아빠를 끌어들임으로써 우리의 엄마 선조들은 큰 뇌를 지닌 자식을 한 명뿐 아니라 동시에 (각자 다른 나이의 자식을) 한 명 이상도 부양할 수 있었다. 이것은 (한 번에 하나씩, 몇 년 간격을 두고 낳는) 유인원과 같은 패턴을 유지했을지도 모르는 호미닌들에게 양육 측면에서 재생산적 이점을 주었을 것이다.

가정의 진화는 호미닌들이 느리게 성숙하는 아이들을 키우면서 동시에 많은 아이들을 부양해야 하는 딜레마를 해결하는 방법에서 결정적이었던 게 분명하다. 캐런 크레이머[Karen Kramer]와 피터 엘리슨[Peter Ellison]은 가장 기본적인 수준에서 인간의 가정은 에너지 자원을 한데 모으기 위한 장소로 시작되었으며, 여전히 그렇게 이해될 수 있다고 한다.[33] 우리는 이런 부분에 초점을 맞출 수도 있다. '남자 사냥꾼'이 어떻게 커다란 야생 동물을 본거지에서 해체하고 나누기 위해 가져오는지, 혹은 '여자 채집자'가 남자의 불규칙한 생산력을 보충하기 위해서 음식의 공급을 어떻게 지속적으로 유지하는지, 혹은 아이들이 성인이 되었을 때 성장기 동안 가족과 함께 오랫동안 유대 관계를 유지하면서 그들에게 투자되었던 에너지를 어떻게 돌려주는지, 그리고 그들의 지식과 경험, 노력을 어떻게 나누는지에 대해서 말이다. 하지만 결국 인간은 문화적으로 영향 받은 생존 습관을 포함한 생태적 조건에 따라, 활발한 교환과 운송의 다양한 경로들을 결합함으로써 자원에 대한 접근을 증가시켰다. 풍부한 생태적·문화적 다양성에도 불구하고, 이 활발한 경로들은 결국 물리적으로 그리고 인지적으로 정의된 한 장소로 모이게 되었다. 바로 집이다.

물론 가정은 단순히 에너지와 자원이 가정 안에서 교환되는 방식에 의해서가 아니라, 그것을 교환하는 사람들 사이의 관계에 의해서 정의된다. 엄마와 아이의 관계는 당연히 가장 일차적인 것이지만 그 관계는 가정보다 앞서서 발생한다. 일부 연구자들은, 그 중에서도 특히 고인류학자 오언 러브조이Owen Lovejoy는 남자와 여자 한 쌍의 관계가 가족생활의 진화에서 중심이었으며, 우리 계보가 대형 유인원에서 분리되는 데에 결정적이었다는 가설을 세웠다.[34] 다양한 조류와 일부 영장류 종에서 보이는 것처럼, 한 쌍의 관계는 이론적으로 여자에게 도움이 된다. 왜냐하면 여자와 그 자손을 부양하는 일이 남자 파트너에게 넘어가기 때문이다. 그리고 그렇게 하면서 남자는 자신이 양육하는 데 도움을 주는 그 자손이 실제로 자신의 자손이라는 확신을 높인다. 하지만 한 쌍의 관계가 인류 진화에서 (특히 초기 호미닌의 진화에서) 중요한 발전이었다는 생각은 대부분의 인류학자들에게 잘 받아들여지지 않았다. 현대 인간의 짝짓기 체계^{mating system}는 사회에서 제안하는 헌신적인 일부일처 한 쌍의 관계보다 훨씬 더 유동적이다. 그리고 화석 기록을 보면, 우리 조상들의 신체는 일부일처 종들에서 예상되는 특징과 일치하지 않았다.(예를 들어 여전히 남녀 간에 신체 크기 및 기타 해부학적 특징들의 차이가 있다.) 그럼에도 불구하고 남자와 여자 인간이 함께 아기를 갖고 양육한다는 맥락에서 서로 정서적인 애착을 종종 형성한다는 것은 의심의 여지가 없다. 이것은 우리의 가장 가까운 유인원 친척들 사이에서는 분명 드문 일이며, 어쩌면 호미닌의 집 생활의 진화된 특징을 나타내는 것일지도 모른다.

전 세계적으로, 남성 지배 사회에서도 집은 여성의 영역으로 간주된다. 인류학자 도나 레오네티^{Donna Leonetti}와 벤자민 섀벗하노웰^{Benjamin Chabot-Hanowell}은 집이 시작된 이후로 집을 만들고 정의하는 중심은 여성이었다는 이론을 내놓았다.[35] 레오네티와 섀벗하노웰은 집을 자원이 모이는 공간으로 볼 때, 집 형태의 본거지 중심에서 필연적으로 이루어졌을 (조리, 분쇄, 절단, 혼합 등의) 집약적인 음식 가공의 중요성을 강조한다. 오늘날 수렵채집인들에게 이런 활동들은 엄마뿐만 아니라 어린 여자아이와 나이 많은 여자들까지 주로 여성들이 도맡아 한다. 진화가 진행되던 과거에, 초기 호모와 호모 에렉투스의 식단을 확장시키는 데 필수적이었을 이러한 가공 과정은 집 환경을 안정화하는 데 도움이 되었다. 레오네티와 새벗하노웰은 남자가 남녀 두 성별로 구성된 가정의 일부가 된 것은, 여자에게 신체적으로 끌렸을 뿐만 아니라 여성들의 식품 가공 활동을 통해 제공되는 안정적인 자원 때문이라고 이야기한다. 이러한 안정성은 큰 동물 사냥 같은 고위험/고수익의 음식 획득 활동들을 보완했다.

거의 모든 영장류가 그렇듯이, 인간 가정 내의 엄마와 자식 관계는 가장 근본적인 관계다. 하지만 인류 진화의 어느 시점에서 엄마와 자식 관계는 부모와 자식 관계로 변했다. 가정의 발전은 초기 호모 부모들이 여럿의, 그리고 시기가 겹치는 자손을 장기간에 걸쳐 기르는 데 필요한 영양분을 얻도록 도와주었다. 하지만 이러한 일은 부모만 하지 않았을 가능성이 매우 높다.

인류학자 세라 블래퍼 허디Sarah Blaffer Hrdy는 인간을 **협력적인 양육자**로 규정한다. 부모 이외의 개인들이 어린 아이들을 보살피고 부양하는 데 공을 들인다는 의미다.[36] 곤충에서 코끼리에 이르기까지 많은 다른 종들도 협력적인 양육자이며, 일부 영장류 종들도 마찬가지다. 아시아와 아프리카 전역에서 발견되는 콜로부스아과의 (나뭇잎을 먹는) 원숭이는 새끼들이 엄마가 아닌 다른 암컷들로부터 관심과 보살핌을 받는 것으로 유명하다. 이 원숭이 새끼들은 다 자란 원숭이들과 털 색깔이 현저하게 다르다. 블래퍼 허디는 새끼 때의 털 색깔이 사라지면서 그 새끼를 돌보는 데 도움을 주었던 다른 원숭이들의 관심도 사라진다고 지적한다. 이것은 새끼들에 대한 관심을 장려하는 털 색깔에 대한 자극 반응이 자연선택에 의해 형성되었다는 것을 나타낸다.

블래퍼 허디에 따르면, 현대 인간들은 아주 쉽게 협력적인 양육자로 분류될 수 있다고 한다. 이는 전통적 문화에서 엄마들이 다른 여자들, 특히 엄마의 여자 친척들로부터 받는 풍부한 보살핌을 보면 알 수 있다. 인간 아기들은 이미 머리도 크고 몸도 통통해서 엄마와 다른 사람들로부터 관심을 이끌어내지만, (아기에게 독특한 옷을 입히거나 심지어는 화장까지 하는) 문화적 관습은 다른 사람들로부터 아기가 보살핌을 받을 수 있는 기회를 더욱 강화한다. 이런 종류의 협력적인 양육은 우리와 가까운 유인원 친척들에게는 거의 없는 것이다. 블래퍼 허디는 초기 호모와 호모 에렉투스 진화에서 중요했던 시기에, 즉 우리 조상들의 뇌와 신체가 더 크게 진화되던 시기에, 호미닌을 다른 유인원들과 차별화시킨 것은 다른 인지적 혹은 행동적 발달만큼이나 협력적인 보살핌도 있었다고 말한다.

협력적인 양육은 인간의 인지적 및 정서적 진화의 **핵심** 요인이거나 혹은 여러 요인 중 하나일지 모른다.(나는 후자의 관점에 가깝다.) 하지만 본거지, 장소, 야영지 등 뭐라고 부르든지 간에, 아무튼 그런 것의 존재는 협력적 양육과 관련이 있을 것이다. 양육자들은 아이들이 도움을 필요로 할 때 발견될 수 있어야만 유용하다. 그리고 엄마들은 다른 일을 하다가 돌아왔을 때 아이들을 찾을 수 있어야 한다. 때문에 인간 집에서 첫 번째 '방'은 부엌이나 식당, 침실이 아닌 육아실이었을 것이다.

호모 에렉투스의 생활 상상도

나는 이번 장을 사고실험으로 마치고 싶다. 머릿속에 호모 에렉투스를 상상해보자. 여러 번 언급했듯이, 그들은 140만 년 전 동아프리카에서 살았다. 그들은 여기저기 돌아다니다가 나무 그늘 아래에서 쉬고 있다. 주변에는 적당하게 자란 사바나 초원이 펼쳐져 있다. 그들 중 일부는 두 다리로 똑바로 서 있는 반면, 또 다른 일부는 바닥에 앉아 있다. 어쩌면 나무의 V형으로 갈라진 곳에서 잠을 자고 있는 호모 에렉투스가 있을지도 모른다. 그들은 대부분 현대의 사람들보다는 작지만 대형 유인원들보다는 크다. 그리고 털이 좀 많은 편이다.(과학적 복원도에서는 보통 그들이 아주 좋은 털코트를 입고 있는 듯 보이지만, 실제로 그들한테 털이 얼마나 있었는지는 모

른다.) 그들의 얼굴은 상대적으로 유인원과 비슷하다. 눈썹뼈가 굉
장히 크고 이마가 경사졌으며 옆얼굴은 상당히 납작했다. 이러한
야생 환경에 있는 그들을 멀리서 보면 무리를 이루고 있는 유인원
처럼 보일 것이다.

　이제 그들이 습관적으로 한 장소에 돌아온다고 상상해보자.
그들은 넓은 행동권을 돌아다니면서 단순히 낮 동안 휴식할 장소
로 이곳을 사용하지 않는다. 나무들은 여전히 그 자리에 있지만
주변의 풀들은 짓밟혀 있다. 이렇게 짓밟혀 있는 바닥에는 석기
를 만든 흔적이 보일 수 있다. 시간이 지나면서 이 구역에 석핵石核
과 파편들이 쌓인다. 성인 남자 두 명과 성인 여자 한 명이 공을 들
여 석기를 만들고 있다. 아이들 몇몇이 나무 뒤에서 튀어 나오고,
엄마 품에 안겨 있는 아기들도 보인다.

　자, 이 장면에 작은 모닥불 두 개를 추가해보자. 모닥불 각각
에는 그 불을 돌보는 여자가 한 명 내지 두 명 있다. 모닥불 하나에
서, 어떤 엄마가 자신의 갓난아기를 좀 더 나이 많은 여자에게 넘
기는 모습을 볼 수 있다. 두 손이 자유로워진 그 엄마는 막대기로
불을 쑤실 수 있다. 감자 같은 커다란 덩이줄기 두 개가 불 속에서
천천히 구워지고, 아직 안 구운 덩이줄기의 작은 더미는 짓밟혀
서 다져진 그곳의 나무 아래에 놓여 있다. 젊은 남자 하나가 작은
가젤을 어깨에 둘러메고 온다. 그 남자는 아기를 데리고 있는 여

자가 피우는 불 옆에 가젤을 떨궈놓는다. 큰 아이들이 가젤을 보기 위해 달려오고, 그동안 젊은 남자는 석기 만드는 사람들이 있는 곳으로 간 다음 석기 더미에서 날카롭게 잘 다듬어진 것을 하나 고른다. 그 남자는 가젤이 있는 곳으로 돌아와 앉는다. 그리고 가젤의 피부를 벗기고 해체하기 시작한다. 그 남자는 (간, 뇌, 신장 같은) 내장이 나오면 포상의 의미로 자신이 조금씩 뜯어먹고, 불 옆에 있는 여자 둘에게도 나눠준다. 그 남자는 주변에 서 있는 아이들에게도 가젤 조각들을 준다. 석기를 만들던 사람들이 약간의 소리를 내서 이 상황이 맘에 들지 않는다는 표시를 한다. 그 남자는 가젤의 간을 한 조각 잘라서 그들에게 갖다 준다. 결국 나이 많은 여자가 안고 있던 갓난아기를 그 애의 엄마에게 돌려준다. 나이 많은 여자는 이제 젊은 사냥꾼과 함께 가젤 다리를 해체하기 시작한다. 그렇게 하면 불에서 요리하기 쉬울 것이다.

이러한 생활의 단면은 확실히 처음의 풍경에 비해 인간과 집으로 변천한 형태다. 한 지역의 장기간 점유, 석기 제작소, 불과 요리, 일부 성인들 사이의 특별한 관계, 다양한 발달 단계에 있는 아이들의 누적, 자원의 거래와 수렴, 이런 것들은 전부 호모 에렉투스 시대에 진화되었을지도 모르는 인간의 특징들이다. 우리는 호모 에렉투스의 어느 하루를 매우 연상적이고 지적으로 매력적인 그림으로 표현할 수 있다. 음식 준비, 자원 공유, 자녀 양육을 위한 집에 초점을 맞춘 이 그림은, 표면적으로 볼 때 오늘날 우리의 삶과 근본적인 수준에서 그렇게 다르지 않다.

물론 우리는 호모 에렉투스가 매일 무엇을 했는지 정확하게 모른다. 내가 이번 장을 시작하면서 말했듯이, 우리는 집의 모든 요소들이 하나로 합쳐져서 이렇게 매우 인간적인 시설을 형성하게 된 그 시기가 언제인지 사실상 알 수 없다. 하지만 확실히 말할 수 있는 건, 이러한 요소들이 완전히 현대적인 인간이나 거의 인간에 가까운 인간이 출현하기 전에 진화하고 있었다는 것이다. 호모 에렉투스는 초기 호미닌과 대형 유인원뿐만 아니라, 지구상에 존재했던 모든 형태의 생명체로부터의 중요하고 혁명적인 출발이었다. 집은 이러한 혁명의 일부였을지도 모른다.

4장

네안데르탈인 묘지에서
찾는 집의 기원

묘지는 사람이 가질 수 있는 가장 영구적인 집이다. 사실 묘지는 너무 영구적이어서 묻혀 있는 시체들이 우리 주변에 계속 쌓이고 있다. 우리 집은 켄터키 시골의 블루그래스에 있는데, 이 근방 16킬로미터 이내로 공동묘지가 몇 개 있다. 우리 집에서 가장 가까운 곳은 미국 원주민(쇼니족)의 공동묘지로, 이곳은 1928년 켄터키주에서 실시한 고고학 유적지 조사에서 언급되기도 했다.[01] 이 지역에서 오랫동안 살아온 주민들은 근처에 남북전쟁 때 임시로 만든 묘지들도 있다고 말해주었다. 남부 연합의 유격대들이 작은 전투가 끝난 후 전우들을 묻어주면서 생긴 것 같다. 그 외 곳곳에 흩어져 있는 작은 공동묘지들은 18세기 후반과 19세기 초 이 지역에 들어온 최초의 유럽계 미국 가족들이 만든 사설 묘지들이다. 보통 묘비가 여섯 개 정도 있는데, 장식용 철제 울타리가 그 주변을 낮게 둘러싸고 있다. 무덤들은 마을의 급격한 발전으로 인해 엉뚱한 곳에 놓이기도 한다. 나는 무덤을 백화점 주차장 옆에서도, 그리고 붐비는 교차로의 교통섬에서도 보았다. 우리 집에서 가장 가까운 (주민 200여 명으로 구성된) 작은 마을에는 마을의 역사를 함께한 공동묘지가 하나 있다. 그곳은 시간과 유행, 재력에 따라 다양한, 가족 단위로 배치된 묘비들의 집합 공간이다. 그 공동묘지는 마을 가장자리의 언덕에 차분히 자리하고 있다.

우리 지역의 도시 두 곳에는 도심지로서의 상대적 지위에 걸맞게 좀 더 큰 공동묘지들이 있다. 미국의 수많은 도시에서 누구나 볼 수 있는 것과 비슷한 묘지다. 이 공동묘지들은 한때 도시의 가장자리에 놓여 있었지만, 오래전부터 (적당한 수준의) 도시 발전에 둘러싸여왔다. 마지막으로 우리 지역에서 가장 큰 공동묘지는 참전 군인들을 위한 국립묘지다. 시립 공동묘지와 달리 군인의 묘비들은 질서정연하게 배열되어 있고 전부 다 똑같이 하얀색이며 장식이 되어 있지 않다. 군인들은 생전의 군대 생활처럼 죽어서도 더 크고 집단적인 명분을 위해 자신들의 개성을 희생한다.

공동묘지는 죽은 사람들에게 거처를 준다. 전 세계적으로 문화는 정서적으로나 상징적으로나 죽음에 투자된다. 그러므로 죽은 사람의 매장은 어디에서 일어나든 특정한 종류의 주택 투자를 나타낸다. 참전 용사들의 공동묘지가 상징하는 바는 누구에게나 명백하다. 반면 지역사회의 공동묘지는 부, 신앙, 가족의 유대감을 이미지로 표현하는데, 그것들은 실제 살아 있었을 때의 삶을 반영할 수도 있고 아닐 수도 있다. 매장은 일차적으로는 시체를 처리하는 일이지만, 좀 더 일반적으로는 상징적인 의미로 가득 찬 행동이다. 수만 년 전의 묘지들을 통해 과거를 볼 때, 우리는 그것들을 (적어도 부분적으로는) 상징적인 행동으로 보지 않을 수 없다. 비록 그 당시엔 의도된 것이 아니었다 하더라도 말이다.

상징을 사용해서 생각하고 의사소통하는 능력은 일반적으로 현대 인간의 특징으로 간주된다. 내가 말하는 '현대' 인간이란 무엇일까? 간단히 말해서 우리 같은 사람들, 즉 잠재적으로 이종 교배할 수 있는 단일 종으로 호모 사피엔스라고 알려져 있다. 우리 모두는 인간이 어떤지, 무엇을 할 수 있는지 알고 있다. 무엇보다 우리는 언어, 문화, 종교가 있고 온갖 종류의 도구들을 사용한다. 그리고 꽤 많은 곳을 돌아다니기는 하지만, 우리가 사는 곳을 가정의 공간으로 정의 내리며, 넓고 거친 환경 속에서 우리 자신만의 거주지를 만든다. 해부학적인 면에서 볼 때, 비록 우리가 성별, 나이, 지리적인 기원, 개인의 유전자 구성에 따라 생물학적으로 다양하다 하더라도, 우리는 모두 명백히 호미닌 종의 하나이다. 우리는 특별한 진화의 여정에서 (지금까지는) 마지막 산물이다.

집은 인류 진화의 여정과 이어져 있으며, 호모 에렉투스 형태의 호미닌에서 우리 같은 형태의 호미닌으로의 변천과 관련이 있다. 이 시기의 화석과 오래된 DNA 기록은 매우 복잡해서 현생 인류가 마침내 어떻게 출현했는지에 대해 많은 논쟁을 불러일으키고 있다. 문제를 복잡하게 만드는 것은 네안데르탈인의 존재다.

그들도 호모 에렉투스의 후손이기 때문에 우리와는 사촌 관계에 있다. 네안데르탈인은 현생 인류와 해부학적으로 달랐다. 그래서 호모 에렉투스에서 네안데르탈인으로의 변천 형태가, 호모 에렉투스에서 우리로의 변천 형태와는 다르다는 것이 이치에 맞는다. 하지만 그 차이는 아주 미미했다. 특히 변천의 초기 단계에서는 더 그랬다.

해부학적인 변화와 함께 행동의 변화도 있었다. 우리는 일반적으로 호모가 좀 더 정교한 사회적 행동을 보이며, 음식을 모으고 나눌 때에도 좀 더 협력적인 행동을 보일 거라 예상한다. 그리고 현대의 호모 사피엔스로 변천하는 동안 지속적으로 발생하는 양육 문제들을 해결하기 위해 (아빠와 다른 친척들을 포함해) 책임을 좀 더 공유하는 경향을 보일 거라 기대한다. 안타깝게도 고고학적 기록은 이러한 행동 변화들을 추적하기 위해 필요한 모든 것을 우리한테 제공하지는 않는다. 하지만 결국 우리는 무엇인가가 변했다는 것을 보여주는, (석기 시대에 있었던) 현대적 관습의 힌트들을 볼 수 있다.

그러한 힌트 중 하나는 매장이다. 그것은 오늘날 보편적인 관행이 아니다. 문화마다 가족, 친구, 적의 시체를 처리하는 방법이 다양하다.[02] 매장은 과거에 확실히 더 보편적이지 않았다. 하지만 인류학자들이 먼 과거에 있었던 의도적인 매장의 증거를 발견했을 때, 그들은 당연히 이것을 누군가의 행동 패턴을 보여주는 중요한 단초로 보고 초점을 맞췄다. 물론 여기서 내 관심은 집의 진화다. 내가 확실히 말할 수 있는 건, 묻혀 있는 죽은 사람은 한 장소에 놓여 있지만 그곳에서 집처럼 편안함을 느낄 수 없다는 것이다. 죽은 사람은 아무것도 느낄 수 없기 때문이다. 하지만 살아 있는 사람들이 시신을 묻기로 선택할 때(이것은 동물학적으로 다소 새로운 행동이다.) 그들은 분명 여러 느낌들을 갖는다. 나는 이런 느낌들 중 하나인 집의 느낌이 가장 초기의 호미닌 묘지들에서 표현되었을 수 있다고 생각한다. 이것을 좀 더 알아보기 전에 호모 에렉투스가 어떻게 현대 인간으로 변천되었는지를 점검하고 넘어가는 게 좋을 것 같다.

우리와 같은 사람으로, 그리고 우리와 좀 다른 방향으로의 진화

호모 에렉투스는 180만 년 전 동아프리카에서 시작해 비교적 최근인 5만 년 전까지 자바 섬에서 훌륭한 진화 과정을 거쳤다. 인류학자들은 이 기간의 호모 에렉투스 유골들을 아시아와 아프리카에서 발견하고 있다. 하지만 호모 에렉투스 집단 중 일부가 그들의 '전형적인' 해부학적 형태를 유지하면서, 추정컨대 에렉투스 방식으로 살며 계속 이동하는 동안, 다른 집단은 진화를 하고 있었다. 이러한 과도기적 형태는 때때로 '후기 단계의', 혹은 '진보한' 호모 에렉투스라고 불리기도 한다. 이들은 아마도 호모 사피엔스 쪽으로 나아가고 있었을 것이다. 그래서 (과학적 불확실성을 반영한) '구인형 호모 사피엔스'라는 부정확한 용어가 비공식적으로 그들을 분류하는 데 사용된다. 지난 20년 동안 더 많은 화석과 더 나은 화석 연대 추정은 이 역동적인 시기 동안 호미닌 진화에 대한 우리의 관점을 향상시키는 데 도움을 주고 있다.[03]

이러한 과도기적 형태는 60만 년 전부터 15만 년 전까지의 시기로 거슬러 올라간다. 그런 형태들은 유럽, 아시아, 아프리카 전역의 유적지에서 관찰된다. 많은 것들이 각각 독립적으로 발견되었지만, 스페인의 특별한 동굴인 시에라 데 아타푸에르카에서는 아이에서 어른에 이르기까지 28명 이상의 유골이 발견되었다. 그것들은 50만 년 전 이상으로 거슬러 올라간다. 고인류학자들은 대부분 이러한 표본들이 그들 이전 및 이후의 표본들과 확연히 구분되기 때문에, 그들에게 ('구인형 호모 사피엔스' 같은 이름보다는) 좀 더 적절한 종의 이름을 지어주어야 한다는 데 동의한다. 이러한 표본에 가장 일반적으로 사용되는 이름은 1907년으로 거슬러 올라간다. 1907년 어떤 호미닌의 매우 튼튼한 아래턱뼈(하악골)가 독일 하이델베르크 근처의 마우어 마을에서 발견되었다. 이 턱뼈를 분석한 해부학자는 이것이 호모 에렉투스와도, 현대의 호모 사피엔스와도 구분된다는 것을 정확히 인식했고, 그래서 새로운 이름을 부여했다. 그것은 바로 호모 하이델베르겐시스, 즉 하이델베르크인이었다.[04]

　　마우어에서 발견된 아래턱뼈와 비교했을 때, 현대 인간의 아래턱뼈는 상대적으로 작은 이빨과 각진 턱(마우어 턱뼈에는 없다.)을 갖고 있어 매우 연약해 보인다. 호모 하이델베르겐시스의 두개골은 일반적으로 뼈가 두꺼운 편이다. 게다가 눈썹 위의 뼈 부분은 호미닌 화석 기록에서 그 유례를 찾아볼 수 없을 만큼 위협적으로 컸다. 두개골의 전체적인 모양은 길고 낮아서 호모 에렉투스의 것과 비슷하다. 하지만 이 표본들을 분류하는 결정적인 요인 중 하나는, 호모 하이델베르겐시스의 두개용량이 1000세제곱센티미터에서 1400세제곱센티미터 사이라는 것이다. 호모 에렉투스보다 더 컸으며, 현대 인간의 두개골 용량에 근접해 있었다. 그들은 머리와 함께 몸도 튼튼해졌다. 시에라 데 아타푸에르카에서 발굴된, 관절이 빠지고 여기저기 훼손된 골격 유해들을 보면 이 호미닌들이 체격도 건장하고 근육도 발달했다는 것을 알 수 있다.

　　안타깝게도 호모 하이델베르겐시스의 고고학적 기록은 그들이 더 커진 뇌로 무엇을 했는지 우리에게 알려주는 게 별로 없다. 스페인과 영국의 유적지들이 증명하듯, 몇몇 호모 하이델베르겐시스 집단들은 분명 협력해서 커다란 동물을 사냥했다.[05] 독일에서 말의 유골과 함께 나온 목제 창들의 놀라운 발견은 오늘날 우리가 잘 사용하지 않는 석제 도구들을 넘어선 재료와 사냥의 문화 둘 다를 알려준다.[06] 우리가 호모 에렉투스 시대나 그 이전에 등장했을 것으로 예상하는 다양한 경향들, 다시 말해 협력적 행동의 증가와 부모의 보살핌 강화, 음식을 모으고 가공하는 세련된 기술의 성장 등은 모두 호모 하이델베르겐시스에게서도 계속 발전했던 것 같다. 그들이 무엇을 했든 간에, 그것은 적어도 진화적인 면에서 효과가 있었다. 호모 하이델베르겐시스에서 사촌 두 종이 나왔고, 그들 각각은 그 이전의 호미닌들보다 인지적으로 상당히 발달해 있었다. 바로 호모 사피엔스와 호모 네안데르탈렌시스(네안데르탈인)이다.

네안데르탈인은 1856년 독일의 네안데르 계곡에서 처음 발견되었다.(실제로는 그전에 지브롤터에서 한 표본이 발견되었지만 그것이 무엇인지 아무도 몰랐다.)[07] 가장 초기의 '전형적인' 네안데르탈인은 14만 년 전에 살았고, 그들 종류의 마지막은 (그리 오래전도 아닌) 2만 7000년 전까지 살아남았던 것 같다. 인류학자들은 유럽과 중동, 그리고 서아시아에서도 그 표본들을 발견하고 있다. 표면적으로 볼 때, 건강한 체격의 (아니면 적어도 뼈가 튼튼한) 네안데르탈인은 일반적으로 호모 하이델베르겐시스와 유사하게 생겼다.[08] 하지만 네안데르탈인에게는 호모 하이델베르겐시스와 구분되는 중요한 변화들이 몇 개 있었다. 특정한 치아의 특징들, 그리고 두 개골과 턱의 구조적인 측면들은 네안데르탈인들에게만 독특하게 나타났으며, 이 특징은 그들을 호모 하이델베르겐시스 및 현대 인간과 구별 짓는다. 호모 하이델베르겐시스와 마찬가지로 네안데르탈인은 커다란 눈썹뼈가 있었지만 일반적으로 그렇게 크지 않았다. 그 눈썹뼈는 분명한 두 개의 아치 모양이었는데, 좀 더 명확하게 표현하면 알파벳 m 모양이었다. 가장 중요한 것은 네안데르탈인의 두개용량이 1300세제곱센티미터에서 1600세제곱센티미터 사이였다는 것이다. 이 용량은 대부분의 현생 인류에서 나타나는 것보다 컸다. 일반적으로 네안데르탈인의 머리와 몸은 좀 더 추워진 기후에서 활동적인 삶을 사는 데에 적응된 것처럼 보인다.

현생 인류의 머리와 몸은 후기 호미닌과 또 다르다. 우리의 뼈와 몸은 호모 하이델베르겐시스나 네안데르탈인보다 덜 튼튼하며, 이는 우리의 기원이 추운 기후보다는 좀 더 따뜻한 기후에 존재했음을 시사한다. (코를 포함해) 인간의 얼굴과 턱은 크기가 줄어들고 뚜렷한 턱은 선명하게 드러나는데, 다른 호모 종에서는 볼 수 없는 특징이다. 사람들은 대부분 눈썹뼈가 없으며, 설령 있다 해도 네안데르탈인의 눈썹뼈와는 발달에서나 크기에서나 비교가 되지 않는다. 1400세제곱센티미터 정도인 우리의 두개용량은 호모 하이델베르겐시스보다는 일관되게 크지만 네안데르탈인보다는 약간 작다. 하지만 현생 인류의 두개골 전체는 개선되었다. 길고 낮은 머리덮개뼈가 사라지고 높은 이마의 볼록한 머리뼈로 대체되었다. 현생 인류는 약 20만 년 전에 동아프리카에서 처음 나타났다. 그리고 약 10만 년 전의 것으로 추정되는 유골들이 중동에서 발견되었다.(이 지역은 기후 조건에 따라 현생 인류와 네안데르탈인이 번갈아 살았다.) 그들은 5만 년 전쯤에 호주에서도 나타났는데, 이는 그들이 아시아로 조금씩 이동하고 있었다는 것을 알려준다. 현생 인류는 4만 년 전까지도 유럽에 존재하지 않았다. 그때까지는 유럽 영역에 있던 네안데르탈인을 대체할 수 없었던 것 같다.

수년간 화석 증거에 근거하여, 네안데르탈인과 현생 인류 사이의 해부학적 차이로만 그들을 다른 종으로 구분하는 것이 정당한지를 두고 많은 논란이 있었다.[09] 오늘날 인류학계에 널리 퍼져 있는 의견은 (만장일치는 아니지만) 네안데르탈인을 독립된 종으로 두어도 괜찮다는 것이다. 1990년대 후반, 네안데르탈인의 고대 DNA 연구가 처음으로 등장하기 시작했다. 유전자 분석 결과, 네안데르탈인과 현생 인류는 수십만 년 전에 계보가 갈라졌다는 것이다. 이 추정치는 연구되는 유전계genetic system에 따라 달라지지만, 대략 40만 년 전에서 15만 년 전 정도라고 오늘날 일반적으로 받아들여지고 있다. 이러한 시기 추정은 호모 하이델베르겐시스 표본들의 일부가, 특히 유럽에 있던 표본들의 일부가 네안데르탈인으로 이어진 반면 아프리카 표본들의 일부는 현생 인류로 이어졌을 가능성이 매우 높다는 것을 나타낸다.

몇 년 동안 유전자 연구는 네안데르탈인과 현생 인류가 서로 어떻게 연관되어 있는지 명확한 해법을 제공하는 것처럼 보였다. 둘은 사촌 관계였지만 그보다 더 가깝지는 않았다. 이러한 관점은 2010년 네안데르탈인 게놈의 염기서열 분석이 나온 이후에 바뀌었다.[10] 연구 결과, 현대의 유럽인, 동아시아인, 멜라네시아인의 유전자 풀에는 1~4퍼센트의 네안데르탈인 유전자가 있으며, 사하라 사막 이남의 일부 아프리카인들에게도 네안데르탈인의 유전자가 약간 있었다. 이 유전자들이 어떻게 분포되었는지를 연구한 유전학자들의 모델에 따르면, 네안데르탈인과 현생 인류 사이의 유전자 교류는 수십만 년 동안 지속되었던 것이 아니라 8만 년 전부터 5만 년 전 사이에 일어났던 것이라고 한다. 이런 교류는 아마도 중동에서 발생했을 것이다. 그곳에서 네안데르탈인과 현생 인류의 분포가 겹쳐진다는 것을 우리는 알고 있기 때문이다.

이 유전자 연구는 일반적으로 현생 인류와 네안데르탈인이 서로 분리되었지만 매우 가깝게 연관된 종이며, 이종교배가 가능하지만 특별히 빈번하게 하지 않았다는 생각을 뒷받침한다. 현생 인류 중 상당수가 네안데르탈인 혈통을 일부 갖고 있다고 말하는 건 타당할 수 있다. 하지만 종 수준에서 볼 때 네안데르탈인은 현생 인류의 선조가 아니었다. 호모 사피엔스에서 멀리 떨어진 그들은, 인간으로 가는 데 있어 평행하고 다른 길을 그렸다. 하지만 네안데르탈인의 인간다움humanity은 어땠을까? 그들은 집 같은 환경에서 이러한 인간다움을 표현했을까? 아니면 그런 것은 현대를 살아가는 우리만이 할 수 있는 것이었을까?

네안데르탈인은 얼마나 현대적으로 사고했을까?

인류학 수업에서 오랫동안 내려온 사고실험이 하나 있다. 깨끗하게 씻고 멋진 옷을 차려입은 네안데르탈인이 지하철에 탄 모습을 상상하는 것이다. 네안데르탈인은 그 자리에 어울리지 않는 것처럼 어색하게 보였을까? 나는 적어도 사람들이 지하철에서 눈에 띄는 승객인 네안데르탈인을 발견할 거라고 생각한다. 네안데르탈인은 딱 벌어진 근육질 몸에, 길고 좁으며 위로 솟아오른 것 같은 두개골, 매우 넓고 큰 코, 두터운 눈썹뼈, 그리고 전반적으로 아래턱 쪽이 튀어나온 안면을 하고 있었다. 이 특징들을 조합해 보면 그는 꽤 눈에 띄었을 것이다. 이 네안데르탈인이 지하철에서 반드시 가장 눈에 띄는 승객일 거라는 말은 아니다. 그것은 지하철이 통과하는 특정한 도시와 노선, 그리고 그 시간대가 낮이냐 밤이냐에 따라 달라질 것이다. 하지만 당신이 문자 메시지를 읽는 동안 옆으로 어렴풋이 보이는, 손잡이를 잡고 서 있는 네안데르탈인을 못 알아차리기는 어려울 것이다.

　사람들 눈에 띄지 않게 지하철을 타기 위해 네안데르탈인이 극복해야 하는 것은 겉모습만이 아니다. 행동도 사람들의 시선을 끌지 말아야 한다. 즉 그들이 현대의 대중교통 시스템에 올라타고 현대의 일반 사람들과 섞이려면, 그러기 위해서 필요한 사회적·인지적 기술들을 습득해야 할 것이다. 나는 그들이 이러한 특별한 사회적 환경에서 그들의 행동을 통제하는 데 큰 어려움을 겪을 거라고 생각하지 않는다.(물론 적절한 교육을 받고 경험이 쌓였을 때 그렇다.) 그들은 고도의 상호적이고 협력적인 사회 그룹에서 살았고, 거기서는 때때로 사회적 규율과 통제의 조치들이 어느 정도 요구되었다. 또 나는 그들이 고속으로 달리거나 속도를 줄이는 지하철을 탈 때에도 그렇게 어려움을 겪을 거라고 생각하지 않는다. 어쨌든 그들은 큰 사냥감을 사냥할 정도로 강하고 민첩했다.

　네안데르탈인이 다른 승객과 부딪친 후에 "죄송합니다."라고 말하는 것을 배울 수 있을까? 나는 그들이 작은 실수를 인식하고 해결하기 위해서, 비슷한 수준의 작은 제스처를 취할 줄 아는 사회적 정교함이 있을 거라고 생각한다. 하지만 언어는 다른 문제다.

언어 진화에 관심이 있는 연구자들은 네안데르탈인이 음성언어의 형태를 일부 사용했다는 것에 대부분 동의할 것이다.(커다란 뇌 크기와 그들이 했을 거라고 추측되는 몇몇 행동들을 감안할 때 그렇다.) 하지만 그 음성언어가 현생 인류의 의미에서 언어인지 아닌지는 아마도 알 수 없을 것이다. 수십 년간 네안데르탈인의 유골에서 그들의 언어 능력을 복원하려는 시도들은 계속 있어왔다. 그들의 유골을 사용해 언어를 생성하는 목의 부드러운 구조들을 복원한 것이다.[11] 일부 연구자들은 네안데르탈인이 오직 한정된 범위 내에서만, 그것도 인간이 낼 수 있는 소리보다 훨씬 적은 소리를 낼 수 있었다고 결론지었다. 다른 연구자들은 그러한 복원이 부정확하다고 주장하거나, 소리를 생산하는 한계가 정교한 음성언어를 생산하는 데 걸림돌이 되지 않았을 거라고 주장한다.

인간다움의 지표로서 언어는 중요하다. 왜냐하면 언어는 상징과 그 상징이 가리키는 것을 통해 세상을 재구성할 수 있는 정신을 반영하기 때문이다. 네안데르탈인에게 가능했던 상징적 인지의 범위는 그들의 상대적인 인간다움을 평가하는 데 중요한 쟁점이다. 그들은 음성언어를 사용했을지도 모른다. 하지만 그들의 언어가 인간의 언어처럼 상징적이고 문법적으로 완전했는지는 알 수 없다.

언어 외에도, 우리는 네안데르탈인의 지능이 현생 인류들이 매일 사용하는 상징적인 연상을 사용하고 만들어낼 수 있었는지도 알지 못한다. 다시 지하철을 타고 있는 네안데르탈인으로 돌아가서, 그 네안데르탈인이 뉴욕의 지하철에 있다고 하자. 지하철에 탑승하려면 승객은 돈이 충분히 충전된 교통카드를 회전식 개찰구의 전자 판독기에 통과시켜야 하며, 이렇게 해야 플랫폼에 들어갈 수 있도록 문이 열릴 것이다. 나는 네안데르탈인이 이 일을 해낼 수 있다고 확신한다. 카드를 긁으면 회전식 개찰구가 열린다는 인과관계의 이해나 손을 능숙하게 움직이는 것에는 문제가 없을 것이다. 하지만 자동화된 충전기에서 신용카드를 이용해 교통카드에 돈을 충전하는 일은 별개의 문제다. 미래의 어느 분명하지 않은 시점에서 제공될 서비스에 사용되는, 완전히 추상적인 개념의 무언가와의 묵시적 상호 관계와 이러한 교환을 수행하는 데 필요한 상징적 이해들을 생각해보라.[12] 뉴욕 지하철을 성공적으로 이용하는 어마어마하게 다양한 현생 인류들은(이들 중 일부는 10만 년 전의 공통 조상을 공유하지 않았을 수도 있다.) 미래에 이뤄질 교환을 예측하는 능력을 포함해 매우 추상적이고 상징적인 개념들을 다루는 현생 인류의 보편적인 능력을 보여준다.

　네안데르탈인은 이런 상징적이거나 추상적인 사고 능력을 우리와 똑같이 갖고 있었을까? 대부분의 인류학자와 고고학자 들은 그렇다고 주장하기를 꺼려할 것이다. 아주 기본적인 이유 때문이다. 네안데르탈인의 고고학 기록에는 그들이 그러한 상징적 사고를 했다는 증거가 거의 없다.[13] 아프리카에서 20만 년 전에 시작된 초기 현생 인류의 고고학 기록을 살펴보면, 그들의 인지적 능력과 우리 능력 사이에 연관성을 찾는 건 어렵지 않다. 거기에는 개인 장식품, 색소의 상징적인 사용, 심지어 악기의 증거도 있다. 이것 외에, 초기 인류는 기술적 정교함에 있어서 그들의 호미닌 선조들에 비해 현저한 발전을 보여주었다. 석기는 더욱 다양해졌고, 좀 더 정교하게 만들어졌다. 그리고 (나무 손잡이를 다는 등) 대단히 복잡한 도구들도 설계했다. 또 그들은 도구를 만들 때 뼈와 뿔, 상아처럼 새로운 재료들을 사용했다. 인류는 식량을 찾기 위해 멀리 나갔고 때때로 계절에 따라 이동했으며 귀중한 원재료와 물건들을 얻기 위해 거래 네트워크도 구축했다. 이를 볼 때 그들은 자신이 생활하는 근방과 야생의 지형을 모두 잘 알고 있었다.[14]

3만 년에서 4만 년 전 유럽에서 있었던 이른바 인지 혁명이라는 것은 네안데르탈인과 그들의 물질문화가 비교적 짧은 기간 동안 현생 인류와 그들의 물질문화에 의해 대체된 것이었다. 네안데르탈인은 그 이전과 비교했을 때 기술적으로 혁신가였지만, 현생 인류가 할 수 있다고 증명한 기술들보다는 훨씬 제한적인 수준이었다. 네안데르탈인은 일반적으로 약 30만 년 전에 처음 등장한 무스테리안 도구 문화와 관련이 있었다. 무스테리안 문화는 주먹도끼로 특징 지어지는데, 좀 더 이전의 호모 에렉투스 집단이 사용한 도끼와 같았다. 다만 여기에는 다양하고 정교한 석기들이 포함되고, 이 석기를 만드는 과정에서 떨어져 나온 파편들로 만든 작은 긁개와 찌르개도 포함된다. 균일한 파편들을 체계적으로 생산하는 방법은 가장 인상적인 무스테리안 혁신이었다. 네안데르탈인이 뼈나 뿔을 사용해서 도구를 만들지 않았다는 것은 분명하다. 비록 그들이 나무와 껍질을 사용했다고는 짐작되지만 말이다. (논란이 되는 유물 몇 개를 제외하면) 네안데르탈인이 예술적이거나 상징적인 것으로 해석될 만한 것, 혹은 장식적인 어떤 것을 만들었다는 증거는 거의 없다.[15]

고고학자 스티븐 미슨이 묘사한 것처럼, 네안데르탈인은 "엄청난 문화적 안정성"을 보여주었다.[16] 약 25만 년 전부터 3만 5000년 전까지 네안데르탈인의 도구들은 거의 그대로 유지되었다. 이러한 안정성은 현생 인류보다 호모 에렉투스, 호모 하이델베르겐시스에게서 더 많이 찾아볼 수 있었다. 20만 년이 채 안 되는 동안 현생 인류는 석기에서 스마트폰으로 넘어왔고 동시에 엄청난 수준의 문화적 다양성을 유지해오고 있다. 고고학자들은 네안데르탈인에게 일어난 물질문화의 실질적인 변화는 유럽에서 그들의 시대가 거의 끝나가던 무렵, 즉 3만 년 전 즈음에 일어났다고 본다. 그 시기는 프랑스에서 몇몇 집단이 (석기와 장식적인 구슬을 포함해) 샤텔페로니안이라고 알려진 도구 문화를 모방하거나 받아들인 것으로 보이는 때이며, 그들은 해부학적으로 현생 인류와 좀 더 일치한다.

네안데르탈인은 현생 인류와 완전히 '다르지'는 않았다. 유전적 데이터는 우리가 실제로 그들과 가깝다는 것을 보여준다. 그리고 네안데르탈인은 샤텔페로니안 문화의 도구와 물건 들을 생산함으로써 그들의 '전통적인' 문화적 한계를 초월하는 인지적 능력을 보여주었다. 네안데르탈인을 조사하고 연구한 오랜 역사 속에서, 누군가가 그들을 적절한 인간다움의 한계 밖으로 내보내고 싶어 할지라도 너무 멀리 밀어낼 수는 없도록 만드는 특징이 하나 있었다. 그들은 죽은 사람을 매장했다.

네안데르탈인의 묘지

미국에서 시체를 처리하는 방법에는 기본적으로 세 가지가 있다. 매장, 화장, 그리고 아주 낮은 비율이긴 하지만 (시체 해부처럼) 과학적 연구나 훈련을 위해서 기관에 기증하는 것이다. 피터 멧캐프 Peter Metcalf와 리처드 헌팅턴Richard Huntington이 지적했듯이, 거대한 인류학적 구조 속에서 미국인들이 죽음을 대하는 방식은 그 문화적 다양성을 고려할 때 놀라울 정도로 획일적이다. 다른 문화들은 계층, 계급, 성별, 나이, 그리고 그와 관련된 여러 변수들에 따라 훨씬 다양한 변화를 보여준다. 전체적으로 볼 때 인류는 놀랍도록 광범위한 사후 처리를 통해 시체들을 처리한다. 멧캐프와 헌팅턴은 다음과 같이 썼다. "시체는 태워지거나 땅에 묻힌다. 이때 동물이나 사람의 제물이 있기도 하고 없기도 하다. 또 시체는 연기에 그을리거나 방부 처리되거나 절여져서 보존되기도 한다. 그것을 먹을 수도 있다. 날것으로, 요리를 해서, 혹은 발효해서 말이다. 시체를 썩은 고기로 여겨 의식에 따라 버리거나 그냥 간단하게 내버리기도 한다. 아니면 시체는 다양한 방법으로 해체되거나 처리된다."[17]

우리는 네안데르탈인이, 아니면 적어도 그들 중 일부가 시신을 처리했던 방법을 최소한 두 가지는 알고 있다고 확신할 수 있다. 첫째는 그들이 그것을 먹었다는 것이다. 그 증거는 네안데르탈인의 유적지에서 나왔다. 여기서는 풍부하지만 조각난 뼈들의 잔해가 나왔고, 가끔은 뼈에서 잘린 흔적과 불에 태워진 흔적이 나오기도 했다. 긴 뼈들은 (골수를 먹기 위해) 전부 부러져서 개방되어 있었고 머리뼈는 산산이 조각나 있었는데, 아마도 뇌에 접근하기 위해서 그랬던 것 같다. 네안데르탈인의 유골은 종종 다른 동물들의 뼈와 섞여 있었다. 이것은 발견된 장소가 매장을 위한 곳이라기보다는 도살 후 쓰레기를 처리하는 장소라는 걸 암시했다.[18] 네안데르탈인의 식인 풍습을 사례로 들었다고 해서 네안데르탈인이 전부 식인을 했다는 건 아니다. 일부 인류 문화에 식인 풍습이 있다고 해서 인간 종이 식인 풍습으로 특징 지어져선 안 되는 것처럼 말이다. 우리는 이 네안데르탈인이 자신들의 친구를 먹었는지 적을 먹었는지 모른다. 현생 인류는 양쪽을 다 먹는다고 알려져 있다.

때때로 시신을 먹는 것 외에도, 우리가 알고 있는 건(혹은 우리가 알고 있다고 생각되는 건) 네안데르탈인이 시신을 묻기도 했다는 것이다. 네안데르탈인들 중 일부는 이따금 우리가 하는 것처럼 그들의 시신을 묻었다. 호미닌 매장 풍습의 진화에 대한 포괄적인 개괄과 분석을 서술한 고고학자 폴 페팃Paul Pettitt은 (7만 년 전부터 3만 4000년 전까지로 거슬러 올라가는) 네안데르탈인의 매장 사례를 20개 이상 확인했고, 학자들은 대체로 이것을 인정하고 있다.[19] 이 중 일부는 매장지가 단독으로 있었고, 다른 것들은 집단으로(즉 한 장소에 단독 매장지가 여러 개) 몰려 있었다. 이 매장지들은 유럽과 중동의 여러 지역에서 발견되었다. 이것들은 우리가 아는 한 가장 오래된 매장지가 아니다. 일부 초기 호모 사피엔스 매장지들이 이보다 앞서 있었다. 하지만 현생 인류와 네안데르탈인의 크게 분리된 진화적 궤도를 고려할 때 이 두 집단의 매장 증거는, 그것이 무엇이었든 간에 매장에 대한 인지적 토대가 두 종의 분리 이전에 선행했다는 것을 보여줄 수 있다.

페팃은 이 네안데르탈인의 매장지에서 몇 가지 패턴을 확인했고, 이것은 초기 현생 인류의 매장지에도 일반적으로 적용된다. 매장지들은 동굴이나 바위 은신처에서 발견되었다. 그리고 대부분은 생활이나 일과 관련된 활동의 다른 고고학적 흔적들과 멀리 떨어져 있지 않았다. 다양한 자세로 묻혀 있는 시신은 흙이나 석판으로 덮여 있었다. 시신 중 일부는 얕은 땅에 묻혀 있었고, 일부는 기존의 구멍이나 움푹한 땅에 "감춰져" 있었다. 어린아이들뿐만 아니라 성인 남녀도 묻혀 있었다. 비록 드물기는 했지만 무덤 안에서 시신과 함께 다른 동물의 잔해나 유물들이 발견되기도 했다. 하지만 이것들이 무덤 부장품이나 "제물"의 증거라고 확신하기는 어렵다. 매장지에는 시신이 온전히 다 묻히거나 일부만 묻혀 있기도 했다.[20]

네안데르탈인의 매장지처럼 보이는 이런 것들이 자연적인 퇴적으로 생긴 것이 아니라 진짜로 매장지였는지, 그리고 더 나아가 의도적인 매장지들이 그들의 행동에 대해서 우리에게 알려주는 것이 무엇인지에 대해서는 약간의 학문적 논쟁이 진행 중이다.[21] 많은 인류학자들이 지금까지 발견된 네안데르탈인의 완전한, 혹은 거의 완전한 상당수의 뼈대들을 조사했다. 여기에는 어린아이와 아기의 연약한 뼈도 포함된다. 그리고 학자들은 이 뼈들이 의도적으로 묻힌 거라고 본다. 수백만 년에 걸친 호미닌의 진화를 거슬러 올라갈 때, 그 일부라 하더라도 뼈대가 복구된 것은 정말로 드문 일이다. '루시'(오스트랄로피테쿠스 아파렌시스)라고 알려진 화석이 유명한 건 바로 그 이유 때문이다. 갑자기 네안데르탈인과 (초기 현생 인류들의) 온전한 몸이 발견되기 시작했고, 그 수많은 유적지들은 시간과 공간을 넘어 넓게 퍼져 있다.

많은 네안데르탈인의 매장지들이 현대 기술, 특히 매장지를 고고학적·지질학적인 맥락에서 세심하게 기록하는 기술이 발전하기도 전에 발굴되었다. 그래서 이것들이 의도적인 매장지였다는 생각에 비판적인 사람들은, 이런 기록들이 대부분 너무 불명확하고 불완전해서 네안데르탈인이 정말로 의도해서 이런 매장지를 만들었는지 믿을 수 없다고 주장한다.[22] 어떤 경우에는 분명 이러한 비판이 꽤 타당하다. 그리고 수십 년 전, 혹은 100여 년 전에 발굴된 기록을 되짚어보는 것은 우울한 추억 여행이 될 수 있다. 예를 들어 프랑스 남부의 동굴인 록 드 마르살에서 발견된 네안데르탈인 아이에 대한 최근의 재검토는, 그곳이 진짜 의도적으로 만든 매장지인가에 대한 의문을 불러일으킨다. 1961년 한 아마추어 고고학자에 의해 그곳이 발견되고, 그 후 얼마 지나지 않아 과학 문헌에서 그렇다고 확인했음에도 불구하고 말이다.[23] 데니스 샌드가드Dennis Sandgathe와 동료들은 네안데르탈인 아이를 다룬 초기의 과학 문헌에서 록 드 마르살 유적지에 대한 주요한 설명이 한정적이라는 걸 알아냈다. 또 유적지 원본의 현장 기록과 사진들도 굉장히 간략하다는 걸 발견했다. 샌드가드와 동료들은 유적지를 다시 발굴하고 분석했다. 그 결과 아이는 매장된 것이 아니라 동굴 안의 자연적인 틈새에 놓여 있었다는 것을 알 수 있었다. 그곳에 의도적으로 놓여 있었을 수도 있고 아닐 수도 있지만, 샌드가드와 동료들은 아이가 매장된 것이 아니라는 강력한 증거를 제시한 것이다.

록 드 마르살 내에서 아이가 발견된 곳은 네안데르탈인의 매장지일 수도 아닐 수도 있다. 하지만 전체적으로 볼 때, 발굴이 잘 되고 또 검증이 잘 진행되었을 다른 매장 유적지들이 여전히 몇 군데 남아 있다. 고고학자들은 일반적으로 어떤 '명백한' 매장지를 마주할 때, 그것의 입증 책임이 의문을 제기하는 사람에게 있는지 아니면 그것이 매장지라고 주장하는 사람에게 있는지를 결정하지 않았다. 어쨌든 록 드 마르살 재발굴팀의 리더 중 한 명이었던 해럴드 디블Harold Dibble은, 우리가 보고 있는 것이 "매장인지 장례인지" 정말로 궁금하다고 말한다.[24] 전자는 시체의 "처분" 방법 이상을 보여주지 않지만, 후자는 필연적으로 상징적 의미를 동반한다.

많은 인류학자들은 네안데르탈인이 시체를 묻었다는 걸 인정하면서도, 이런 관습을 "단순한 시체 처분에 더 가까운" 어떤 행동으로 보는 것에 만족해왔다.[25] 이러한 관점을 부채질한 것은 네안데르탈인의 마지막 매장지들과 시기적으로 가까운, 현생 인류와 관련된 몇몇 매장지들(특히 2만 년에서 3만 년 전 사이 유럽의 초기 구석기 시대 매장지들)이 쉽게 확인 가능한 현대적인 형태로 나타나기 시작했다는 사실이다. 이들의 매장지들은 동굴이 아닌 개방된 땅에 깊이 판 것들이며, 그 안에는 부장품들과 함께 장식된 옷이나 몸 장식의 증거가 완비되어 있었다. 이따금 공동의 무덤에는 한 개 이상의 시체들이 매장되어 있기도 했다. 일부 유적지에서 공통적인 패턴들이 관찰되는 것으로 보아, 매장에 상징적인 문화가 명백하게 있는 것처럼 보인다. 그에 반해서(이러한 대조는 합당할 수도 아닐 수도 있다.) 네안데르탈인의 매장은 그러한 특징들의 부재로 정의될 수 있다.

나는 네안데르탈인의 의도적인 매장이 꽤 설득력 있다고 생각한다. 다른 한편, 그러한 관습에 상징적인 의미를 너무 깊이 부여할 이유가 없다는 데에도 동의한다. 이것을 증명할 적절한 증거가 없기 때문이다. 그렇다고 해서 상징적인 무언가가 일어나지 않았다고 말하는 것은 아니다. 그저 일어났다고 말할 수 없을 뿐이다. 네안데르탈인의 매장은 무척 이채롭다. 하지만 유효한 고고학적 증거들을 바탕으로 할 때, 그들의 그런 행동이 대단히 '현대적' 이라고 보기는 힘들다.

네안데르탈인의 매장에 대한 것 중 내가 받아들이기 어려운 것은 그것을 '단순한' 시체 처분으로 보는 것이다. 우선 네안데르 탈인에게는 시체를 처분할 수 있는 다른 유용한 방법들이 많이 있었다. 먹는 것도 한 방법이었고, 태우는 것도 또 다른 방법이었 다. 아니면 시체를 거주하는 지역에서 멀리 갖다 버리거나, 썩은 고기를 먹는 동물들이 처리하도록 시체를 노출시킨 채 내버려두 는 것도 효과가 있었을 것이다. 많은 매장지에 아주 어린아이들이 있었다는 것을 감안하면, 시체를 들고 멀리 가는 것은 문제가 되 지 않았을 것이다. 네안데르탈인의 인구 밀도는 특별히 높지 않았 다. 때문에 근처 어딘가에 단순히 시체를 버릴 만한 공간이 충분 히 있었다는 가정은 신빙성이 높다. 물론 시체를 묻는 것도 그것 을 처리하는 한 방법이다. 하지만 그건 상당한 양의 시간과 에너 지 소모가 필요한 방법이다. 단순하기는커녕 일정한 양의 계획이 필요한 복잡한 활동이다. 그리고 다 큰 성인을 매장하는 경우에 는 협력적인 행동이 필요할 것이다.

다시 말해 매장은(네안데르탈인의 매장도) 그것을 당연하게 여 길 만큼 그렇게 단순한 활동이 아니다. 하지만 완전히 인간의 관점 에서 보면 네안데르탈인의 매장은 매우 쉬운 일처럼 보일 것이다.

현대인들이 하는 매장과 장례라는 정교한 활동들의 맥락에서 보면, 수수하고 오래된 매장지는 진짜로 아주 단순해 보일 수 있다. 하지만 전반적인 인류 진화의 맥락에서, 그리고 일반적인 영장류 행동의 맥락에서 보면, 단순한 매장은 참신하고 복잡할 뿐만 아니라 인지적으로 발달된 행동을 나타낸다. 폴 페팃은 매장이 처음부터 새로 발생한 것이 아니라 다양한 활동들을 하다가 따라 나온 거라고 주장한다. 예를 들어 (유골에 남겨진, 석기에 베인 자국들을 통해 알 수 있는 것처럼) 사후의 신체를 처리하는 행동이나 천연 구조물에 시체를 감추는 행동 말이다. 이러한 행동들은 수백만 년의 진화 과정에서 추적될 수 있다.[26] 매장 그 자체는, 인간 진화 과정에서 가장 늦게 나타나는 이러한 관습들의 정점이라고 나는 생각한다.

어떻게 보면 네안데르탈인의 매장이 상징적 사고의 '표시물 marker'인지 아닌지 고민하는 것은 쉬운 일에 속한다. 오히려 매장이 네안데르탈인의 인식의 다른 측면들에 어떤 의미가 있는지 고민하는 게 더 어려울 수 있다. 일반적으로 우리한테 강력한 정서나 느낌을 불러일으키는, 사랑하는 사람이나 친구, 동료의 죽음을 떠올려보자. 죽음에 대한 반응의 문화적 다양성에 관심이 많은 피터 멧캐프와 리처드 헌팅턴 같은 사회인류학자들도, "대체로 죽음의 충격"은 "항상 [……] 중요하고 의미 있는" 반응으로 이어진다는 것을 인정한다.[27] 죽음에 대한 이러한 정서적 반응은 영장류로서 우리의 역사로 거슬러 올라간다. 영장류학자들은 인간이 아닌 영장류들, 특히 대형 유인원들이 사랑하는 이의 죽음으로 인해 부정적인 영향을 받는 사례들을 많이 관찰해왔다.[28] (혼자서 그리고 무리 지어서) 기분이 가라앉아 있거나 고통스러워하는 행동들의 표현은, 경우에 따라서 애도와 유사한 것으로 해석하지 않을 수 없다. 다른 경우에는 일상적인 행동 패턴이 분명하게 방해받는다. 우리 인간 관찰자들에게 가장 놀라운 것은, 어미가 죽은 새끼의 시체를 내주지 않고 그것을 더 이상 옮길 수 없을 때까지 가지고 다니는 사례들일 것이다.

나는 적어도 몇몇 경우에 네안데르탈인이 사랑하는 이들의 죽음에 애도를 표하거나, 아니면 최소한 정서적 반응들을 보였다고 가정해도 무방하다고 생각한다. 하지만 애도가 매장으로까지 이어졌을까? 어린아이들이 묻혔다는 사실을 볼 때, 나는 이것이 낯선 사람이나 적보다는 가족과 친구를 위한 관습이었을 거라고 생각한다. 우리는 매장이 시체를 처리하는 일이라는 것을 알고 있다. 하지만 만약 시체를 묻고 있는 사람들이 어떤 정서에 가득 차 있다면, 특히 그들과 가까운 누군가와 헤어지고 떨어져서 느껴지는 정서에 가득 차 있다면, 매장은 그 밖에 또 무엇을 해낼 수 있을까?

우선 매장은 단순히 시체를 처리하는 것을 넘어 시체를 유지하려는 것일 수도 있다. 매장은 시체(즉 그 사람)를 일종의 접촉과 통제하에 유지하면서, 다른 외부적인 요인들에 의해 심하게 분해될 염려가 적은 곳에 두는 것이다. 네안데르탈인의 매장지들은 동굴 안에 있었고, 이것은 종종 그것이 생활공간에 포함된다는 것을 보여주는 증거이다. 이러한 공간에 저장된 시체는 그 공간을 계속 차지하고 그곳에서 살아가는 그룹의 여전한 일원이다. 또 묘지는 어떤 개인을, 말 그대로 그 장소에 묶어둔다. 네안데르탈인은 계절에 따라 다양한 식량을 찾으러 다니면서 행동권 내 여러 장소들에서 거주했던 것 같다. 그리고 이러한 거주지들은 긴 시간에 걸쳐 재사용되었던 것 같다. 이러한 거주지들 중 한 곳에 있는 매장지는 죽은 사람이 어쨌든 그곳에 속해 있다는 것을 나타낸다고도 볼 수 있다. 생전에 그 사람이 그곳에서 머물렀다면, 그 사람은 죽어서도 계속 거기 머무를 수 있었다.

나는 네안데르탈인의 묘지를 집과 비슷한 것으로 본다. 집에 대한 감각을 둘러싸고 나타나는 느낌과 정서들의 표현이 그곳에서 보이기 때문이다. 시체는 의미 있는 장소를 공유한 어떤 친밀한 집단과 연결되어 있다. 매장은 죽어서도 이러한 중요한 관계들을 잠재적으로 확장한다. 분명히 네안데르탈인은 오늘날의 사람들처럼 시체를 다루는 방법들을 많이 갖고 있었다. 여기에는 시체를 먹는 것도 포함된다. 나는 매장이라는 특별한 방법으로 시체를 다루려면 집의 느낌이 필요했다고 생각한다. 매장은 시간과 에너지를 소비해서 단순히 시체를 처분하는 방법이 아니라, 시체를 그들의 공간에 둠으로써 분리라는 정서적 충격을 완화하는 역할을 했을지도 모른다.

죽음과 매장은 네안데르탈인에게 정서적인 사건이었을 수 있다. 하지만 그렇다고 해서 그것이 상징적인 의미로 가득했다는 뜻은 아니다. 사실 매장을 네안데르탈인의 집 생활의 연장으로 보는 내 관점은, 매장이 상징적인 내용을 의도하거나 포함하지 않은 강력한 문화적 관습일 수 있음을 암시한다. 대신 매장은 그들이 살았던 삶을 매우 확실하게 연장하고 지속시키는 행위였을 수 있다. 이러한 관점은 네안데르탈인이 사람 및 공간과 맺었던 관계, 그리고 집을 느낄 수 있는 그들의 능력에 대한 실마리를 제공한다.

집, 그러나 주택은 아닌

수백만 년이 넘는 영장류와 호미닌의 진화를 통해서 집 생활의 인지적 구성요소들은 천천히 합쳐졌다. 만약 집의 느낌이 실제로 매장 관습의 원동력이었다면, 이러한 구성요소들 중 많은 부분이

30만 년 전 네안데르탈인과 현생 인류의 주요한 분리 이전에 합쳐졌을 것이다. 하지만 이렇게 논리정연한 시나리오에서 하나 빠진 것은 집에 대한 고고학적 증거, 혹은 가정적인 방식으로 정돈된 것처럼 보이는 공간들(화로는 여기에, 쓰레기는 저기에, 석기 파편들은 저쪽 구석에 등)의 고고학적 증거다.

앞서 말했듯 나는 의도적으로 집과 주택을 구분하려 할 것이다. 앞으로 보게 되겠지만, 오늘날 사람들 사이에도 집의 느낌은 특정한 구조물에 얽매이지 않는다. 하지만 집의 오래됨을 증명하기 위해서 일부 주택의 유물들을 확인하는 것은 도움이 될 것이다. 안타깝게도 수만 년 전으로 거슬러 올라가는 고고학 기록은 아직 이 문제에 있어서 결정적인 것을 아무것도 밝혀내지 못하고 있다. 일부 고고학자들은 프랑스의 테라아마타와 독일의 빌징슬레벤, 두 유적지를 40만 년 전의 생활공간이나 구조물의 증거로 보고 있다. 이는 호모 에렉투스/호모 하이델베르겐시스 시대 내에 있는 것이다. 다른 많은 학자들은 이러한 주장을 회의적으로 본다.[29]

가장 초기의 구조물이 견고할 거라고 기대하는 사람은 아무도 없을 것이다. 오히려 그 구조물들은 작고 일시적인 피난처의 경향을 보이고, 오늘날(적어도 최근까지의) 수렵채집인들이 지은 단기 생활 구조물들과 크게 다르지 않았을 것이다. 이렇게 간단한 구조물을 확인하는 일에는 예외적인 어려움이 있다. 샐리 맥브러티Sally McBrearty와 앨리슨 브룩스Allison Brooks가 쓴 것처럼, 주택의 초기 고고학적 기록을 해석하는 데는 선입견이 많이 개입될 수 있다. "일시적인 구조물은 거주자에 의해 적용된 형식적인 구조가 거의 없을 수 있다. 그러나 오랫동안 거주한 유적지는 이후의 거주자들에 의해 '오염된' 패턴이 남아 있을 수 있다. 동굴은 개방된 장소보다 거주지의 특징들을 더 잘 보존할 수 있지만, 거주 지역이 제한되며 공간적인 한계가 있다."[30]

　현생 인류의 유적지를 발굴하는 고고학자들은 수천 개의 생활공간을 명확하게 밝혀냈다. 하지만 그보다 이른 패턴과의 비교는, 예를 들어 5만 년 전부터 20만 년 전 사이 아프리카의 가장 초기 현생 인류들의 유적지와 비교해서 그것들이 얼마나 최근에 형성되었는가에 따라 선입견을 품게 된다. 안타깝게도 고고학자 존 옐런John Yellen이 지적하듯이, "구석기 시대의 폼페이는 알려지지 않았다."[31] 그는 두 가족 집단이 거주했던 지역이라는 증거를 제공할 수 있는, 동아프리카 대열곡의 9만 년 전 유적지(자이르의 카탄다 9)를 분석했다. 그의 분석은 고대 집 유적지의 이러한 유형에 대한 결론을 도출하려 할 때, 가능성 있는 진술을 넘어 학설로 주창하는 것이 얼마나 어려운지를 보여준다. 보존된 물건들이 흩어져 있는 모습들을 언뜻 보고 상상하면서, 그곳에서 생활하고 일하는 어떤 가족을 '보는' 건 쉽다. 하지만 다른 누군가가 그러한 축적물이 자연력에서 비롯되었을 수 있다거나, 장기간에 걸친 다양한 이용자들의 점유를 반영했을 수 있다는 것을 보여주기도 그렇게 어렵지는 않다.

분명 네안데르탈인의 폼페이는 존재하지 않는다. 그리고 어떤 사람들은 이것이 단순히 보전된 유적지를 우연히 발견하지 못한 문제가 아니라고 주장할 것이다. 리처드 클라인Richard Klein이 쓴 것처럼, "네안데르탈인이 동굴 밖에 터전을 잡았을 때, 그들은 실질적인 '주택'에 대한 설득력 있는 증거를 남기지 않았다. 비록 그들이 엄청나게 추운 상황에 종종 처했음에도 불구하고 말이다."[32] 보존의 문제는 차치하라도, 우리는 과연 네안데르탈인이 주택이나 피난처, 주거지 같은 것을 만들 수 있는 인지적 능력을 가졌었는지 확실히 말할 수 있을까?

나는 이제 마지막으로 네안데르탈인의 묘지를 다시 살펴보려 한다. 몇몇 고고학자들은 석기가 어떻게 만들어졌는지 살펴보고, 석기 제작자들(예를 들어 호모 하빌리스나 호모 에렉투스)의 인지적 능력을 파악하기 위해서 그들이 도구를 만들 때 필요한 단계의 수와 계획의 양, 그리고 다른 측면들을 재구성한다.[33] 마찬가지로 우리는 묘지를 만드는 데 필요한 단계들을 생각해볼 수 있다. 장소는 위치뿐만 아니라 시체 수용 능력을 고려해서 선정되어야 한다. 땅파기는 최종 형태에 대한 계획을 세워 수행되어야 한다. 땅파기에는 한 개 내지 여러 개의 도구를 사용할 수 있다. 무덤의 바닥이나 토대를 위해 어디까지 파내려갈 것인지 결정해야 한다. 파낸 구멍과 시체가 딱 들어맞는지에 대한 공간시각적인 평가가 이루어져야 한다.(시행착오를 거쳐도 되지만, 커다란 시체의 경우 여러 번 시행착오를 거치기가 더 어려울 수 있다.) 시체는 파낸 구멍에 놓여야 한다. 흙을 느슨하게 채워 시체를 덮는다. 돌이나 석판 조각을 선택해 무덤을 봉인한다. 요컨대 묘지를 만드는 일을 실행하는 데는 잠재적으로 많은 계획이 요구되는 **건축적인** 측면이 있다.

　네안데르탈인이 시체를 묻었다면, 나는 그들이 간단한 주거지를 만들 인지적 능력 역시 갖고 있었다고 주장할 것이다. 그렇다면 나는 그들이 주거지를 만들었다고 생각한다는 뜻일까? 그렇다 해도 나는 놀라지 않겠지만, 우리에게는 확실한 증거가 없다. 네안데르탈인이 시체를 묻었다고 해서, 그들이 시체에게 주거지를 주거나 시체를 위한 집을 지어주는 상징적인 개념을 갖고 있었다는 의미는 아니다. 나는 네안데르탈인의 묘지가 집의 맥락에서 나왔지만 그것을 넘어서서 확장되지는 않았다고 생각한다. 묘지를 죽은 사람에게 제공하는 집이라고 생각하는 개념은, 즉 죽은 사람들의 도시라고 간주되는 공동묘지에서 그들이 생전에 사랑했던 사람들에게 둘러싸여 영원한 안식을 얻을 수 있다는 개념은, 사후 존재에 대한 깊이 있는 상징적인 표현이며 이것은 현생 인류들만의 것이다. 이런 개념은 죽음에 대한 정서적 힘뿐만 아니라, 죽음 이후 남겨진 집 생활의 정서적 힘에 대해서도 이야기한다.

집의 존재와 그 정서적 힘은 현대 사회에서 여전히 우리와 함께 있다. 이제 우리는 집에 대한 인지적이고 진화적인 토대를 마련했다. 이렇게 매우 인간적이지만 여전히 '야성적 충동animal spirits'적인 것이 오늘날 중요하고 관련 있게 남겨진 몇 가지 방식들을 살펴보자.

5장

호모 에코노미쿠스는
집을 느낄 수 있을까?

집의 느낌들은 주택 시장이라는, 때때로 가혹한 현실을 통해 경제와 연결된다. 나는 어렸을 때 「굿 타임스」나 「제퍼슨스」 같은 텔레비전 시트콤을 보면서 이것을 배웠던 것 같다. 둘 다 1970년대의 '흑인 경험'을 다룬 가족 코미디로, 「굿 타임스」는 시카고의 저소득층 주택단지를, 그리고 「제퍼슨스」는 맨해튼의 고급 아파트를 배경으로 했다. 이 시트콤들의 메시지 중 일부는 집과 가족에 관련된 문제들이 경제적(그리고 인종적) 선을 가로지르는 상수라는 것이다. 또 이 시트콤들의 대조적인 구조는, 부유하든 가난하든 경제적 상황이 집 생활에 영향을 미친다는 것을 분명히 보여줬다.

　현대 사회에서는 거주하는 집을 사거나 빌리는 것 외에 다른 대체 수단이 거의 없다. 주택은 그저 선진국 경제의 일부가 아니다. 많은 경우 주택의 구입과 판매, 건설은 경제 성장과 발전의 주요한 원동력이다. 집을 짓는 것은 큰 사업이기 때문에 정치는 자연스럽게 따라온다. 정부는 주택 시장을 억제하거나 촉진하는 조치를 취한다. 개인 집의 소유권을 장려하거나 억제하기도 하고, 오직 일부 지역에서만 건축을 허용하는 조치들을 취기도 한다. 이러한 정부의 조치들은 모두 주택을 단순한 주거지가 아니라 권력의 축적과 분배에 관한 문제로 만든다.

주택은 하나의 상품이다. 인간은 주택이 크든 작든 화려하든 소박하든 거기서 집의 느낌을 얻을 수 있을 만큼 적응력이 뛰어나지만, 반대로 경제가 집의 느낌에 미치는 영향은 피할 수 없다. 예전에는, 그러니까 시장경제 이전이나 사회적으로 계층화된 사회, 또는 농업 사회에서 사람들은 환경적인 제약과 즉각 이용 가능한 자원들을 반영하는 주거지에서 살았다. 비록 문화들 간에 주택 형태는 무척 다양하게 존재했지만, 그런 주택 형태 안에서의 다양성은 훨씬 적었다. 이것은 전통적인 수렵채집인들이 일종의 평등한 집단에서 살았다는 비현실적인 이상이 사실이었다는 의미는 아니다. 분명 그런 사회에서도 힘과 자원(반드시 물질적인 것은 아니다.)에 있어 상당한 차이가 존재했다. 하지만 주택이 권력이나 성공을 표시하는 전형적인 방법은 아니었다.

선진국의 대다수 사람들은 부유하지도 않고 권력이 있지도 않다. 그래서 그들은 보통 더 큰 주택 경제 게임에서 '참가자'가 아니다. 대신에 그들과 그들 주거지와의 관계는 단순히 경제적인 요인뿐 아니라, 수천 년 동안 진화되어온 집에 대한 기본적인 느낌들에도 영향을 받는다. 그것은 주택에 대한 기본적인 필요와 욕구가 경제적 힘과 상호작용하는 쌍방향 도로 같은 것이지만, 그렇다고 모든 것들이 항상적인 균형을 잘 이루고 있다는 의미는 아니다. 하나의 비유로서 음식과 섭식을 생각해보자.[01] 인간에게 음식의 필요성과 선호도는 문자 그대로 수천만 년에 걸쳐 형성되어왔다. 인간을 독특한 영장류로 만드는 한 가지는 우리가 잡식성이라는 것이다. 우리는 우리가 무엇을 먹을 수 있는지와 무엇을 먹을지에 매우 유연하다. 하지만 그 잡식성은 몇 가지 기본적인 기호에 의해 형성되며, 우리의 생리와 심리는 음식 일반, 그리고 특히 특정 성분들(예를 들어 지방, 소금, 단당)이 매우 풍부하지는 않은 환경에서 체중과 건강을 유지하도록 조절된다.

선진국에서 산업적 생산은 사람들에게 그들이 원하는 것을 제공한다. 그중에서도 우리가 선천적으로 강하게 선호하는 음식들(또 예를 들면, 지방, 소금, 단당)을 싸게 그리고 많이 제공한다. 이것을 넘어, 식품 산업은 마케팅과 연구를 통해 고객의 음식 선호도를 형성한다. 그리고 정부와 식품산업의 복합체를 통해, 특정 음식들은 위생 법규, 운송, 지원금, 판매에 있어서 특권적인 지위를 얻는다. 그 결과 사람들은 이 새로운 음식 세계에서 더 이상 식사의 항상성을 유지할 수 없게 되고, (비만처럼) 지탱할 수 없는 막대한 공중 보건 문제가 발생해 심각한 의료비와 경제적 비용을 부담하게 된다.

이와 비슷한 방식으로 현대 주택도 집에 대한 우리의 진화된 감각과 상호작용한다. 그리고 20세기와 21세기에는 우리의 진화된 경향들이 오늘날과 같은 세계와 맞지 않아서 발생한 중요한 사례가 두 가지 등장한다. 바로 주택 거품과 공공주택이다. 사회학적·정치적·경제적으로 복잡하고 다양한 요인들이 집과 주택 사업에서 중요한 역할을 맡고 있다는 것은 의심의 여지가 없다. 하지만 주택 산업을 형성하는 이러한 강력한 힘들의 중심에는 집을 느끼고 싶어 하거나 느낄 필요가 있는 개인이 있다. 이러한 느낌들이 건축 붐과 주택 거품의 형성에 어떻게 기여하는지 살펴보자.

야성적 충동

1922년 콜롬비아 대학교의 젊은 경제학자 렉스퍼드 터그웰Rexford Tugwell은 심리학자와 인류학자, 그리고 사회학자 들이 인간의 본성에 대해 깨닫기 시작하자 그것을 참고해서 그 당시 경제 이론을 고찰했다. 그는 12년이 지난 후, 프랭클린 루스벨트의 뉴딜 정책 자문단 '브레인 트러스트'의 멤버로 《타임》 표지에 등장한다. 터그웰은 1922년 이렇게 썼다.

인간은 최초 인간 조상의 정신적·신체적 성질을 갖추고 있다.

인간은 사냥과 원시 전쟁의 활력과 피로 속에서, 그리고 불확실
한 유랑 생활 속에서 가장 잘 기능하는 존재다. 그리고 이러한
생활 속 위기들에 훌륭하게 대처해왔다. 하지만 이상하게도 갑
자기, 인간은 지금 자신이 이전과 다른 환경으로 옮겨와 있다는
것을 발견한다. 그리고 그동안의 삶에서 필요했던 자질을 유지
하는 것이 이제는 거의 소용없다는 것도 발견한다. [……] 도시
화, 인간관계의 몰개성화, 다양한 업무, 자유와 고독의 제한, 단
조로움, 피로, 불완전한 표현이 주요한 특징인 문화에서 직관적
인 삶은 생각할 수 없다.[02]

터그웰은 이성과 합리성이 인간의 몇 가지 단점을 극복하는 데 도
움을 주었다고 말한다. 인간의 몸과 마음이 놓이게 된 새로운 세
계에 적응하는 데에 말이다. 하지만 그 기본적인 "자질"은 그대로
남아 있다는 것이 그의 메시지다. 터그웰은 경제 이론이 인간의
"안녕"을 구성하는 개념은 제대로 정립하지 못한 채 "가격"에만
초점을 맞추었다고 주장한다.

　　터그웰은 약 70년 정도의, 진화심리학자들이 말하는 '진화적
적응환경environment of evolutionary adaptedness, EEA'(현재의 인간을 만든 진화
적 환경—옮긴이) 또는 코미디언 롭 베커가 지칭한 "원시인의 날들"
에 근거해 예측했다.[03] EEA는 유용한 개념이다. 왜냐하면 우리

몸과 행동의 측면 둘 다에서, 인간의 진화는 대부분 오늘날 많은 사람들이 살고 있는 복잡하고 도시화된 사회 환경과는 매우 다른 환경에서 일어났기 때문이다. 이전 장에서 논의했듯이, 집은 농업이나 문명, 산업 혁명이 출현하기 전의 '전통적인' 환경에서 진화했다. 그래서 오늘날의 세상과 집의 EEA 사이에는 '불일치'가 있는 것 같다. 좀 약하게 표현하면, 집에 대한 우리의 진화된 느낌들 중 일부는 현재의 일부 환경들 속에서 우리에게 항상 유리하게 작용하지 않을 수 있다. 거꾸로 현재의 일부 환경들은 집에 대한 우리의 진화된 느낌들을 수용하거나 촉진하지 않을 수 있다.

EEA 개념은 유용하다. 하지만 특정한 설명을 위한 구실이 될 수도 있다. 여성들은 X하도록 진화되고 남자들은 Y하도록 진화되어서 오늘날 모든 것들이 엉망이 되었다는 연구들을 보여주는 방송 매체를 접할 때마다, 당신은 EEA의 개념이 설명을 위한 지름길로 부적절하게 사용되는 것을 보고 있는 것이다. 인구 집단 수준의 연구에 기초한 이러한 설명이 개인적인 수준으로 내려갈 경우는 특히 더 그러하다. 진화된 패턴들을 탐지할 때에는 문화적인 또는 개인적인 다양성을 어떻게든 설명한 후에 발생되는 통계상의 패턴들을 확인해야 한다. 당연히 주어진 개인적이거나 문화적이거나 사적인 역사들 중 어떤 것도 제거될 수 없다. 때문에 진화는 어떤 개인의 행동을 이해하는 데 도움이 되는 요소일 수 있지만, 그 행동이 진화에 의해 '설명될' 수는 없다. 사실 한 개인의 행동을 설명하기 위해 진화를 들먹이는 것은, 예를 들어 주변 사람들을 계속 속여먹는 한 미국인을 설명하기 위해 진화를 들먹이는 것은 개인의 이야기에 맞춰야 할 초점을 종의 이야기에 맞추는 것이다.

그렇기는 하지만, 경제 현상은 집단으로 모인 사람들의 행동에서 나온다. 그리고 오늘날의 경제 세계와는 다른 환경에서 수백만 년 동안 형성되어온 행동에서 나온다. 정부 정책, 금융 기관, 온갖 종류의 시장들이 경제 시스템을 구체화하는 반면, 그 시스템의 중심에는 혼란스럽게 진화해온 복잡한 개인의 심리가 있다. 경제학자 조지 애컬로프George Akerlof와 로버트 실러Robert Shiller는 경제 이론가들이 너무 오랫동안 **야성적 충동**을 무시해왔다고 생각한다.[04] 경제학자들은 경제적 데이터로 직접 측정될 수 있는 것들을 넘어서, 금융 시스템에 영향을 주는 인적 요인들이 있다는 것을 알고 있다. 하지만 그러한 인적 요인들이 자신들의 계량적인 경제학 모델 및 이론들과 어떻게 결합되는지는 잘 모른다. 그래서 애컬로프와 실러가 지적했듯이, 경제학자들은 그들의 위험, 그리고 궁극적으로는 우리의 위험인 그러한 인적 요인들을 무시했다.

애컬로프와 실러가 말한 야성적 충동이란 무엇일까? 그들은 존 메이너드 케인즈John Maynard Keynes에게서 이 용어를 가져왔다.

1930년대에 이 용어를 사용한 케인즈는 사업가들과 실제 경제 참가자들이 경제 이론들처럼 항상 합리적이고 정량적인 분석을 기반으로 결정을 내리지 않는다는 것을 인식했다. 사실 그들은 결정을 내릴 때 이러한 야성적 충동에 이끌리는, 신중하다기보다는 즉흥적인 경향이 있었다. 수년간 경제적인 의미에서 야성적 충동은 경제에서 모호하거나 불확실한 요소들, 즉 경제 데이터에서 관측되기 어렵거나 설명하기 어려운 것을 나타내게 되었다. 애컬로프와 실러는 이러한 야성적 충동을 제쳐두는 대신 이것을 세계 경제의 중요한 원동력으로 인식했다. 이러한 원동력은 인간의 심리에 뿌리를 두고 있다. 애컬로프와 실러는 경제 현상을 설명하는 데 특별히 유용한 다섯 가지 요인에 초점을 맞추고 있다.

공정성fairness의 개념은 사람들이 적절한 임금과 보상을 어떻게 판단하는지에 있어 특히 중요하다. 공정성의 개념은 일반적으로 사회적 행동의 규범에서 나온다. 호혜와 교환은 인간 사회생활의 중심에 있다. 그리고 우리는 공정성과 관련된 사회적 기대치의 위반이 무엇인지 아주 잘 알고 있다. 진화된 사회생활의 또 다른 현실은, 사회의 일부 구성원들이 다른 사람들보다 자기 집단의 일부 구성원들을 더 선호하면서 그들과 미리 짜고 일을 하거나 부정행위를 해서 성공하려 한다는 것이다. 따라서 애컬로프와 실러는 **부패와 반사회적 행동**corruption and antisocial behavior을 경제 시스템에 영향을 주는 주요한 심리 요인으로 파악한다. 부패한 행동은 경제 시스템에 혼란을 줄 수 있고, 경제 위기의 중심에는 종종 부패가 있다. 부패한 개인들이 경제 시스템을 부당하게 사용할 수 있는 이유 중 하나는 사람들이 돈을 잘 모른다는 것이다. 특히 시간이 흐르면서 나타나는 인플레이션과 디플레이션의 영향들을 이해하는 것과 관련해서는 더 그렇다. 애컬로프와 실러는 **화폐 착각** money illusion(화폐 가치의 증감을 제대로 인식하지 못하는 상태—옮긴이)이 경제적 결정을 이성적으로 내릴 수 있는 개인의 능력을 서서히 약화시키고, 결과적으로 합리적인 결정에 기초한 경제 이론을 약화시킨다고 주장한다. 애컬로프와 실러는 주택 소유자들이 다른 장기 전략들에 비해 부동산의 가치를 투자로서 과대평가하는 이유가 바로 화폐 착각 때문이라고 말한다. 주택 소유자들은 다른 투자에서보다 집의 매매 가격을 종종 더 잘 기억한다. 그리고 그들은 자신의 집에서 발생한 자산의 원천(지불금, 인플레이션의 성장, 실제 성장)이나 장기간에 걸쳐 손해를 끼치는 모기지 이자 비용을 추적하지 않는다.

화폐 착각은 투자 결정을 내릴 때 중요한 요소다. 하지만 나는 애컬로프와 실러에 의해 확인된 다른 두 가지 요소들이 주택 경제와 집 느낌의 교차점에 특히 더 관련 있다고 생각한다. 첫째는 애컬로프와 실러가 그들 이론의 '초석'으로 삼은 **자신감**confidence이다.

자신감의 중심에는 신뢰와 믿음이 있는데, 이 두 가지를 보면 계량적인 이론이나 주장이 그것들의 영향을 설명하기 어려울 거라는 것을 알 수 있다. 자신감은 증가 요인과 감소 요인 둘 다에 의해 영향을 받으며, 이것은 특히 금융 시장에 영향을 미칠 수 있다.

마지막은 **이야기**story다. 사람들은 주변 환경에서 상호작용하는 구성요소들을 이해하고, 다른 사람들과 소통하고, 또 세상에서 자신의 위치를 알기 위해 이야기를 구성한다. 이야기는 개인들에게서 시작되지만, 그것은 사람에서 사람에게로 바이러스처럼 퍼지면서 전달된다. 그 이야기들이 이야기하는 사람과 듣는 사람으로만 구성된 어느 한 쌍을 초월해서 어떤 삶을 살기 시작할 때까지 말이다. 애컬로프와 실러는 경제적 이야기들이 긍정적이든 부정적이든 자신감에 지대한 영향을 미칠 수 있다고 주장한다. 이야기의 누적 효과는 자신감의 범람으로 이어질 수 있다.

내가 왜 자신감과 이야기가 주택 경제와 집의 관계에서 중요한 역할을 한다고 생각하는지는 나중에 분명해질 것이다. 하지만 그전에 사람들이 경제적 결정을 어떻게 내리는지에 대한 심리적 기원을 고찰한 또 다른 접근법을 간단히 살펴보고자 한다.

신경경제학이 밝혀낸 경제적 행동의 근원

21세기로 들어선 이후, 아직은 소수지만 점점 증가하고 있는 인지 과학자 그룹은 경제적 의사결정과 관련된 신경학적 기반을 이해 하는 쪽으로 관심을 두고 있다.[05] 야성적 충동은 집단 속에서 표 현되고 확대되면서 개인의 심리도 포함하지만, 신경경제학자들은 경제적 활동의 개별적이고 인지적인 기반을 이해하고 싶어 한다. 신경경제학은 의사결정과 관련된 심리학적 연구의 풍부한 자료를 바탕으로 하고 있으며, 그중 일부는 이미 경제적 사고에 영향을 미치고 있다. 하지만 최신 신경촬영법으로 무장한 신경경제학은 경제 이론에 대한 인지적 토대를 제공하려 한다.

애컬로프와 실러의 야성적 충동 관점은 사람들이 항상 혹은 종종 합리적 사고에 기반해 경제적 결정을 내리지 않는다는 점을 분명히 한다. 이것은 하향식 접근법으로, 경제 시스템이 어떻게 개인의 심리에 의해 영향을 받는지 이해하고자 한다. 신경경제학 자들은 반대로, 즉 상향식 방향으로 접근하지만 기본적인 가정은 동일하게 시작한다. 그것은 바로 사람들의 경제적 결정이 항상 합 리적이고 신중한 의사결정에 기초하지 않는다는 것이다. 뇌에서 형성되는 결정의 신경인지 네트워크는 많은 요인들에 영향을 받 는다. 사실 어떤 특정한 경제적 행동의 장단점에 대한 합리적 판단 대부분은, 경제적 의사결정에서 그 역할이 상대적으로 작을 수 있다.

의사결정과 관련해서 신경경제학자들이 우리에게 말하는 것은 무엇일까? 한 가지 기본적인 통찰은 의사결정이 뇌의 이중 시스템에 의존한다는 것이다.(심리학자들이 항상 이런 방식으로 정의내리는 건 아니다.) 이중 시스템 중 하나는 좀 더 정서적이거나 자동적인(또는 '뜨거운') 것이고, 다른 하나는 좀 더 신중하거나 반사적인(또는 '차가운') 것이다.[06] 심리학자이자 선구적 행동경제학자인 대니얼 카너먼Daniel Kahneman은 이것을 시스템 1과 시스템 2로 나눈다.[07] 시스템 1은 자발적인 통제 없이 손쉽게 시작되는 자동 시스템이다. 이 시스템을 이끄는 것 중 일부는 적대적인 행동에 반응하는 것처럼 정서적인 것이지만, 일부는 선천적이거나 매우 깊게 밴 기술들에 기반을 두고 있다. 시스템 2는 능동적인 집중이나 사고를 포함해 주관적인 "노력이 필요한 정신 활동"이다. 최소한 시스템 2와 관련된 인지적 활동은 어느 정도 집중적인 주의가 필요하다. 시스템 1과 시스템 2는 독립적으로 작동하지 않는다. 카너먼의 말처럼, 시스템 1은 시스템 2에게 항상 "제안"을 한다. 예를 들어 시스템 1은 시스템 2에게 직감과 인상을 제공하며, 이는 자발적인 행동으로 이어지거나 이어지지 않을 수 있다. 또는 믿음의 시스템으로 결합되거나 결합되지 않을 수 있다.

조지 로웬스타인George Loewenstein, 스콧 릭Scott Rick, 조너선 코언 Jonathan Cohen은 현대의 신경촬영법이 경제적 의사결정에서 서로 다른 인지 시스템들(이중 또는 복수의)의 보완적인 역할들을 잠재적으로 명확하게 밝힐 수 있음을 제시한다. 그리고 실제로 많은 실험 연구들이 이중 시스템 모델을 뒷받침하고 있다.[08] 뇌병변 환자들에 관한 연구들을 비롯한 신경촬영법 데이터는 위험성과 모호성을 평가하는 의사결정에서, 그리고 시간이 지나면서 분산되는 보상이나 손실의 평가에서, 그리고 사회적인 의사결정에서 작동하는 이중 시스템 모델을 뒷받침한다. 의사결정은 (편도체 및 다른 대뇌변연계와 부변연계의 구조물들을 포함한) 정서적 뇌 시스템과 함께, 이러한 구조물들과 관련된 전두엽의 일부, 그리고 다른 전두의 운영 영역들 일부를 포함한다. 또 전두엽 바깥쪽의 대뇌피질 영역들은 특정한 위험 평가 상황에 연관될 수도 있다.

신경전달물질인 도파민을 포함한 뇌의 보상 경로는 또한 의사결정의 일부 측면에서 매우 중요하다. 예를 들어 단기적이고 즉각적인 보상과 관련된 결정은 대뇌변연계 시스템에서 도파민이 풍부한 영역들을 활성화할 가능성이 높은 반면, 지연되는 보상에 대한 결정은 전두부와 두정부의 영역들을 높은 수준으로 활성화할다.[09] 도파민 시스템은 약물 남용, 기분장애, 조현병과 관련된 병리학에서 중요하다. 칼라 샤프Carla Sharp, 존 몬테로소John

Monterosso, 리드 몬터규Read Montague는 신경경제학자들이 의사결정을 살피기 위해 고안한 조사들이 행동장애의 인지적 표지들을 밝히는 데도 유용할 거라고 제안한다.[10] 이것은 뇌의 의사결정 네트워크가 적절하게 기능하는 동안에도, 보상 시스템의 문제들은 주요한 의사결정의 결함을 야기할 수 있다는 기본적인 생각에 도달하게 한다. 다음 장에서 노숙인과 정신질환자를 논의할 때 이것을 다시 다룰 것이다.

야성적 충동과 신경경제학은 집과 주택의 심리가 깊은 뿌리를 갖고 있다는 걸 암시한다. **야성적 충동**이란 용어는 말 그대로 야성적, 동물적인 행동을 일으키는 것을 의미하지 않는다.(이것은 원래 라틴어 아니무스animus에서 유래했으며 생명력을 뜻한다.) 그러나 애컬로프와 실러가 강조한 심리적 요인들은, 분명 고도로 진화되고 복잡한 사회 활동을 하고는 있지만 다소 어려운 수학적 이해는 덜 발달된 동물의 것이다. 신경경제학은 경제적 행동의 근원들을 우리 머릿속의 하드웨어까지 가서 추적한다. 그리고 그것은 진화와 경험에 의해 프로그램되어 있다. 야성적 충동과 신경경제학은 우리가 전체적인 경제 현상을 이해하는 데에도 도움이 되지만, (집처럼) 그 자체로 깊은 진화적 과거의 산물인 현상들의 경제학을 조사하는 데 특히 유용할 것이다.

부동산 버블

17세기 초 네덜란드의 튤립이든 1980년대와 1990년대 미국의 야구 카드이든, 경제적 거품은 상대적으로 통제되어 있지 않은 자본주의의 불가피한 특징이다. 당연히 호황과 불황 각각은 역사적이고 사회적인 맥락에 따라 그 자체의 이야기를 갖고 있다. 원인과 결과는 다양하다. 하지만 경제학자, 사회학자, 심리학자 들은 왜 이러한 거품이 발생했는지 인간 행동에 뿌리를 둔 공통의 원인을 찾았다. 경제 거품에 대한 보편적 사실 한 가지는, 우리가 그것을 볼 때 모든 일이 다 지나고 나서야 비로소 좀 더 명확하게 이해할 수 있다는 것이다. 과거를 돌아보면 모두 그때 거품이 터지는 게 얼마나 '당연한' 일이었는지 알 수 있다. 그리고 거품에 갇혀 있던 사람들이 얼마나 쉽게 믿는지를 알고서 살짝 놀랄 수도 있다.

21세기 첫 10년 동안 있었던 주택 거품은 그 규모로도 유명했을 뿐만 아니라 2008년에서 2009년에 있었던 세계적인 불황을 (주로 '정교한' 금융 상품을 통해) 촉진했던 역할로도 유명했다.[11] 2000년대의 시작과 함께 호주, 캐나다, 중국, 프랑스, 홍콩, 아일랜드, 이탈리아, 뉴질랜드, 노르웨이, 러시아, 남아프리카 공화국, 스페인, 영국, 미국에서 주택 가격이 상당히 상승했다. 1997년에서 2007년 사이 영국의 주택 가격은 3배 올랐다. 미국에서 신규 주택의 평균 판매 가격은 1998년에 18만 1900달러였다. 그리고 계속 증가해 2007년 31만 3600달러로 최고치를 기록한 후 하락세로 돌아섰다. 미국의 주택 소유권 비율은 2004년 69.2퍼센트로 최고조에 달했다. 2005년부터 기존 주택과 신규 주택의 판매에서 시장의 둔화가 있었고, 이는 2007년에서 2009년 사이에 거품이 터지면서 가속화되었다.

21세기에 들어와서 생긴 주택 거품은 모든 나라들에서 규모가 똑같지는 않았다. 심지어 같은 나라 안에서도 주택 거품의 크기는 도시와 지역에 따라 상당히 달랐다. 미국에서는 캘리포니아 연안의 교외와 도시들이 이 추세를 주도했다. 2005년 미국에서 주택 가격 상승률 상위 10개 지역은 모두 캘리포니아에 있었으며, 샌프란시스코에서 평균 주택 판매 가격은 전국 평균의 3배인 76만 5000달러에 달했다. 심각한 주택 거품은 보스턴, 뉴욕, 워싱턴과 같은 주요 도시들에서뿐만 아니라 피닉스, 라스베가스, 그리고 플로리다의 일부 지역 같은 남서부 선벨트 도시들에서도 있었다. 전국적인 주택 붐에도 불구하고 (미국 중서부와 텍사스 같은) 몇몇 지역은 다소 완만한 증가세를 보였고, 그 후 거품이 꺼질 때도 완만한 감소를 보였다.

그 호황 동안 주택 가격은, 로버트 실러가 표현한 대로 "매력적인 대도시들"에서 정말 비정상적으로 상승했다. 런던, 시드니,

파리, 뉴욕, 보스턴, 모스크바 등은 국제적인 주택 시장에 참여하고 있다. 이런 곳들은 그 나라의 수요뿐만 아니라 다국적 부자들의 흥미나 안전한 금융 피난처를 위한 수요로 인해 가격이 상승한다. 경제 저널리스트인 파이살 이슬람Faisal Islam이 쓴 것처럼 "특히 런던은 러시아의 과두정치 지배자들에서부터 아랍의 석유 왕자들에 이르기까지 세계에서 가장 부유한 사람들이 선호하는 거주지가 되었다."[12] 이러한 국제적인 압력은 결국 그 국가의 시장에 영향을 준다. 주요 중심부들의 가격 상승이 국가 경제 전반에 걸쳐 영향을 주기 때문이다.

국제 시장이 국내 주택 시장에 미치는 잠재적인 영향은 비교적 새로운 것이다. 로버트 실러는 그의 획기적인 역사적 주택 가격 데이터 분석에서, 주택 가격은 일반적인 인플레이션을 통제한 후에 비교적 오랫동안 변동이 없다는 것을 보여주었다. 그리고 주택 그 자체에는 가격에 포함되어야 하는 표준적인 편의 시설들의 목록(예를 들어 흐르는 물, 전기, 차고 등)이 점점 더 늘어나고 있다는 사실도 보여주었다. 과거에도 주택 거품이 많이 있었다. 하지만 그것들은 지역적이었고, 또 새로운 철도 노선의 도입 같은 지역의 발전과 관련이 있었다. 주택 가격에 대한 국제적인 압력은 21세기의 새로운 세상을 반영하는 것이다. 그리고 그 세상은 정보 전달과 부의 이전이라는 측면에서 훨씬 더 밀접하고 상호 연결되어 있는 곳이다. 주택은 오랫동안 중산층이 돈을 모으기 위한 훌륭한 투자처로 여겨져왔다. 이제 개인 구매자들은 주택을 집의 기본적인 욕구들이 전부 모이는 곳으로 볼 뿐만 아니라 투기성이 있는 투자처로도 본다. 실러는 다음과 같이 썼다. "다른 시장뿐 아니라 주택 시장에서 투기적 부문의 역할이 점점 커짐에 따라 이제 우리의 삶은 근본적으로 변화되었다."[13]

2000년대의 주택 거품은 다른 금융 거품과 다르지 않았고, 아마도 금융 거품의 잠재적인 근본 원인들이 일부 공유되고 있었을 것이다. 로버트 실러가 볼 때 야성적 충동은 이러한 상황에서 그 역할을 했다. 셀 수 없이 많은 상황에서 그랬던 것처럼 말이다. 주택 시장에서의 투자 성공담이 확산되면서 주택 구매에 대한 긴박한 분위기가 조장되었다. 주식 시장에서 촉진된 낙관주의가 주택 시장으로 확산되었다. 주택을 항상 실제보다 더 좋은 투자로 보이게 하는 화폐 착각은 주택을 안전한 투기 수단으로 생각하게 만들었다. 토머스 소얼Thomas Sowell 같은 보수적인 경제학자들에게는 지방 정부에 의한 주택의 수요와 공급이라는 인위적인 조작이 문제의 원인이었다. 일부 지역에서는 발전을 저지하거나 자연 환경의 보존을 장려하는 토지 사용 제한법이 주택 공급의 확장을 제한하여 가격 인상을 부채질했다. 주택 개발에 좀 더 자유방임주의적인 접근법을 취하는 도시들은 (항상은 아니지만) 일반적으로 좀 더 약화된 호황과 불황을 겪었다. 또한 소얼은 몇몇 시장에서 개별 주택 소유자들보다는 투자자들이 이 거품의 주요 요인이었다고 지적한다.

2000년대의 주택 거품에 대해 거의 모든 경제학자와 저널리스트, 그리고 다른 전문가 들이 동의하는 지점은 대출 기준의 완화와 프라임 및 서브프라임 모기지를 둔감한 투자 도구로서 판매한 시스템이 주택 가격의 붕괴에 중요한 역할을 했다는 것이다.(서브프라임 모기지란 주택 담보 대출에서 심사에 통과하지 못거나 신용 등급이 낮은 사람들을 위한 대출이다.—옮긴이) 미국 정부는 1999년에 제정된 정부 정책을 통해 준정부기관 성격의 모기지 회사들로 하여금 저소득층 가정이 구매할 수 있도록 만든 모기지 비율을 높이라고 지시했다.[14] 실제 현장에서 이와 같은 정책들은, 주택 및 기타 시장의 번창에 대한 낙관주의와 더불어 금융기관이 새로운 모기지 판매에 열을 올리도록 장려했다. 동시에 금융기관은 채무자들이 장기적으로 돈을 상환할 수 있는 능력에 대해 걱정을 덜 하게 되었다. 이 기간 동안 (미국과 다른 국가들에서) 신용한도의 대폭 증가와 그에 상응하는 대출 기준의 감소가 있었고, 이는 서브프라임 대출의 위험한 확대로 이어졌다. 다시 말하지만, 금융기관의 경우 새로운 모기지의 판매에 대한 강조는 채무자들의 지불 능력에 대한 우려보다 중요했다. 이는 몇몇 지역에서 '약탈적 대출(상환 능력이 없는 사람에게 돈을 빌려주고 높은 수수료를 물리는 등의 방법으로 채무자에게 손해를 끼치는 대출—옮긴이)'이 확산되는 결과를 낳았으며, 서브프라임 대출자들은 그들이 실제로 감당할 수 없는 모기지의 희생양이 되었다.(그리고 거품이 터졌을 때 그것은 재정적으로 재앙이었다는 사실이 증명되었다.) 한 가지 의문이 든다. 약탈적인 가계 대출기관의 먹이들이 왜 그렇게 쉽게 생겼을까? 그저 그들의 탐욕이나 절박함 때문이었을까? 아니면 다른 이유가 있었을까?

내 집 마련이라는 이념

우리는 대부분 '인터넷 밈internet meme(인터넷에서 이미지나 동영상 등의 형태로 급속히 확산되어 사회 문화의 일부로 자리 잡은 소셜미디어 활동—옮긴이)' 개념을 잘 알고 있다. 누군가 패스트푸드 카운터에서 일명 '시체놀이planking'란 것을 하고, 그것을 찍은 동영상을 공공 또는 소셜 미디어 사이트에 업로드한다. 다른 사람들이 그 영상을 보고 따라한 후 그 모습을 더 많은 사이트에 올린다. 당신이 미처 알기도 전에 그 활동은 전 세계로 유행처럼 번져나간다. 또 다른 인터넷 밈이 탄생한 것이다.

진화생물학자 리처드 도킨스Richard Dawkins는 **밈**이라는 용어를 수십 년 전에 만들었지만, 밈 자체는 인터넷 시대가 올 때까지 널리 확산되지 않았다.[15] 도킨스의 개념 속에서 밈은 유전자와 유사한 것이었다. 유전자처럼 자연선택을 비롯한 진화적 힘의 대상이 되는 이 자기 복제자는 생물학적 환경보다 문화적 환경 속에 존재한다. 비록 밈이 문화적 환경을 통해 퍼져 나가고 다른 밈들과 경쟁하며 자신을 다소 매력적으로 만드는 변화나 돌연변이를 겪기도 하지만, 그것을 최종적으로 선택하는 환경은 인간의 뇌다. 이것은 우리 마음의 근본적인 인지 충동과 선호에 호소하는 문화적 밈이 매우 강력하고 중요하며 널리 퍼져 있을지도 모른다는 의미다. 예를 들어 종교적 신념 체계와 관련된 진화적 '밈 복합체 memeplex(서로 협력적인 밈들의 집합—옮긴이)'에 대한 많은 연구가 있어 왔고, 그것은 분명히 우리 종 전체에 있어서 매우 중요하다.[16]

나는 적어도 미국과 영국, 그리고 몇몇 다른 나라들에서 중요한 또 다른 밈은 '집 소유권은 좋다.'는 생각이라고 본다. 특히 이것은 고전적인 밈이 될 수 없다. 왜냐하면 집 소유권은 비교적 현대의 자본주의 경제에서 나온 개념이기 때문이다. 반면 사람들이 어떻게든 그들이 사는 (생활공간이나) 구조물들을 통제하고 보유한다는 생각은 아마도 훨씬 더 오래되었을 것이다. 실제로 집의 느낌들의 일부가 되는 안전과 안정성은, 법적 혹은 경제적 의미에서의 소유권이 아니더라도 어떤 구조물을 보유하고 있다는 감각에서 비롯될 수 있다.

　미국은 건국 초기부터 개인의 자기 결정권을 강조했다. 그러니 미국이 집 소유권의 이념을 육성하는 것은 당연해 보인다. 점점 확장되던 개척지의 농부들은 자신의 토지를 소유함으로써 토지 소유자들의 봉건적 감독으로부터 벗어나 자신들의 운명을 관리할 수 있었다. 농장이 집인 동시에 사업 공간이라는 점은 농장 거주자들이 그 소유권을 얻으려 하는 경향을 부추겼다. 역사학자 로런스 베일Lawrence Vale이 지적하듯이, 19세기 후반엔 점점 더 많은 미국인들이 마을과 도시에서 살게 되었고 자신이 일하는 지역에서 사는 사람들은 계속 줄었다. 그럼에도 불구하고 개척자 정신은 여전히 유지되었으며, 미국인들은 여전히 집 소유권은 좋은 것이라는 생각을 공유했다. 1880년에는 보스턴 주민의 7퍼센트만이 집 소유자였다. 하지만 그 숫자는 1900년에 25퍼센트, 그리고 1910년에는 35퍼센트로 증가했다.[17] 이러한 증가는 기존의 도시 중심지에서 멀리 떨어진 교외와 인근의 새로운 지역들의 개발로 가능했다.

　20세기 초에 농장이 아닌 집의 소유권은 미국 정부 차원에서 벌이는 주택 정책의 원동력이 되었다. 토지용도지정법과 세법은 집 소유권을 더욱더 장려했다. 그리고 부동산 중개업과 건축업 관련 단체들은 미국적 가치에 대한 신격화로 집 소유권을 추켜세우기 시작했다. 베일이 쓴 것처럼, "집은 무정부주의적 노동조합 운동이나 다른 사회주의 혹은 공산주의 운동에 대한 개인주의의 우월성으로 찬양될 수 있었다."[18] 이것들은 모두 1920년대 초 전미 부동산협회에 의해 시작된 특별한 홍보 캠페인으로 합쳐졌는데, 여기에는 미국 노동부와 다른 단체들도 참여했다. '나만의 집을 갖자' 캠페인은 집 소유권을 사실상 애국적인 의무로 만들었다. 뿐만 아니라 집 소유권은 남자다움 및 권력과 동일시되었다. 19세기의 늠름한 개척자들이 20세기 교외의 단층집에서 다시 태어난 셈이었다. 이 캠페인과 다른 관련 정책의 발안은 임대나 임차를 폄하했으며, 빈민가 빈곤층의 곤경을 해결할 방법은 거의 제공하지 않았다.(이들은 사실 비난의 대상이었다.) 주택에 대한 정부의 역할은 주 제공자가 아니라 그저 조력자로만 보였다.

'나만의 집을 갖자' 캠페인은 여론을 반영하는 동시에 형성했다. 우리는 2000년대 미국 주택 거품에 존재하는 집 소유권에 대한 이념이, 문화뿐만 아니라 수십 년간의 정부 정책에도 그 깊은 뿌리를 두고 있었다고 본다. 영국에서 20세기의 집 소유권은 민주주의의 토대로 여겨졌다. 마거릿 대처는 '재산-소유 민주주의'를 환영했고, 대처의 지도 아래 정부 소유의 거주지 200만 채가 민간 구매자들에게 팔렸다. 대처가 집권했던 1980년대 이후 영국 정부들은 연이어 집 소유권을 적극 장려했다. 이러한 정책은 일시적으로 집 소유권을 확대하는 반면 엄청난 가격 상승을 지원하는 이중 효과를 가져왔다. 이것은 수년 동안 나쁜 소식으로 여겨지지 않았다. 파이살 이슬람이 말한 것처럼, "주택은 빠른 가격 상승이 항의보다 축하를 받는, 인간의 유일한 기본 욕구다."[19]

집 소유권 밈의 힘은 주택 붐이 일어나는 동안 일부 사람들이 약탈적인 금융 기관들로부터 공격당하기 쉽게 만들었다. 고객들의 절박함을 노리는 금융 기관은 전혀 새롭지 않다. 악덕 사채업자들은 오래전부터 범죄조직의 토대가 되었다. 수표를 현금으로 바꿔주는 점포들과 고리대부업체들은 돈이 급하게 필요한 사람들한테서 돈을 벌었다. 그리고 전당포 주인들은 항상 주변에 있었다. 하지만 주택 구입 자금을 빌려주는 금융 기관은 다르다. 아니, 적어도 지금까지는 그랬다. 영국 어느 은행 임원의 말을 바꾸어 말하면, 서브프라임 대출 붐 동안 모기지 금융 기관들은 (적어도 실제로 대출금을 갚을 수 있는지 따져보면서) 고객의 이익을 앞장서서 알아봐주는 의사처럼 행동하는 데에서, 고객들이 그것을 감당할 수 있는지 여부와는 상관없이 더 많이 술을 먹이려 드는 바텐더처럼 바뀌었다. 미국의 주택 붐 기간에 조사된 통계를 살펴보자. 서브프라임 대출은 캘리포니아, 플로리다, 네바다, 애리조나의 과열된 주택 시장에서 가장 흔한 것으로 나타났으며, 2005년에는 신규 모기지가 100가구 당 5개에서 10개 정도를 차지했다. 또 서

브프라임 대출은 아프리카계 미국인과 히스패닉계 인구가 많이 살고 있는 지역에 집중되어 있었다.[21]

서브프라임 모기지라 하더라도, 모기지를 받을 수 있는 위치에 있기 때문에 구매자들은 대체로 수입이 약간은 있다. 그리고 확실히 집은 있다. 그들은 경제적으로 바닥을 친 것과는 거리가 멀다. 비록 그들이 평균보다 더 가난하거나 신용이 나쁠지는 몰라도, 재정적으로 그렇게 절박한 상태는 아니다. 경기 호황 동안, 서브프라임 대출자들이 그들의 금융 기관들에게 취약했던 것은 재정적 도움이나 해결책의 즉각적인 필요성 때문이 아니었다. 대신 그들은 저금리나 적어도 금리가 낮아 보이는 돈(화폐 착각을 기억하라.), 그리고 주택 시장 붐에서 얻을 수 있는 상당한 금융적 이익의 가능성에 유혹되었다.

피식자는 여러 이유로 포식자에게 취약해진다. 대출자들이 왜 감당할 수 있는 것보다 더 많이 빌렸는지, 그 탐욕을 비난하기는 쉽다. 하지만 나는 두려움도 중요한 요소였다고 생각한다. 아직 자신의 집이 없는 저소득층과 신용불량자에게는 부동산 시장의 붐이 집 소유자들의 대열에 합류하거나 재합류할 가능성을 더욱 멀어보이게 했을 것이다. 우리가 살펴보고 있는 것은 매우 강력하고 널리 퍼져 있는 집 소유권 밈, 즉 집 소유자가 되지 못하면 민주주의 사회에서 완전한 참여자가 될 수 없다는 것이다. 집을 소유할 수 없다는 두려움, 시장에서 영원히 배척당할 수 있다는 두려움은 집을 **당장** 사야겠다는 훌륭한 동기가 된다.

미국 북동부의 대도시들 같은 일부 지역에서는 임대를 집 소유에 대한 수용 가능하고 현실적인 대안으로 오랫동안 받아들여 왔다. 서브프라임 위기가 이러한 지역에서 큰 위기가 아니었다는 건 아마 놀랄 일이 아닐 것이다. 대신 선벨트에 위치한 주들은 큰 타격을 받았다. 여기에선 부동산 시장이 지역적으로 팽창해 있었고 신규 주택들이 다량 건설되었다. 그리고 그 지역으로 이주해서 사는 사람들도 많았다. 그 지역들은 미국 생활의 새로운 변경을 구성했다. 집 소유권 믿은 이러한 지역에서 더 강력할 수 있으며, 그것을 누리지 못할 때 그 실패가 더 크게 느껴졌다. 집 소유권이라는 개념은 문화적으로 구성되지만, 집과 관련된 느낌들의 힘은 훨씬 더 깊이 움직인다. 그것들은 우리의 정서에 영향을 주고, 그 다음엔 재정적이든 다른 것이든 우리의 의사결정 능력에 영향을 준다.

자신감과 안심 착각

심지어 경제학자들도 물리적 피난처로서의 주택에는 금융적 가치 이상의 것이 있다는 점을 알고 있다. 토머스 소얼이 쓴 것처럼, "'집'은 결국 물리적 또는 경제적 의미와는 별개로 정서적 함축성을 지닌 단어이다."²² 소얼도 이렇게 말함으로써 정부 차원에서 이루어지는 주택 정책의 결정들이 종종 정서적 압력과 이념적 비전에 기초한다는 점을 강조한다. 집 구매자 개인의 차원에서 정서는 분명 중요한 역할을 한다. 앞서 논의했듯이 붐 기간에 주택 시장에서 배척당할 수 있다는 불안감은 조건이 꽤 위험한 대출을 받을 것인지 말 것인지의 결정에 영향을 줄 수 있다. 대출 조건을 잘 알고 있더라도 그렇다.

붐 기간에 두려움이나 불안감에 따라 행동하는 것도 좋지 않지만, 주택 구매자 입장에서 이때 더 위험한 느낌은 자신감일지도 모른다. 조지 애컬로프와 로버트 실러는 자신감, 더 정확히 말해서 자신감 과잉은 붐 시장에서 중요한 역할을 하는 야성적 충동의 하나라고 주장한다. 붐 동안 일어나는 일들 중 하나는 환경과 상황이 자신감의 기준선을 높인다는 것이다. 이러한 증폭기나 배율기들은 자신감을 자신감 과잉으로 바꾼다. 그래서 가격 상승을 부채질하고 투자자들의 위험 회피 수준을 낮춘다.

이렇게 자신감을 증폭시키는 것들은 무엇일까? 1980년대에서 2000년대까지 실시한 일련의 조사를 통해 실러는 이 기간 동안 주식과 주택에 대한 투자자들의 자신감이 일반적으로 증가했다는 것을 발견했다. 비록 붐이 쇠퇴하는 시기에는 다소 떨어지기는 했지만 말이다.[23] 이러한 데이터가 보여주는 것은 사람들의 관점이 그들의 경험을 반영한다는 것이다. 다시 말해서 그들의 낙관론이나 비관론은 광범위한 역사적 경향을 이해함으로써 강하게 형성되는 게 아니라는 것이다. 실제로 실러는 지속적인 낙관적 편향을 확인했다. 투자자들은 하락하는 시장은 몇 년 안에 회복될 거라고 믿으려 하지만, 급속히 성장하는 시장은 쉽게 하락하지 않을 거라고 믿으려 한다. 또 급속히 발전하는 시장은 다수의 성공 사례들을 만들며, 이는 다시 투자자의 자신감을 고취시킨다. 실러는 경제적 거품이 "자연적으로 발생하는 폰지 사기(신규 투자자의 돈으로 기존 투자자들에게 이자나 배당금을 지급하는 다단계 금융사기—옮긴이)"와 같다고 말한다. 투자자들은 사기꾼들의 조작된 이익이나 '성공담'에 현혹되기보다, 실제 단기 이익과 그런 이익의 홍보로부터 용기를 얻는다.

투자자의 자신감을 보는 실러의 관점은, 대니얼 카너먼이 말한 "당신에게 보이는 것이 세상의 전부이다.What You See Is All There Is, WYSIATI" 법칙과 잘 들어맞는다.[24] 이 법칙의 핵심은 사람들이 그들에게 유용한 증거에 기초하여 판단하는 경향이 있다는 것이다. 이때 그 증거가 특별히 믿을 만한 것인지 또는 종합적인 것인지는 상관이 없다. 사실 카너먼은 대부분의 사람들이 판단을 내릴 때 자신이 중요한 증거를 누락할 수도 있다는 점을 인정조차 하지 않는다고 말한다. 이 말은 무지가 반드시 자신감의 근원이라는 게 아니다. 오히려 우리의 직관적인 사고는 의심과 모호함의 은폐에 달려 있다는 것이다. 카너먼의 말처럼, 사람들이 자신의 신념 속에 갖고 있는 주관적인 자신감은 "보이는 것이 거의 없더라도 자신이 보는 것에 대해 말할 수 있는 이야기의 질(내용)에 대체로 달려 있다."[25]

인간의 인지적 진화는 대부분 WYSIATI 세상에서 일어났다. 우리의 진화 기간 동안 사람들의 세계에 대한 이해는 그들 자신의 경험 및 가까운 친척들의 경험에 기초했다는 뜻이다. 동물학적 차원에서 인간의 언어는 전례 없는 수준의 정보 전달과 축적을 가능하게 한다. 그러나 우리의 진화 과정 대부분 동안, 그 유용한 정보는 오직 직접 얻거나 가까운 관계에 있는 사람들의 집단 사이에서만 공유될 수 있었다. 지금과 같은 정보화 시대에 전통적인 수렵채집인 집단이 보유할 수 있는, WYSIATI에 기반을 둔 정보의 총량은 상당히 빈약한 것처럼 보일 수 있다. 하지만 그 정보의 양은 다른 동물들이 얻을 수 있었던 정보의 양을 훨씬 능가한다는 걸 명심해야 한다. 정보를 저장하고 처리하는 우리의 능력은 우리를 우리 고유의 인지적 지위에 올려놓았다.

집에 대한 우리의 느낌은 진화적으로나 개인적으로나 모두

WYSIATI 세상의 산물이다. 우리가 살고 있는 곳과 관련된 안심, 안정, 안전에 대한 느낌들은 직접적인 경험에 의해서만 실제로 얻을 수 있다. 우리가 이러한 느낌들을 형성하도록 만든 진화적인 환경은 전적으로 지역적이며 즉각적이었다. 집에서 얻는 안심과 안전의 느낌이 그랬던 것처럼 말이다. 전통적인 세계에서 집은 혹독한 날씨와 질병, 그리고 다른 인간 집단에 의한 공격 등 가장 위험한 위협들에 대해 진짜 방어를 제공하지 못했다. 이것은 집에서 얻는 안정, 안전, 통제의 느낌들이 허황되다고 말하는 것이 아니라 제한적이었다고 말하는 것이다.

과거에는 집 소유권이 안정과 안전, 즉 집과 연관된 느낌들을 반영하는 가치들을 강화시켰기 때문에 권장되었다. 그러나 20세기 후반 미국, 영국, 그리고 다른 나라들에서 자가 주택은 저축만큼이나 투기와 관련되게 되었다. 이런 환경에서 집의 느낌들은 과열된 시장에서 구매자들의 참여를 부채질하는 또 다른 자신감 증폭기들과 합쳐졌던 것 같다. 부동산 투자자들이 이러한 붐 속에서 가격을 올리는 데 중요한 역할을 했을지도 모른다. 하지만 그다음에 자가 주택 소유자들은 종종 큰 재정적 위험을 감수하고서 이러한 흐름에 참여하라는 압박을 받았다. 약탈적 대출을 비판하는 사람들이 지적하듯이, 많은 대출자들은 그들이 다루고 있는 위험성을 이해하지 못했거나 아니면 그 위험성들에 대해 의도적으로 오도되었다. 하지만 실러와 카너먼이 분명히 하듯이 자신감 과잉이 나올 수 있는 근원들은 많이 있으며, 그것은 우리의 직관적인 의사결정이 어떻게 형성되는지를 알려준다. 집과 주택 사이에는 인지적으로 겹치는 부분들이 있다. 때문에 집과 연관 지어 생각하는 통제와 안심의 느낌들은, 우리가 주택 모기지에 서명할 때(특히 예를 들어, 원금과 이자를 몇 년간 최소한만 갚다가 만기 때 일시불로 상환하는 방식으로 서명할 때) 재정적 위험을 덜 인식하도록 만들 수 있다. WYSIATI 세상에서 집은 우리를 보호한다. 하지만 이것은 고위험의 재정 상황에선 안심 착각이 될 수 있다.

공공주택이라는 암울한 이야기

애컬로프와 실러의 야성적 충동 다섯 가지 중에서, 경제의 주기적인 변화를 추동하는 심리적 근원은 바로 이야기이다. 붐 속에서 다른 사람의 성공과 관련된 긍정적인 이야기들은 성장하는 시장에 대한 참여를 계속 부채질했다. 어느 누구도 잠재적으로 큰 수익을 놓치거나, 가격이 천정부지로 오를 때 뒤처지고 싶어 하지 않는다. 반대로 부정적인 이야기들은 하향 추세를 가속화하거나 회복을 방해해 경제에 어두운 영향을 줄 수 있다. 2008~2009년의 불경기 이후와 같은 경기 침체 속에서, 자신감 부족은 자신감 과 잉보다 더 큰 피해를 줄 수 있다. 사람들은 친구와 가족의 일시적 인 해고, 부동산 가치의 하락, 신용 회복의 어려움에 대한 이야기를 듣는다. 불필요한 우려를 자아내는 정치적인 논쟁들은 만약 이쪽이든 저쪽이든 어떤 결정이 날 때 일어날 수 있는 끔찍한 일들에 대한 이야기들을 퍼트린다.[26] 사람들이 이런 부정적인 이야기를 자주 할 때 소비와 투자는 필연적으로 어려워진다.

이야기가 왜 그렇게 중요할까? 인류학자 로빈 던바Robin Dunbar는 언어 진화의 기원이 사람에 대한 이야기(즉 가십)를 말하는 중요성으로까지 거슬러 올라갈 수 있다고 가설을 세웠다.[27] 대부분 영장류에서 상호 간의 털 손질은 집단의 응집력과 안정성을 향상시킨다. 던바는 증가된 집단 크기를 감안할 때 언어가 우리 선조들의 털 손질을 대신했다고 제안한다.(왜냐하면 언어는 일대일 접촉이 필요하지 않기 때문이다.) 언어는 물론 모든 사물과 개념에 대한 정보를 전달하는 데 사용될 수 있지만, 던바의 연구는 사람들이 다른 사람들에 대해 이야기하면서 가장 많은 시간을 보낸다는 것을 보여준다.

가십이 언어의 진화 뒤에 숨겨진 주된 요소가 아니더라도(언어의 진화가 어떻게 일어났는지에 대한 의견들은 아주 많이 있다.)[28] 다른 사람들에 대해 이야기하는 것은 의심할 여지없이 사람들이 언어 호모 에코노미쿠스는 집을 느낄 수 있을까?

를 사용하는 가장 주요한 방법 중 하나이다. 문학자 브라이언 보이드Brian Boyd에 따르면, 스토리텔링은(또는 의사소통에서 이야기의 사용은) 진화를 거듭한 끝에 사람들이 서로에게 정보를 전달하는 가장 중요한 방법이 되었다. 물론 우리는 꼭 정보와 사실을 이야기 안에 담지 않고서도 그것들을 공유할 수 있고, 여러 다양한 정보들은 심지어 비언어적인 방식으로 전달될 수도 있다. 하지만 보이드가 지적한 것처럼, 이야기는 우리가 뇌의 복잡한 인지 능력을 최대한 활용할 수 있게 해준다. 그는 이렇게 썼다. "이야기를 통해서 우리는 우선 다른 사람들과 경험을 공유할 수 있다. 그리고 그들은 미래의 행동에 대한 그들 자신의 추론에서 가장 도움이 된다고 생각하는 것을 다른 사람들에게 전할 수 있다. [⋯⋯] 이야기를 통해서 우리는 현재와 자아의 한계에서 부분적으로 벗어날 수 있다."[29] 그리고 보이드도 지적하듯이, 이야기는 또 우리가 실제의 사물과 사건으로부터 자유로울 수 있게 해준다. 동시에 이야기는 상상적인 것들이 중요하고 유용한 세상으로 가는 문을 열어준다.

정서적인 내용을 담은 이야기는 우리에게 가장 강하게 울려 퍼진다. 반대로 우리가 우리의 가장 중요한 정서적 관계들을 기존의 이야기에 일치시키는 것도 사실일 수 있다. 심리학자 로버트 스턴버그Robert Sternberg는 이야기가 커플의 관계를 형성한다고 제안한다.[30] 어느 누구도 새로운 관계를 백지 상태로 두지 않는다. 기

231

대, 선호, 경험, 문화적 전통 등은 모두 다른 누군가와 관계를 맺을 때 개인의 잠재적인 이야기 형성에 기여한다. 스턴버그는 이러한 이야기들이 관계를 맺는 과정에서 바뀔 수 있고 더 정교해질 수도 있지만, 한 파트너가 다른 파트너를 바라보는 구조는 계속 유지된다고 주장한다. 성공적인 관계를 맺고 있는 커플들은 이야기들을 꽤 다양하게 할 수 있다. 하지만 그들은 서로 사이좋게 지낼 수 있는 이야기들이 필요하며, 관계의 파트너들은 그들에게 기대되는 역할을 다 해내야 한다. 스턴버그는 잠재적으로 무한하게 다양한 관계 이야기들이 있다고 말한다. 중요한 것은 사람들이 모두 어떤 종류든 관계 이야기를 갖고 있다는 것이다.

이야기는 사람들이 어떻게 의사소통하는지, 그리고 그들의 다양한 관계들에 대해 어떻게 생각하는지에 아주 중요하다. 때문에 애컬로프와 실러가 이야기를 경제적 붐과 불경기 순환의 밑바탕이 되는 야성적 충동의 하나로 인식한 것은 그리 놀랍지 않다. 정보의 확산, 그리고 어쩌면 더 중요하게도 허위 정보의 확산은 이러한 순환에 연료를 공급한다. 개인적 차원에서 이야기는 분명 정보를 얻을 수 있는 가장 효과적인, 그리고 심지어 가장 자연스러운 방법이다. 우리는 캘리포니아에서 천정부지로 치솟는 주택 가격에 관한 기사를 읽을 수도 있다. 하지만 친구가 와서 자신이 단지 1년 동안 소유했던 집의 순수가치equity로 어떻게 10만 달러를 빌렸는지 이야기한다면, 당신의 관심을 끄는 건 바로 그 정보다.

　이제 공공주택으로 넘어가자.(아쉽지만 순수가치의 증가는 여기서 다룰 내용이 아니다.) 여기서의 이야기는 아주 암울해서, 다음과 같은 제목들을 만나게 된다. D. 브래드퍼드 헌트^{D. Bradford Hunt}의 『재난을 위한 청사진: 시카고 공공주택의 파탄』, 로런스 J. 베일의 『빈민의 추방: 공공주택과 두 번 뒤엎인 지역사회의 설계 정책』과 『청교도에서 주택공영단지까지』, 그리고 수디르 알라디 벤카테시^{Sudhir Alladi Venkatesh}의 『미국의 주택단지: 현대 빈민가의 흥망성쇠』. 모두 미국의 공공주택에 대해 말하고 있는 이러한 책들은, 특히 20세기 후반 부분에는 대부분 실패, 파괴, 손실 중 하나를 이야기한다. 이러한 이야기들에는 분명 영감을 주는 개인들이 등장하지만, 대부분 좋은 의도를 실행 가능한 해결책으로 바꾸지 못한, 헛된 노력의 본보기들이다. 이러한 책들은 현실적인 문제들을 다룬다. 하지만 이것들은 현대 사회에서 집의 불일치하는 역할을 이해하는 데 중요하다.

　로런스 베일은 미국 다른 도시들의 경험을 반영한 보스턴의 공공주택에 대한 훌륭한 연구에서 지역사회와 정부, 그리고 그 지역에서 가장 가난하고 가장 안 좋은 집에 사는 지역 주민들 간의 복잡한 관계를 자세히 설명한다.[31] 현대 자본주의 경제가 발전하기 전, 미국은 개인들의 나라였기 때문에 의존은 항상 의심의 눈길을 받았다. 예전에는 너무 가난하거나 허약해서 스스로 집을 지을 수 없는 사람들을 돌보는 것은 전적으로 지역사회의 문제였다. 지역사회에서 어려운 시기를 겪고 있는 친숙한 구성원들에 대한 기독교적 자선과 위로는 가장 가난한 사람들의 머리 위에 일종의 지붕이 있는 것처럼 보이게 했다. 1820년대에 정부는 '가치 있는' 가난한 사람들과 덜 가치 있다고 여겨지는 가난한 사람들을 재편성하고, 그들에게 거처할 곳을 주는 좀 더 체계적인 접근을 취했다. 많은 도시들 안팎으로 거대한 빈민구호소와 구빈원, 고아원이 세워졌고, 이때 교도소와 정신병동도 함께 만들어졌다.

엄격한 개인주의와 집 소유권이 찬양되는 나라에서, 주택 지원이 필요한 사람들 중에 '가치 있는 가난'이 있다는 개념은 다소 모순적이었다. 그렇기는 하지만 정부는 저렴한 주택 공급이 유급으로 고용된 책임감 있는 지역사회 구성원들의 문제도 될 수 있다는 것을 인식했다. 로렌스 베일은 20세기 미국 공공주택의 역사를 세 가지 "실험experiment"으로 구분한다.[32] 대공황이 있었던 1930년대 첫 번째 실험 기간에, 공공주택 프로그램은 중산층보다 "아래", 즉 중산층으로의 열망을 지닌 하위 계층을 대상으로 삼았다. 공공주택에서 살 수 있는 사람의 자격에는 소득의 문턱이 놓였다. 그리고 이와 더불어 인종이나 민족, 시민권, 그리고 가족 구조(미혼모는 지원할 필요가 없었다.)와 관련된 문턱 또한 강요되었다. 1950

년대까지 공공주택의 거주자들은 전형적으로 부모가 모두 있는 백인 가족이었고, (소방관이나 경찰관처럼) 중산층 아래의 직업에 종사하는 사람들이었다.

1950년대에 백인 중산층은 도시 중심지에서 외딴 교외로 이동하기 시작했고, 도시의 주택관리부는 자신들의 도시를 '허용할 수 있는' 후보들로 채우는 데 점점 더 어려움을 겪었다. 동시에 시민권 운동은 도시 거주자들 모두에게 제대로 된 주택을 공급하라고 압력을 넣었다. 그래서 공공주택의 두 번째 실험이 시작되었다. 그것은 점진적 발전을 다소 줄이고 복지 임무를 더 많이 수행하는 것이었다.

슬럼이나 빈민가를 없애는 것은 오랫동안 많은 공공주택 계획의 일부였다. 이런 계획은 때때로 돈 되는 개발을 위해서이기도 했지만, 가난한 사람들에게 더 좋고 더 현대적인 거주지를 제공하기 위해서이기도 했다. 1950년대와 1960년대 동안, 처음 보는 형태의 고층 건물이 들어선 저소득층 주택단지는 좀 더 현대적인 주택의 전형이었다. 이렇게 처음부터 계획적으로 지은 주택단지는 효율적인 동시에 건물들 사이로 넓고 열린 공간들도 갖춰져 살기 좋은 주거지를 의도했다. 불행하게도 이 거대한 계획들은 대부분 적절한 자금 지원을 받지 못했다. 그리고 이 주택단지를 유지하고 관리하고 단속하는 일은 악몽이라는 것이 드러났다. 게다가 이러한 주택단지로의 빈곤 집중은 가히 충격적이었다. 1992년까지 공공주택 거주자의 4분의 3이 고용에서 수입을 얻지 못했다.[33] 시카고의 악명 높은 '로버트 테일러 주택단지'에서는 거주민 95퍼센트의 유일한 수입원이 정부의 사회 복지 지원금이었다.[34] D. 브래드퍼드 헌트는 시카고 공공주택의 역사를 기술한 자신의 책에서 "분명 그것이 최종적인 결과이기는 했지만, 그래도 매력 없는 '수직적 빈민가'에 저소득층을 '수용할'" 의도는 없었다고 썼다.[35]

유지 보수를 위한 자금 부족으로 인해, 이러한 고층 건물 주택단지의 실제적인 감소는 1960년대에 건설된 직후 거의 바로 시작되었다. 하지만 그 주택단지에서의 삶의 질도 꼭 그렇게 빨리 떨어진 건 아니었다. 사회학자 수디르 알라디 벤카테시가 로버트 테일러 주택단지를 연구한 역사적인 민족지에서 밝힌 것처럼, 많은 거주자들이 낙관적인 자세로 1970년대에 들어섰다.[36] 세입자와 도시, 연방주택당국 간의 의사소통과 서비스의 단점은 '지역자문위원회'가 설립되면서 해결되었다. 이러한 지역자문위원회는 거주자들에게 힘을 실어주면서, 그들에게 건물과 생활 관리에 대한 발언권을 주었다. 하지만 1970년대와 1980년대를 거치면서 직면한 경기 침체, 그리고 그 주택단지가 가난한 사람들 중에서도 가장 가난한 사람들을 위한 저수지가 되고 있다는 사실은 모두 극복하기 어려웠다. 결국 이 주택단지는 폭력 조직과 범죄에 의해 장

악되었다.

1980년대의 공공주택 '실패'는 폭넓게 인지되었고 베일이 말한 세 번째 실험을 이끌어냈지만, 사실상 이것은 후퇴나 마찬가지였다. 미국의 공공주택 수는 1991년 140만 가구로 최고조에 달했다. 그리고 그 이후로는 계속 감소하고 있다.[37] 이러한 감소를 촉진한 것은 고층 건물 주택단지가 있는 많은 미국 도시들이 자체적으로 계획한 체계적인 철거였다.[38] 사용 가능한 주택이 감소했다는 것은 결국 그곳에 살았던 원래 거주자들 중 상당수가 어디론가 추방되었다는 뜻이다. 베일이 지적하듯이, 이것은 정부가 다시 한 번 그들의 관심을 "가치 있는 가난한" 사람들의 주택에 집중하도록 했다. 그렇게 해서 나온 대체 주택단지는 좀 더 작은 규모에 좀 더 친밀한 주택을 강조한 "새로운 도시화"를 반영했다. 이런 주택단지는 중산층의 "마음에 들고 그들을 안심시키기 위해" 고안되었다. 살아남은 최하층의 사람들은 대부분 그들에게 맞는 저렴한 주택을 찾으면서 자선 프로그램과 정부의 임시직 일들에 의존하고 있다.

그래서 아치 모양을 그리는 20세기 미국의 공공주택 이야기는 무척 슬프다. 하지만 사실 나는 이 거대한 이야기와 관련된 이야기들이 또 몇 개 있다고 생각한다. 우선 그 주택단지 속에서 행복한 이야기들을 찾을 수 있다. 고층 건물 주택 자체가 성공적인 집 생활에 방해가 되지는 않는다. 그리고 뉴질랜드와 같은 나라들에서 공공주택은 약간의 정치적·경제적 갈등에도 불구하고 그것이 성공적으로 그리고 사회적으로 받아들여질 수 있다는 것을 보여준다.[39] 나는 1990년대에 미국에서 뉴질랜드로 넘어가 살았다. 당시 미국에서는 주택단지가 중산층 관찰자들에게 두려움과 혐오의 대상으로 여겨졌다. 나는 뉴질랜드의 많은 중산층이 '국가 주택'의 장점들을 향수에 젖어 늘어놓는 걸 들으면서 깜짝 놀랐다.(당시 국가 주택은 거기에 더 많은 시장 금리를 부과한 일시적인 시도로 인해 정치적 압력을 받고 있었다.) 심지어 그들은 오래된 국가 주택의 구조가 견고하다며 구입하기를 추천했다. 1960년대와 1970년대 초기에 로버트 테일러 주택단지에서 살며 성장했던 사람들과의 인터뷰에서, 수디르 알라디 벤카테시는 그 주택단지를 진정 집으로 느끼고 그 당시를 사랑스럽게 회상하는 사람들이 많다는 것을 발견했다. 환경이 더 위협적으로 변하면서 상황은 바뀌었지만, 한동안은 많은 단점에도 불구하고 그 주택단지가 실패할 운명이라는 것은 확실하지 않았다.

집 소유권 밈은 사람들과 거주지 사이에 있는 경제적 관계에 대한 어떤 이야기를 만들어낸다. 집 소유권은 개인주의, 독립성, 그리고 사회적·경제적 진보의 열망과 밀접한 관련이 있다. 공공주택이 이러한 목표들 중 어느 하나를 달성하는 데 도움이 된다고 여겨진다면, 그것은 이 이야기에서 어떤 역할을 할 수 있다. 하지만 대체로 현재의 공공주택은 아래로 떨어지는 소용돌이의 착륙 지점으로 보인다. 열망은 사라지고 영원히 의존적인 상태 말이다. 이 두 이야기는 조화되기 어렵다. 그리고 1960년대의 거대한 주택 단지의 철거는 연방 및 지방 정부가 대규모의 공공주택을 '아메리칸 드림'이라는 이야기에 맞추려는 노력을 포기했다는 것을 암시한다.

로버트 스턴버그는 이야기가 우리의 로맨틱한 관계에 형태를 부여한다고 말한다. 그리고 나는 이야기가 사람이나 사물, 또는 다른 존재물들과 상관없이 모든 종류의 정서적 관계에 형태를 부여하는 것 같다고 생각한다. 집은 어떤 사람이 장소와 맺는 정서적 관계에 관한 것이다. 그 장소는 한때 소규모 사회에서 주로 피난처이자 거주지였다. 오늘날 우리의 생활공간은 훨씬 더 큰 세상의 일부이고, 경제적 시스템의 중요한 톱니바퀴이며, 정부의 촉진과 규제의 대상이다.

우리의 집과 관련된 개인적인 이야기들은 정부의 주택 정책들에 영향을 받을 것이다. 당신이 가난할수록 이것은 더 진실일 것이다. 20세기 후반 뉴질랜드 같은 나라에서는, 정부가 주민들의 기본적인 욕구를 위해 합리적으로 큰 안전망을 제공해야 한다는 개념이 지지를 얻었다. 그리고 공공주택에 대한 폭넓은 수용이 있었으며, 그곳에서의 거주가 그리 치욕적인 일은 아니었다. 반면 미국에서는 정부가 주택 소유에 대해 공공주택보다 훨씬 높은 보조금을 지급한다.(모기지의 이자세 공제액은 주택도시개발부 예산의 두 배가 넘는다.)[40] 그래서 정부가 제공하는 주택에 공공연하게 의존하는 것은 손상된 환경 안에서 이야기를 만들어내는 일이 된다.

최근 미국에서의 공공주택 역사를 살펴보면, 집의 편안함과 문화적 기대 사이의 갈등이 이러한 공공주택에 영구적인 피해를 입힌 것 같다는 느낌을 받기 쉽다. 1960년대 고층 주택단지의 철거는, 문자 그대로 그리고 비유적으로도 공공주택에 대한 미국 정부의 대규모 투자가 끝났음을 알리는 것처럼 보였을지도 모른다. 하지만 이미 쓰인 이야기들과 다르게, 관계를 형성하는 이야기들은 계속 진행되고 있으며, 바뀌는 상황에 따라서 변경되고 수정될 수 있다. 자본주의적 자유주의 경제에서 최하층 사람들의 주택 문제는 계속 진행 중이다. 그것을 더 좋게 바꿀 수 있을까? 사회학자, 심리학자, 도시계획자, 건축가, 그리고 그 외 여러 사람들은 20세기 후반 공공주택의 실패한 실험들에서 많은 것을 배웠다. 이러한 지식은 공공주택을 새로운 세기에 맞춰 더 나은, 그리고 더 인간 친화적인 형태로 만드는 데 도움이 될 수 있다. 언제나 그렇듯이, 문제는 기본적인 공감과 정책적 의지가 충분히 있느냐는 것이다.

호모 에코노미쿠스는 집을 느낄 수 있을까?

간단하게 대답해서 '아니오'다. 그렇다고 해서 돈을 많이 버는 것
이 물질적으로 더 나은 집 생활과 관련이 없다고 말하는 게 아니
다. 많은 돈은 항상 다양한 곳에 도움을 줄 수 있다. 모기지나 임
대료를 내고, 더 좋은 집을 사고, 더 좋은 가구나 가전제품을 구
입하고, 세금을 지불하거나 더 좋은 현관 혹은 개인 정원을 마련
하고, 재산을 유지할 수 있게 한다. 그리고 도심 지역 이웃들의 감
소로 인해 골칫거리가 된 '깨진 유리창'도 고칠 수 있게 한다. 자유
시장 경제에서 가난은 적절하고 안전한 피난처를 얻는 데 언제나
장벽이 될 수 있다. 그래서 경제학자들이 사랑하는 합리적인 의
사결정 참여자인 호모 에코노미쿠스는, 주머니에 돈이 있기 때문
에 자신의 거주지에 돈을 어떻게 쓸 것인지 결정하는 데 좀 더 나
은 위치에 있을 수 있다.

하지만 대니얼 카너먼, 조지 애컬로프, 로버트 실러가 분명히
밝혔듯이, 호모 에코노미쿠스는 사람들이 현실 세계에서 어떻게
의사결정을 내리고 행동하는지에 대한 모델로서 이따금 부족하
다. 비록 인간의 행동을 설명하기에 다소 제한적인 틀이지만, 우리
는 적어도 때때로 호모 에코노미쿠스라고 말할 수 있다.[41] 또 우리
의 행동은 우리가 사는 사회 규범의 산물이다. 그래서 우리는 호

모 소시올로지쿠스^{Homo sociologicus}라고 불리기도 한다. 그리고 우리의 진화적 과거는 우리의 행동을 형성한다.(그러한 부분은 호모 다위니^{Homo darwini}라고 부르자.)

그래서 호모 에코노미쿠스는 집을 느낄 수 없다고 말할 때, 나는 이 느낌들이 합리적인 인지의 결과로서가 아니라 우리의 진화된 심리라는 다른 부분에서 나온다는 의미로 말하는 것이다. 이번 장에서 논의했듯이 집에 대한 우리의 느낌들은 우리의 경제적 의사결정에 영향을 미칠 수 있다. 예를 들어 자신감을 증폭시키거나 억제할 수 있고, 집을 둘러싼 우리의 정서적인 이야기들의 바탕이 될 수도 있다. 반대로 경제 세계가 집에 대한 우리의 다양한 느낌들을 증폭시키거나 억제할 수도 있다. 우리의 가정적인 안녕이 우리의 물질적 환경의 질에 의해서, 그리고 그것과 함께 따라다니는 경제적 지위와 힘의 모든 측면에 의해서 조금도 영향을 받지 않는다고 말하는 것은 무모할 것이다. 하지만 궁극적으로 집의 느낌은 안에서부터 밖으로 나온다. 흔한 말로, 행복은 돈으로 살 수 없는 것이다. 마찬가지로 부동산 중개인이 뭐라고 하든 간에, 당신은 (더 좋은, 더 큰, 화강암 조리대와 자동화된 난방 시설이 있는) 주택을 살 수 있지만 집을 살 수는 없다. 당신의 진화적인 역사, 문화적 전통, 그리고 개인적인 경험에서 도출된 청사진에 따라서, 그 집은 당신이 스스로 만들어야 한다.

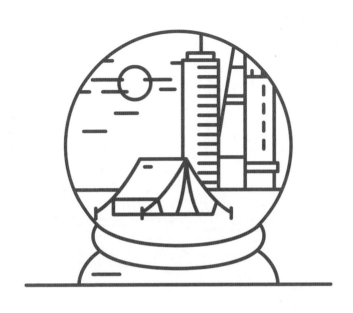

6장

✦

집이 없는 사람들

집이 없다는 것은, 집에 딸린 인지적 및 정서적 부착물들도 모두 없이 사회의 가장자리에 있다는 것이다. 소규모의 전통적 마을에서든 거대한 도시 중심지에서든 그렇다. 자본주의 경제에서 일시적으로 집이 없다는 것은 경제적 실패를 나타낸다. 그리고 만성적으로 집이 없다는 것은 그로 인한 질병이나 상황, 환경에 대한 항복의 표시이다. 집이 없으면 동정이나 지원은 끌어오지만 공감은 거의 받을 수 없다.

1948년 유엔 총회에서 세계인권선언이 채택되었다. 세계인권선언 제25조 1항은 다음과 같다. "모든 사람은 자신과 가족의 건강과 안녕에 적합한 생활수준을 누릴 권리가 있다. 여기에는 음식과 옷, 주택, 의료와 필수적인 사회 서비스가 포함된다. 또 실업이나 질병, 장애, 배우자와의 사별, 고령, 혹은 자신의 힘으로 어찌할 수 없는 환경에서 생계를 꾸릴 수 없을 때 보호를 받을 권리가 있다."[01] 각 나라들은 유엔의 선언과 권고 사항을 받아들일 것인지 말 것인지를 결정한다. 대부분 그렇듯이 이 선언도 일반적으로 무시되어왔다. 분명 주택의 권리는 널리 인정되지 않는다. 예외적으로 스코틀랜드에는 2012년 말부터 주택의 권리를 보장하는 법률이 있다. "본의 아니게 노숙인이 되었다고 평가된 사람들은 모두 [……] 합법적 권리로서 안정된 숙소에 거주할 자격이 주어진다."[02] 스코틀랜드 정부 웹사이트에서 '역사적'이란 단어는 이 법안을 설명할 때와 이 조치가 얼마나 새로운 것인지를 나타낼 때 종종 사용된다.(그리고 어느 정도는 당연한, 국가적 자부심도 엿보인다.)

노숙은 종종 질병과 유사한 것으로 여겨진다. 개인의 경우, 만성적 노숙은 발견되어 치료받아야 하는 어떤 것이다. 지역사회의 경우, 노숙은 사회 전체의 질병이다. 하지만 치명적이지 않은 몸의 많은 질병들처럼, 만약 일이 잘 진행되고 있다면 그것은 무시될 수 있다. 국제적인 오페라단, 훌륭한 레스토랑, 연중 지속되는 좋은 날씨는 사람들의 마음을 그 지역사회의 노숙인들에게서 멀어지게 할 수 있다. 게다가 노숙인들의 매우 보잘것없는 위치는 그들을 쉽게 무시하도록 만든다. 그들은 교통량이 극심한 지역에서 이따금 완전히 치워진다. 그리고 그런 곳에서 치워진다면 그들이 안 보이는 건 아주 당연하다. 인간의 지각과 관심은 많은 요인들에 의해 쉽게 편향되며, 노숙인들에 대한 편견은 아주 많다.

노숙은 얼마나 큰 문제일까? 분명 나라마다 도시마다 다르다. 노숙인 수를 계산하는 데는 적잖은 어려움이 있다. 여러 가지 면에서, 유행병학자들이 어떤 질병이 얼마나 흔한지 계산하려고 애쓸 때 부딪히는 그런 문제들을 모두 갖고 있다. 노숙인의 수는 보호시설이나 교도소, 병원, 또는 다른 시설들에 편중되어 있다. 거리나 고가도로 밑, 혹은 자동차에 사는 사람들은 발견하기 더 어렵다. 마찬가지로 질병의 수는 병원이나 진료소에서 보이는 환자들에 편중되어 있다. 이것은 매우 심각한 질병들의 수를 세는 데는 괜찮지만, 당뇨병과 같은 만성 질환들은 놓치기 쉽다는 의미다. 또 그 숫자가 보고되는 방식도 중요할 수 있다. 사례들은 짧은 기간(하루)이나 긴 기간(1년)에 걸쳐 측정될 수 있다. 짧은 기간에 걸쳐 수를 세는 것은 훨씬 더 쉽다. 하지만 질병이나 노숙인이 얼마나 큰 문제인지를 정확하게 보여주지는 못한다.

미국 주택도시개발부는 전국의 노숙인에 대한 연례 보고서를 작성한다.[03] 그 조사를 보면 2013년 1월 어느 날 밤에 61만 42명의 노숙인이 있었고, 그중 3분의 2는 보호시설에서, 나머지 3분의 1은 보호시설이 아닌 자동차나 길거리 등에서 살고 있었다. 그리고 노숙인 전체의 3분의 1은 개인 혼자가 아니라 가족이 함께 있었다. 다시 말하지만, 노숙인들의 대변인들이 지적하듯이 보호시설에 있지 않은 노숙인들의 수는 필연적으로 적게 측정될 수밖에 없다. 완전히 노출된 곳에서 사는 사람들뿐만 아니라 친구 집에 얹혀 살거나 모텔에 사는 사람들도 놓치기 때문이다. 1990년대 후반, '노숙과 빈곤에 관한 국가법률센터'는 특정한 어느 날에 노숙인들이 84만 명에 이르는 것으로 추정했다.[04] 미국 주택도시개발부의 수치는 2013년에 다가가면서 노숙인의 수가 해마다 꾸준히 감소했으며, 이 문제를 다루는 데 있어서 정부가 어느 정도 성공했다고 암시한다.

노숙인들의 대변인들은 어느 한 시점의 수치는 오해를 불러일으키는 그림을 그리게 한다고 주장한다.[05] 노숙인 위험군에 속한 사람들이 이따금 거처할 곳에 들어가는 일도 있기 때문에, 단 하루의 조사는 1년에 걸친 조사에서 노숙인이 될 수도 있는 사람들의 전체 수 중에서 일부만을 담는다. 다양한 연구들에 기초하여, 연간 노숙인의 수치는 단 하루 동안 측정된 수에 4에서 5사이의 인수를 곱해서 얻을 수 있다. 어느 단 하루에 60만 명의 노숙인이 있다는 것은 그해에 약 270만 명의 노숙인이 있다는 의미다. 미국 통계국은 2012년에 4600만 명의 미국인들이 빈곤선 아래에서 살고 있다는 것을 알아냈다. 이것은 미국에서 빈곤층의 약 6퍼센트가 주어진 해에 노숙인 생활을 경험한다는 것을 의미한다. 그리고 이들 중 40퍼센트 정도가 아이들이다.

굳이 정확한 숫자가 아니더라도, 집이 없거나 혹은 집이 없을 수도 있다는 위협은 분명 수백만 미국인들에게 지속적이고 일상적인 걱정거리다. 이와 비슷하게, 유럽 연합이 2013년에 발표한 통계에 따르면 회원국의 410만 명이 해마다 노숙 생활에 노출되고 있다고 한다.[06] 2005년 유엔은 전 세계적으로 최소한 1억 명의 노숙인들이 있을 거라고 추정했다.[07] 노숙의 원인과 그 영향은 다양하다.

선진국에서 경제적으로 집이 없게 되는 직접적인 원인은 매우 명확하다. 주택 구입에는 돈이 든다. 주택을 구입할 만큼 돈이 충분하지 않고 가족이나 사회적 안전망이 없을 때 사람들은 노숙의 위험에 처하게 된다. 누군가가 노숙의 사회적 및 경제적 원인들을 깊이 연구할 수는 있다. 하지만 많은 경우, 사람들이 한밤중에 거리로 내몰리는 이유는 거처를 마련할 돈이 충분하지 않아서다. 그 외의 사람들은 근본적으로 경제적인 이유 때문이 아니라, 정신적으로 문제가 있거나 약물을 남용하기 때문이다. 미국에서 노숙인들의 26퍼센트는 정신질환이 있고, 38퍼센트는 알코올에 의존하고 있으며, 26퍼센트는 약물을 남용하고 있는 것으로 조사되었다.(이러한 범주들 간에 중복이 있을 수 있다.)[08]

노숙인은 일반적으로 영구적인 주거지가 없는 사람이라고 정의된다. 하지만 어떤 장소에서 다른 장소로 이동할 때 집이 없을 수도 있다. 그리고 향수병에 걸려 슬픔 속에 고통 받는 사람들은 심리적으로 집이 없다고 느낄 수 있다. 난민처럼 어딘가에서 추방된 사람들도 이따금 숙소를 제공받지만 집은 없다. 인지적인 관점에서 볼 때, 집이 없는 사람들(혹은 집을 잃을 수 있는 위협 속에서 살고 있는 사람들) 대부분은 정서적으로 취약하고 고통받는 상태에 있다. 진짜로 노숙인이 될 수 있는 실제적인 위험에서 벗어나 있어도 그렇다. 또 집의 느낌이 어떤 의미에서 우리의 인지적 레퍼토리의 기본 부분이라면, 집을 느낄 수 있는 능력이 떨어지는 사람도 있을 수 있다. 분명 정신질환과 약물 남용은 집을 얻을 수 있는 능력을 일반적으로 떨어트리지만, 그렇게 하려는 동기도 감소시킬 수 있다. 여기서 흥미로운 질문을 하나 던져보자. 일반적인 정신질환 때문이 아니라 특정한 무언가가 부족해서 집을 느낄 수 없는 사람들이 있을까? 다시 말해서, 신체적으로는 어딘가에 묵고 있지만 인지적으로 집이 없는 사람들이 있을까?

집 불안정

'집 불안정home insecurity'이란 말은 주택경보시스템 회사가 그들의 제품을 팔기 위해서 사용하는 문구처럼 들린다. 그러나 이것은 미국 같은 나라에서 경제적으로 노숙인이 될 위험에 처해 있는 사람들의 상태를 묘사하는 말이다. 이러한 개인과 가족 대다수는 실제로 집이 없는 게 아니다. 최소한 어떤 특정한 날에도 그렇다. 하지만 노숙의 망령이 끊임없이 그들 위로 어렴풋하게 보인다. 그것은 그들 삶에서 지속되는 스트레스이며, 그들의 정서적 및 정신적 안녕에 해를 끼친다. 집을 잃게 된 사람들을 전하는 언론 보도를 읽거나 들어보면, 그들의 불안과 고통을 종종 쉽게 알 수 있다.

집은 우리의 가장 기본적인 욕구 중 하나를 나타낸다. 또 다른 기본적인 욕구로는 음식이 있다. 수십 년 동안 연구자들은 영양 부족이나 영양실조의 만성적인 영향(아사餓死는 제외)을 연구하기 위해서 '식량 불안정'이라는 개념을 사용해왔다.[09] 여러 다양한 환경에서 실시된 광범위한 연구에서 식량 불안정은 신체적인 질병뿐만 아니라 다양한 심리적 문제들과도 관련이 있는 것으로 밝혀졌다. 이러한 문제들 중 대표적인 것이 불안과 우울이다. 불확실한 음식 공급, 또는 칼로리는 높지만 영양가가 낮은 저렴한 음식의 지속적인 공급으로 인한 스트레스는 장기적인 피해를 준다. 집 불안정은 식량 불안정보다 연구가 덜 되었다. 하지만 이 두 가지 형태의 만성적 불안정이 심신을 쇠약하게 만드는 효과들을 일부 공유한다는 연구들이 있다.

용 리우Yong Liu와 동료들은 미국 12개 주에서 6만 8000명 이상의 사람들을 대상으로 주택과 식량 불안정을 설문 조사했다.[10] 용 리우와 동료들은 주택 불안정과 식량 불안정이 각각 보고된 '정신적 고통'(정서적 문제들, 스트레스, 우울 등) 수준을 약 3배 정도 증가시켰다는 것을 알아냈다. 식량 불안정을 겪는 사람들의 경우에 정신적 고통의 비율이 7.7퍼센트에서 23.5퍼센트로 뛰었으며, 주택 불안정을 겪는 사람들은 6.8퍼센트에서 20.1퍼센트로 증가했다. 또 주택과 식량 불안정은 수면 문제의 비율을 2배 증가시켰다. 다른 연구들은 일반적으로 낮은 소득이 우울과 마찬가지로 수면 문제와 관련이 있다는 것을 보여준다.[11] 가난, 식량 불안정, 주택 불안정 모두가 신체적 및 정신적 건강을 손상시키는 데 서로 작용할 가능성은 매우 높다. 그 외에도 미국에서 식량과 주택 불안정은 건강 관리에 대한 낮은 접근성과 관련이 있다.[12]

주택 압류는 거의 항상 집의 불안정과 연관되어 있다. 2008년부터 2010년까지 미국에서 금융 기관들이 매년 200만에서 300만 주택들에 담보권을 행사하면서, 대침체Great Recession는 행동과학자들과 공중보건 전문가들이 주택 압류의 심리적 효과들을 연구할 수 있는 기회를, 불행하지만 적시에 제공했다.[13] 물론 담보권이 행사된 가구들이라고 해서 전부 노숙을 하는 건 아니다. 모기지를 받기 위해서는 약간의 수입과 경제적 안정성이 필요하기 때문에(일부 약탈적인 모기지의 경우에는 그리 많지 않다.) 주택 압류가 바로 노숙인이 되는 직접적인 경로는 아니라고 가정하는 게 합리적일 것이다. 비록 그것이 오랫동안 아래로 내려가는 소용돌이의 시작일지는 모르지만 말이다. 하지만 노숙이 당장 일어날 위험은 아닐지라도, 주택 압류와 관련된 일들은 의심의 여지없이 집 불안정을 조장한다.

연구에 따르면 주택 압류는 확실히 우울한 일이라는 것이 밝혀졌다. 최소한 주택 압류를 겪는 사람들은 우울 증상의 비율이 더 높다는 것이 밝혀졌다. 미시간주 디트로이트에서 진행 중인 장기간의 건강 연구에서, 그곳 거주민들을 대상으로 2008년에 한 번 그리고 2010년에 다시 한 번 설문 조사를 실시했다. 유행병학자 케이트 매클로플린Kate McLaughlin과 동료들은 이 두 차례의 조사 사이에 주택 압류를 겪었던 사람들이 그렇지 않은 설문 조사자들보다 심각한 우울증과 일반적인 불안 장애 증상으로 훨씬 더 고통받을 가능성이 높다는 것을 발견했다. 매클로플린과 동료들은 삶의 스트레스 요인 중에서 주택 압류가 특히 나쁜 것일 수 있다고 지적한다. 꽤 오랫동안 일어난다는 점에서, 그리고 그것이 끝났을 때 주택 압류의 '피해자'는 불안정한 주택을 얻게 되거나 최악의 경우 집이 없는 상황에서 잠재적으로 사회에서 고립된다는 점에서 그렇다는 것이다.[14]

57세 이상의 미국인들에 초점을 맞춰 건강 추세를 조사한 또 다른 장기간의 연구는, 주택 압류가 우울증을 유발하며 심지어 다른 사람에게 주택 압류가 일어날 때에도 그렇다는 것을 보여준다.[15] 캐슬린 캐그니Kathleen Cagney와 동료들은 2005~2006년과 2010~2011년 사이에 수집된 건강 설문 조사 데이터를 검토했다.

첫 번째와 두 번째 설문 조사 사이에는 최악의 대침체와 미국의 주택 위기가 있었다. 캐그니와 동료들은 로스앤젤레스, 뉴욕, 시카고의 도시들에 집중했으며, (다른 변수들을 통제한 후에) 이웃에서 주택 압류와 관련된 행동이 증가하는 것과 노인들의 우울 증상 사이에 상호 관계가 있는지를 조사했다. 우편번호를 나누어 데이터를 분석해보니, 캐그니와 동료들은 주택 압류 증가와 우울 사이에 실제로 연관성이 있으며 이는 나이가 많은 개인들에게서 더 두드러진다는 것을 알아냈다. 그리고 우울증의 비율은 주택 압류가 더 흔하게 일어나는 지역에서 증가했다. 캐그니와 동료들은 빈곤이나 눈에 보이는 혼란(즉 인근 구조물의 붕괴 징후)의 증가와 우울증 사이의 연관성은 발견하지 못했으며, 주택 압류 그 자체가 혼란과 쇠퇴의 결정적이고 우울한 신호라고 제시했다. 집 불안정의 느낌들은 위험에 처한 개인의 거주지에 의해서뿐 아니라, 곤경에 처한 주변에 의해서도 촉진될 수 있다.

주택 압류, 그리고 주변에서 일어나는 주택 압류, 심지어 주택 압류의 위협도 집 불안정의 근원적인 원인 중 일부에 불과하다. 집에 대한 만성적인 불확실성은 불안과 우울로 이어진다. 우리 종에게 집이 얼마나 중요한지 고려해보면, 집에 문제가 생겼을 때 불안해지는 건 전혀 놀라운 일이 아니다. 하지만 나는 주택과 생활 구조물이 지위의 표시가 되는 자본주의 사회에서 집 불안정의 우울한 측면들이 더 두드러질 수 있다고 생각한다. 진화심리학자들은 우울증이 지배 계급 제도에서 지위의 측면들과 관련이 있다고 오랫동안 주장해왔다. 보다 '정상적'이고 온화한 형태의 우울증은 지위 상실의 적응에 도움이 된다.[16] 집을 잃거나, 심지어 집을 잃을 수 있다는 위협조차 사회적 지위에 심각한 타격을 줄 수 있으며, 노숙은 그 자체로 사회적 정체성을 완전히 손상시킨다.

집이 없는 아이들

집이 없는 아이는 언제나 비극적인 이야기를 대표한다. 통계에 따르면 노숙 인구의 4분의 1이 아이들이다. 그러나 어딘가에서 보호는 받지만 적절한 집이 없는 아이들은 훨씬 더 많다.[17] 주관적으로 판단해서 하는 말이 아니다. 노숙하는 아이들보다 훨씬 더 흔한 것은 위탁되어 있거나 다른 어떤 형태의 과도기적 보살핌을 받는 아이들이다. 그 아이들은 영구적인 집이 없다. 아니 최소한 성장하는 아이들의 정서적 및 심리적 요구를 충족시킬 수 있는 집은 없다. 얼마나 많은 아이들이 이러한 곤경에 빠져 있을까?

무수히 많은 정부와 민간 기관들이 가정 위탁과 입양을 조절하는 미국 같은 나라에서, 가정 위탁에 들어갈 위험에 처한 아이들이 얼마나 되는지 제대로 파악하기는 어려웠다. 크리스토퍼 와일드먼Christopher Wildeman과 나탈리아 이매뉴얼Natalia Emanuel은 인구통계학적 방법들을 사용해서 그런 사례가 일반적으로 인식되는 것보다 훨씬 더 흔하다는 걸 알려주는 추정치를 제공했다.[18] 와일드먼과 이매뉴얼의 수학적 모델은 2000~2011년 동안 매년 처음으로 가정 위탁에 들어간 아이들의 수와 나이를 기초로 한다. 그들은 이 숫자들과 전체 인구조사 데이터를 결합해서 삶의 어떤 시점에 가정 위탁에 놓여 있는 아이들의 생애 위험을 추정할 수 있었다. 와일드먼과 이매뉴얼은 미국의 전체 아이들 중 5.91퍼센트가 태어나서 18세가 되기 전까지 위탁 가정에 맡겨졌다는 것을 알아냈다. 아프리카계 미국인 아이들(11.53퍼센트)과 아메리카 원주민 아이들(15.44퍼센트)의 비율은 평균보다 훨씬 더 높아서 우려가 될 정도였다. 와일드먼과 이매뉴얼은 이러한 수치들은 "연구자들과 정책 입안자들이 이 취약한 아이들 그룹에 관심을 더 많이 기울여야 한다."는 점을 보여준다고 주장한다.[19]

집이 없는 아이들을 그렇게 취약하게 만드는 것은 정확히 무엇일까? 모두 알고 있듯이, 우리가 보내는 어린 시절의 환경은 우리가 어른이 되었을 때 큰 영향을 줄 수 있다. 발달심리학자와 신경과학자 들은 우리가 중요한 인지적 및 지각적 능력을 습득하는 '결정적인 시기'가 있다는 것을 오랫동안 인식해왔다.[20] 비록 이러한 능력들이 우리의 유전자와 생리학의 강한 영향 아래서 나올지라도, 그 능력들은 적절한 발달적 환경에서 육성될 필요가 있다. 시각과 청각 같은 기본적인 감각들이 적합한 방식으로 발달하기 위해서는 자극에 노출되어야 한다. 우리는 어렸을 때 언어 발달의 결정적 시기에 어려움 없이 모국어를 습득한다. 어린 시절에 이러한 노출이 제한적이라면, 언어 습득은 무척 어려운 일이 된다. 사회적 상호작용을 위한 우리의 '타고난' 기술들은 어린 시절에 육성된다. 이런 목록들은 한도 끝도 없다. 인지 발달에 필요한 요구들을 충분히 충족시키지 못하는 환경에서 자란 아이들은 후에 행동적이고 심리적인 문제에 취약해진다.

아동복지의 대변인들과 연구자들은 건강한 아동 발달의 핵심으로서 '가족 안정성'을 강조한다.[21] 가족 안정성은 가족 구조(예를 들어 한 명 내지 두 명의 부모), 부모나 다른 양육자의 정신건강, 가족 내 관계의 안정성, 그리고 가족 유대감의 측면에서 정의될 수 있다. 또 가정의 정서적 환경은 집 환경의 좀 더 일반적인 측면들, 예를 들어 아이들에게 유용한 활동과 긍정적 자극의 양 같은 것들로도 함께 평가된다. 또 가족 안정성은 한 집에서 다른 집으로 이동하지 않는 것을 의미하는데, 이것은 위탁 가정에 맡겨진 아이들이 피하기 어려운 문제다.

집이 없는 상태는, 비록 가족들과 함께 있다고 해도 아이들에게 파괴적인 영향을 미친다는 것이 거의 자명하다. 로스앤젤레스의 노숙 아이들(노숙을 하게 된 평균 나이는 7.6세)에 대한 연구를 보면, 그들 중 4분의 3이 정신, 행동, 혹은 학업 문제들을 갖고 있었다.[22] 또 다른 연구는 뉴욕의 주간 보호시설에 있는 3~4세의 노숙 아이들이 비슷한 비율로 말과 언어 발달이 늦고 과잉 행동을 보이며 집중력에 문제가 있다는 것을 보여준다. 그러나 로이 그랜트 Roy Grant와 동료들은 이 조사 보고서에 대한 2013년 리뷰에서 노숙 아이들이 다른 가난한 아이들과 견주었을 때 특별히 더 나쁘지 않은 것으로 보인다고 지적한다. 대부분의 연구들은 노숙 아이들이 더 많은 문제를 안고 있다는 것을 보여주지만, 노숙은 위험으로 가득한 삶에서 또 다른 위험 요소 정도로만 여겨진다. 그랜트와 동료들이 확인한 한 가지 고무적인 경향은, 2000년 이후의 연구들을 1980년대와 1990년대 시행된 연구들과 비교할 때 노숙 아이들과 비노숙 가난한 아이들의 차이가 줄어드는 것을 보여준다는 것이다. 이는 노숙 아이들을 위한 유용한 자원과 보호시설의 개선을 반영하는 것 같다.

좀 덜 긍정적인 측면에서 보면, 노숙 아이들과 비노숙 가난한 아이들 사이에 그렇게 큰 차이가 나지 않을 수 있는 이유 중 하나는 어떤 종류의 주택 불안정이든 해를 끼칠 수 있기 때문이다. 미국 7대 대도시의 저소득층 2만 가구를 대상으로 실시한 다이애나

베커 커츠^{Diana Becker Cutts}의 대규모 연구에 따르면, (3세 미만) 아이들의 건강은 주택 불안정에 의해 문제를 겪게 되는 것으로 나타났다.[23] 주택 불안정은 일반적으로 정해진 기간 내에 여러 번 이사하는 것이나 가정의 과밀(다른 가족과 함께 사는 것 등)로 정의된다. 커츠와 동료들은 안정된 주택을 가진 아이들과 비교했을 때 불안정한 주택에서 사는 아이들이 (좋거나 훌륭한 것과는 대조적으로) 평균이거나 안 좋은 건강 상태에 있을 가능성이 높다는 것을 알아냈다. 그리고 표준적인 발달 기록 평가에서 '위험한 상태'로 분류될 가능성이 높았으며, 또래의 아이들보다 몸무게가 적게 나갔다. 또 가정의 식량 불안정은 주택 불안정에서 좀 더 일반적이었다. 다른 연구들은 주택 불안정이 어린 시절의 건강 증진을 위한 접근들을 막는 장벽이라는 것을 보여주고 있다.[24] 이것은 가족이 주택과 다른 물질적인 요구들을 해결할 수 있을 때까지 아이들의 건강은 나빠질 것이라는 점을 암시한다.

아이들의 정신적 노숙

그래서 우리는 어떤 아이가 가족과 함께 있지만(그렇다고 간주되는 것일지도 모르지만) 열악한 주거 환경에 있다면, 그 아이는 건강과 발달 면에서 그 영향들을 받고 있다고 본다. 위탁 가정에 있는 아이들은 그 반대의 상황을 경험한다. 그 아이들은 혈육과는 떨어져 있지만, 일단 위탁 가정에 들어가면 그들의 물질적인 주거 환경은 적어도 단기간적으로는 개선된다. 수십 년에 걸친 연구 결과에 따르면, 그 아이들은 그들의 사회경제적인 또래들(아마도 마찬가지로 주택 불안정을 경험하는)보다 훨씬 더 안 좋은 건강 상태로 위탁 가정에 들어가는 것으로 나타난다. 미국소아과학회는 2002년에 다음과 같이 요약했다. "동일한 사회경제적 배경을 가진 아이들과 비교했을 때, [가정 위탁에 들어가는 아이들은] 심각한 정서적 및 행동적 문제, 만성적 신체 장애, 선천적 결함, 낮은 학업 성취도, 발육 지연의 비율이 매우 높았다."[25]

가정 위탁 아이들이 종종 여러 문제들을 겪는 것은 분명하지만, 그곳을 떠날 때 그들은 어떻게 될까? 일반적으로 가정 위탁을 경험한 아이들이 다른 아이들보다 훗날 감옥에 가거나 약물 남용에 빠지거나 노숙인이 될 가능성은 훨씬 더 높다.[26] 하지만 내가 조금 전에 언급했듯이, 이 아이들은 이미 아동 복지 시스템에 들어갔을 때부터 위험에 처해 있었다. 이론적으로 보면 가정 위탁은 그 아이들에게 그들이 왔던 곳보다 덜 폭력적이고 더 많은 지원을 제공하는 가정환경을 제공할 수 있다. 조지프 도일Joseph Doyle은 일리노이주에서 장기간에 걸쳐 조사한 종적 데이터 세트를 바탕으로 분석을 했는데, 그에 따르면 가정 위탁 자체가 부정적인 결과를 초래할 수 있다고 한다.[27] 이 데이터 세트는 아이들을 다양한 정부 프로그램 및 형사 사법제도와 연결하고 있으며, 유사한 상황("주변부"에 처한)에서 일부는 위탁 가정으로 보내지고 일부는 그렇지 않았던 아이들을 식별할 수 있게 도와준다. 도일은 이 두 그룹의 결과를 비교했다. 그는 위탁 가정에 있었던 아이들이 성인이 되었을 때 형사 사법제도에 들어갈 확률이 2배 내지 3배 높고, 10대 임신과 청소년 비행이 일반적으로 더 흔하다는 것을 발견했다. 도일조차도 한 가지 데이터 세트에 기초한 이러한 결과가 모든 곳에 적용되지는 않을 수 있다고 주의를 주지만, 이러한 결과들은 가정 위탁에 있는 많은 아이들의 안 좋은 결과들을 반영하는 다른 연구들과 일치한다.

가정 위탁은 하나의 기관으로서 혹은 기관과 프로그램들의 집단으로서 시종일관 정말 필요하지만, 그럼에도 불구하고 성장하는 아이들에게 이상적인 집 환경을 제공하기엔 많이 부족하다. 거의 당연하게도 가정 위탁은 아이들에게 사람과 장소에 대한 중요한 애착 형성을 이끄는 환경, 즉 정상적인 발달을 위한 기반을 제공할 수 없다. 가정 위탁 시스템이 기본적으로 갖고 있는 구조적 문제 중 하나는 안정성의 결여이다. 아이들은 다양한 출신 배경에서 다양한 욕구를 가지고 가정 위탁에 들어가지만, 일반적으로 사람들은 그들의 생활환경이 더 안정적이고 덜 불안정하게 되면 모든 것이 더 좋아질 거라고 생각한다. 위탁 가정 내의 아이에게 이사 횟수가 많고 적음이 미치는 결과를 연구하는 것은 어려운 일이다. 서로 다른 시스템에는 다른 습관들이 있다. 그리고 어떤 아이가 한 양육자로부터 다른 양육자에게로 옮겨가는 것에는 많은 이유들이 있을 수 있다. 그리고 '닭이 먼저냐 달걀이 먼저냐'의 문제도 있다. 아이들의 행동 문제가 불안정성의 결과라기보다는 원인이 될 수도 있기 때문이다.

래 뉴튼Rae Newton, 앨런 리트로닉Alan Litrownik, 존 랜드스버크John Landsverk가 샌디에이고에서 수행한 연구 프로젝트는 가정 위탁 아이들의 코호트cohort(특정 경험을 공유하는 사람들의 집체—옮긴이)를 시간의 흐름에 따라 쫓아가며 이사 횟수가 그 아이들의 행동 문제 표출에 미치는 영향을 조사했다.[28] 이 연구는 다른 연구들에서 얻은 결과를 흐리게 하는 혼재변수들을 제거하도록 설계되었다. 한 가지 중요한 혁신은 뉴튼과 동료들이 가정 위탁 시스템에 처음으로 막 들어간 아이들의 행동 평가를 기초적으로 수행하고, 18개월 후에 동일한 도구를 사용해 후속 평가를 할 수 있었다는 것이다. 이 기간 동안 아이들은 적게는 한 차례부터 많게는 열다섯 차례까지, 평균 약 네 번의 이사(위탁 가정이나 공동생활 가정)를 했다. 예상한 대로, 처음 접수 단계에서 행동 문제가 있는 아이들은 그렇지 않은 아이들보다 장소 변화가 훨씬 더 많았다. 이 아이들은 양육자와의 애착 문제가 있을 거라고 예상된다. 어쩌면 더 눈에 띄는 건 다음의 결과일지도 모른다. 뉴튼과 동료들은 접수 단계에서 행동 문제들이 없었던 아이들의 경우, 나중에 행동 문제를 일으키는지의 여부는 그들이 경험했던 장소의 수와 아주 밀접한 상관관계가 있다는 것도 알아냈다. 그들은 이사를 많이 다녀야 하는 가정 위탁 아이들에게 행동 문제는 원인이자 결과라고 결론지었다.

어떤 아이가 가정 위탁 동안 얼마나 많은 장소에 있었든지 간에, 그 목표는 항상 아이에게 오래도록 변하지 않는 집을 주는 것이다. 미국에서 위탁 아동의 절반 정도는 대체로 원래 가족에게로 돌아가고, 30퍼센트 정도는 다른 친척집으로 가거나 입양된다.[29] 나머지 아이들 중 일부는 법적 후견인을 두거나, 달아나거나, 다른 정부 기관으로 이송된다. 하지만 전체 아이들 중 거의 10퍼센트는 어떤 가족의 영구적인 일부도 되지 못한 채 18세가 되어, 가정 위탁의 '상한 연령을 넘어서게 된다.' 이러한 아이들은 대단히 취약한 위치에 있다. 이미 불안정한 어린 시절(정의에 따르면, 그들이 가정 위탁되지 않은 시절)을 경험한 후에, 그들은 가족이란 안전망도 없이 또는 대부분의 경우 그들의 특정한 필요를 충족시키도록 고안된 정부 프로그램 없이 성인의 세계로 들어간다. 연령을 넘겨 위탁 가정에서 나간 아이들의 절반 이상이 나중에 노숙이나 불안정한 주거를 경험하며, 30퍼센트 정도는 감옥에 있다. 그들은 실업이나 불완전 고용 상태에 있을 확률이 매우 높으며, 단지 2퍼센트만이 대학을 졸업한다(인구 평균의 10분의 1수준). 이 아이들의 일부는 성인이 되었을 때 결국 문제를 갖게 된다 하더라도, 안정적인 주택 상황은 그들 대부분에게 문제를 예방하는 데 크게 도움이 되었을 가능성 또한 높다. 정책 입안자들이 이 문제를 해결하는 한 가지 방법은 연방 정부와 주 정부가 나이 든 아이들의 입양을 위해 더 많은 장려금을 제공하도록 촉진하는 것이다. 성인 부양비가 높다는 것을 감안할 때, 이러한 직접적인 조치는 인간적이면서도 비용 효율이 높은 방법일 것이다.

가정 위탁 아동의 경우, 그들의 집 생활이 불확실하다는 특성을 고려할 때 정서적 및 행동적 문제와 애착 문제는 당연히 예상된다.[30] 영구적인 집을 얻지 못한 위탁 아동은 당연히 집의 느낌을 받을 수 없다. 내게 드는 의문 하나는, 아동의 발달에서 중요한 시기의 붕괴가 성인이 되었을 때 집을 느낄 수 있는 능력을 약화시키는가 하는 것이다. 앞서 논의했듯이, 집은 물질적으로나 심리적으로나 모든 면에서 이점을 준다. 심리적인 이점 중 하나는 집이 '바깥' 생활의 스트레스를 피할 수 있는 장소를 제공한다는 것이다. 집은 휴식과 회복을 위한 장소이다.

스트레스에 대한 뇌와 신체의 반응은 다양한 호르몬을 사용해서 서로 의사소통하는 일련의 구조에서 나온다. (많은 중요한 신체 작용을 조절하는 뇌의 한 부분인) 시상하부와 뇌하수체, 부신은 소위 '시상하부-뇌하수체-부신축^{HPA}'을 구성한다. 뇌줄기의 일부분, 편도체, 대뇌피질과 연결된 HPA는 스트레스 반응을 조절한다. HPA 시스템에는 여러 다양한 피드백과 피드포워드의 조절 기전이 있지만, 그 중심에는 부신에서 나오는 스테로이드 호르몬인 코르티솔이 있다. 이 호르몬은 스트레스의 반응으로 방출되며, 스트레스의 위협에 대응하기 위해 (포도당 대사와 지질 및 단백질 분해처럼) 에너지를 이용할 수 있도록 만드는 과정을 유발한다. 동시에 증가된 코르티솔 수치는 성장과 면역 체계를 억제한다.

코르티솔 수치의 상승을 유발하는 스트레스 요인이 없는 상태에서, 우리 몸은 하루 동안 매우 규칙적인 코르티솔 생성 패턴을 유지한다. 침 샘플에서 쉽게 측정할 수 있는 코르티솔 수치는 아침에 가장 높은데, 깨어나서 30분 후에 최고치를 기록한다. 그러고 나서 몇 시간 동안 급속한 감소가 있고, 그다음에는 취침 시간까지 느리게 감소한다. 수치는 취침 시간에 가장 낮다. HPA 시스템의 붕괴는 낮 동안 다양한 시점에서 평균보다 높거나 낮은 코르티솔 수치, 그리고 하루 동안 코르티솔 리듬의 특이한 패턴, 그리고 스트레스가 많은 사건에 대한 코르티솔 반응이 향상되거나 억눌리는 것으로 나타난다.

높은 코르티솔 수치의 유지는 신체 조직과 전반적인 건강에 근본적으로 해를 끼친다. 스트레스 반응은 신체를 단기적으로 활성화시키는 것이지 장기적으로 지속시키는 것이 아니다. 코르티솔 수치의 변화 역시 일부 정신적인 상태와 관련되어 있다.[31] 외상 후 스트레스 장애를 가진 사람들은 깨어났을 때와 저녁에 코르티솔 수치가 낮지만, 스트레스가 많은 사건들에 대해서는 반응이 향상되어 있다. 높은 코르티솔 수치는 우울증과 관련이 있다. 약물 남용이나 행동 장애와 같은 다른 상황들은, 데이터가 완전히 결정적인 건 아니지만 일상적으로 낮은 코르티솔 수치와 연관이 있을 것이다.[32] 일반적으로 일상적인 코르티솔 패턴의 독특함은 HPA 스트레스 반응 시스템에 문제가 있다는 증거로 간주된다. 하지만 이 지점에서 스트레스 반응의 변화와 병리학 사이의 생리적 연결 고리는 대체로 명확하지 않다.

심리학자 메리 도지어Mary Dozier가 이끄는 연구팀이 처음으로 이 문제를 살펴보았던 2006년 이후, 위탁 아동의 코르티솔 수치에 대한 연구가 활발히 이루어졌다.[33] 부모와 떨어지는 것은 거의 모든 아이들에게 스트레스를 주는 일이어서, 코르티솔 수치의 단기적인 변화를 일으킨다. 도지어와 동료들은 가정 위탁과 관련된 좀 더 장기적인 변화, 즉 부모와 자식 간의 완전한 분리의 영향을 나타내는 변화가 있는지 살펴보려 했다. 도지어와 동료들은 20개월에서 5세 사이의 가정 위탁 아이들을 자세히 살펴보았고, 그들은 실제로 HPA 시스템 변화의 증거를 발견했다. 가정 위탁 아이들은 깨어났을 때 상당히 낮은 수준의 코르티솔 수치를 나타 냈다. 이는 비교군 아이들의 취침 시간과 거의 동등한 수준에 달 했다. 도지어와 동료들은 낮은 수준의 코르티솔은 (일반적으로) 아 이들의 행동 장애와 청소년들의 반사회적 행동을 일으키는 것과 연관되어 있다고 지적했다. 그들은 다음과 같이 결론을 내렸다. "우리의 연구 결과는 가정 위탁과 관련된 조건들이 행동 장애 및 정신 이상을 일으키기 쉬운 신경생물학을 조장할 수 있다는 가능 성을 시사한다."[34]

그 후의 연구는 대체로 이러한 결과를 뒷받침했지만 약간의 변동이 있었다. 도지어 그룹의 후속 연구는 가정 위탁 아이들의 코르티솔 분석도를 위험도가 낮은 아이들의 코르티솔 수치뿐만 아니라, 부모와 함께 살면서 아동 보호 서비스에 접촉했던 아이들 의 코르티솔 수치와도 비교했다.[35] 보호 서비스와 접촉한 두 그룹 의 아이들은 위험성이 낮은 아이들보다 아침 코르티솔 수치가 훨 씬 낮았다. 하지만 집에 남아 있던 아이들의 수치는 가정 위탁 아 이들의 코르티솔 수치보다도 현저히 낮았다. 다시 말해 가정 위탁 은 폭력적이고 부주의하고 부족한 부모로부터 아이들을 떼어냄으로써 신경내분비의 기능을 (정상화한다기보다는) 향상시키는 쪽으로 개입한 것 같다. 필립 피셔Philip Fisher와 동료들의 연구는 가정 위탁 상태의 아이들에게 장소의 변화는 (변화 전과 후의 코르티솔 수치를 측정해서 얻은 결과를 볼 때) 일상적인 코르티솔 패턴을 둔화시키는 쪽으로 이어진다는 것을 분명히 밝혔다.[36] 하지만 집중적이고 복합적인 치료 지원 프로그램에 참여했던 아이들은 장소 변경에 따라 그러한 코르티솔 수치 감소를 보이지 않았다.

집에서 심각한 곤경에 처한 아이들에게 위탁 가정은 종종 유용하고 대안적인 유일한 집이다. 적어도 단기적으로는 그렇다. 가정 위탁은 스트레스 반응 시스템을 변화시키지만, 치료는 그 시스템을 좀 더 정상적인 수준으로 되돌리는 데 도움을 줄 수 있다. 그리고 사실 보호적인 돌봄을 받는 아이들의 코르티솔 수치를 관찰하는 것은 (아직은 아니지만) 언젠가 그들의 건강과 안녕을 평가할 수 있는 수단을 제공할 수 있다.[37] 이것은 아이들뿐만 아니라 어른들의 건강에도 매우 중요할 수 있다. 루마니아 고아원에서 입양된 아이들과 어렸을 때 부모로부터 떨어져 있었던 성인들을 대상으로 한 장기적인 후속 연구들은, 부모 또는 엄마와의 분리가 이후의 (심지어 60년 후의) 생활에서 코르티솔 수치의 수준과 스트레스 반응을 변화시킬 수 있다는 걸 보여준다.[38] 비록 이러한 결과의 전체적인 중요성이 아직 밝혀지지는 않았지만, 이것은 아이의 스트레스 반응 시스템의 발달이 어린 시절 집 생활의 붕괴에 민감하고, 이러한 붕괴는 지속될 수 있다는 것을 보여준다.

우리 중 많은 사람들은 우리 삶에서 적어도 짧은 시간이나 과도기적인 기간에, 진정으로 집에 있다는 '느낌' 없이 그저 집에 '있는' 감각만을 경험해본 적이 있다. 이것은 입양 전문 연구자 르네 혹스베르헌René Hoksbergen이 "정신적 노숙"이라고 부르는 것의 온화한 버전이다. 혹스베르헌은 누군가 집의 느낌을 가질 때, 그 사람은 "어떤 지붕 아래에서 안정됨을 느끼고, 안전함을 느끼며, 그집 및 그 집에 사는 사람들과의 정서적 결속을 보여준다."고 적었다.[39] 정신적 노숙은 이러한 중요한 느낌이 어찌된 일인지 지속적으로 성취되지 못하거나 덜 완성될 때 생긴다. 혹스베르헌은 네덜란드에서 외국 입양 아이들을 조사한 자신의 연구에서, '반응성 애착 장애RAD'의 결과인 정신적인 노숙으로 얼마나 많은 아이들이 고통을 받고 있는지를 조사했다. 반응성 애착 장애란 아이들의 사회적 상호작용이 중단된 정신적 상태를 말한다. 이러한 아이들은 적극적으로 반사회적(예를 들어 너무 과민하거나 이중적이거나 불필요하게 반박하는)이 되거나 무분별한 애착을 형성하기 쉽다. 많은 외국인 입양 아이들이 집의 느낌을 갖는 데에 문제가 없다 하더라도, 그들 중 많은 수가 반응성 애착 장애와 궁극적으로 가정 내에서 적절한 관계를 형성할 수 없는 데에서 생겨난 문제들을 겪는

다. 반응성 애착 장애는 다른 입양된 아이들에게도, 특히 심각한 결핍이 있는 환경에서 늦은 나이에 입양된 아이들에게도 문제가 될 수 있긴 하지만, 정신적 노숙의 문제는 반응성 애착 장애가 있는 외국인 입양 아이들에게 좀 더 심각할 수 있다. 그들이 가족과 맺은 사회적으로 "아주 작은 관계microreference"(혹스베르헌의 말을 빌리자면)는 그들이 사회 전체에서 느끼는 더 넓은 관계의 단절을 반영한다.

집의 느낌은 우리가 집에서 같이 사는 사람들과 맺고 있는 사회적 관계 기능의 일부분일 뿐이다. 하지만 그러한 관계가 어떠한 이유로든 붕괴된다면 정신적 노숙이 발생할 수 있다. 만약 관계 형성에 근본적인 문제가 없다면, 대부분의 사람들에게 나쁜 관계는 치유되고 새로운 관계가 형성될 수 있다. 그래서 관계 문제는 집의 느낌에 영구적인 장벽이 되지는 않는다. 반응성 애착 장애 같은 문제의 장기적인 영향으로 고통 받는 사람들은 나중에 이러한 장벽을 극복하기가 훨씬 더 어려울 수 있다. 그리고 그 사람들에게 집은 좀처럼 손에 잡히지 않는 것이 될 수 있다. 집이 바깥세상의 스트레스를 피하고 긴장을 풀고 회복하고 휴식을 취하는 장소라면, 우리의 스트레스 반응의 변화는 집이 진정한 집으로서 기능하는 것을 막을 수 있다. 위탁된 아이들과 다양한 결핍으로 고통받는 다른 아이들에게서 볼 수 있듯이, 발달 중인 스트레스 반응 시스템의 붕괴는 대부분의 사람들이 즐길 수 있는 집의 느낌과 집에서의 혜택을 누릴 수 있는 능력을 손상시킬지도 모른다.

정신질환과 노숙

인류학자 제인 머피Jane Murphy는 1976년 발간한 획기적인 논문에서 여러 문화권의 정신질환을 연구했던 자신의 직접적인 경험을 그려냈다. 그중에서 가장 눈에 띄는 것은 베링해의 에스키모들과 나이지리아의 에그바 요루바 족이다. 머피는 주요 정신질환인 조현병이 사실상 모든 문화권에서 발견된다고 주장했다.[40] 머피는 그것이 단순히 여러 문화마다 서로 다르게 정의되고 이름 붙여지는 비정상적인 행동의 형태라기보다는, 어떤 집단 내에서는 상대적으로 낮은 비율이기는 해도 생물학적으로 "사실상 모든 인류가 공유하는 고통"이라고 주장했다. 머피의 연구는 현장에서의 관점을 유전학, 약리학, 신경생물학 연구들에 제공해 그 연구들을 보완했으며, 그러한 연구들은 다시 생물학적 정신의학이 발전하는 데 토대를 제공했다.

　머피의 논문에는 감비아의 어느 마른 청년의 충격적인 사진이 실려 있는데, 그 청년은 거대한 바위로 보이는 것에 몸을 젖혀 기대 있었다. 머피는 그 사진에 얽힌 이야기를 다음과 같이 적었다.

이 사례는 어떤 마을에서 500미터 정도 떨어진 곳에 사는 미친 남자에 관한 것이다. 마을 사람들은 초가집에서 살았고, 그미친 남자는 버려진 개미집에서 살았다. 그 개미집은 길이가 2.5미터, 높이가 1.5미터였고, 안쪽의 천장은 닳아서 그 남자의 몸에 딱 들어맞았다. 가끔 마을에 방문하는 것을 제외하면, 그 남자는 낮이나 밤이나 그리고 계절이 바뀌어도 그곳에 남아 있었다. 그의 행동은 어릴 때 이상해졌다고 한다. 내가 그 남자를 봤을 때, 그는 이따금 꿍꿍거리는 소리를 내기는 했지만 몇 년 동안 말을 하지 않았다. 어떤 의미에서 그 남자는 자신의 사회에서 떨어져 고립되어 있었다. 우리 사회에서 뒤쪽 병동의 환자들이 그러한 것처럼 말이다. 반면 마을 사람들은 항상 그를 위해 음식을 내놓고 담배를 주었다.[41]

이 마을의 '미친 남자'는 정신병원의 뒤쪽 병동에 있지는 않았다. 하지만 그의 지역사회 기준으로 볼 때 그 남자는 집이 없는 노숙인이었다. 그가 개미집에서 살도록 강요받고 있다는 느낌은 없었다. 그것은 그의 병에서 비롯된 선택이었다. 그 남자는 다른 대안이 있었을지도 모르지만, 다른 대안들 중 어느 것에도 그렇게 끌리지 않았던 것처럼 보인다.

　노숙과 선택의 문제는 로널드 레이건이 자신의 대통령 임기도 거의 끝나갈 무렵인 1988년에 진행했던 인터뷰에서 제기되었다.[42] 너무 어렸을 때 일이라 기억할 수 없는 독자들을 위해 설명하자면, '노숙인 문제'는 1980년대에 미국에서 가장 큰 정치적·문화적 문제들 중 하나였다. 레이건이 주장한 자유방임주의 경제 정책인 '적하정책trickle-down(대기업의 성장을 촉진하면 중소기업과 소비자에게도 혜택이 돌아가 총체적으로 경기가 활성화된다는 경제이론—옮긴이)'은 점점 더 많은 경제적 난민 계층을 만들어냈고, 그들은 정부로부터 주택에 대한 충분한 지원을 받지 못하고 있었다. 동시에 1960년대에 시작된 큰 도시의 공공주택 프로젝트는 거의 완전히 실패했으며, 특히 빈곤층에게 주택을 공급하는 좋은 정책이 아니라는 인식이 있었다. 그리고 노숙인 인구, 특히 만성적 노숙인 인구 증가의 기저에는 (조울증과 특히 조현병 같은) 주요 정신질환으로 고통받는 사람들의 '탈시설화(시설에 수용된 환자들을 퇴원시켜 지역사회에 거주하도록 해 필요한 서비스를 제공하는 것—옮긴이)'가 있었다. 이 세 가지 요소의 결합이 노숙인의 실제적인 증가를 부채질하고 노숙인들이 문제가 된다는 인식을 높였다는 것은 의심할 여지가 없다.

　레이건은 인터뷰에서 노숙인 문제를 키웠던 자신의 행정부

책임을 전부 회피했다. 레이건은 정신질환자의 권리를 위해 싸우는 미국시민자유연맹과 같은 단체들에 더 많은 비난을 가했고, 정신질환자들을 기관과 병원에서 내보내는 데에 힘을 썼다. 레이건은 정신질환자들이 "밖에 있는 것을 스스로 선택한다. [……] 사실상 모든 도시에는 보호시설이 있다. [……] 그리고 그런 사람들은 아직도 보호시설 중 한 곳에 가는 것보다는 잔디나 하수구의 쇠살대가 있는 곳에 나가는 것을 더 선호한다."고 말했다. 레이건은 노숙인의 "대다수"가 정신질환을 앓고 있다고 주장했다. 이 주장이 사실이든 아니든, 레이건은 거리의 "그런 사람들"에게 조금도 동정심을 보이지 않았다.

'대다수'의 의미는 사람들마다 다를 수 있다. 하지만 정신질환자들이 노숙인 인구에서 상당히 소수인 것만은 확실하다. 서방 국가들에서 실시한 29개의 설문 자료들을 조사한 어느 연구를 보면, 노숙인 중에서 정신질환의 평균 유병률은 12.7퍼센트이고, 그중 심각한 우울증은 11.4퍼센트였다. 알코올 의존성은 37.9퍼센트, 약물 의존성은 24.4퍼센트였다. 물론 이러한 범주들은 중복될 수 있다. 그리고 노숙인 개인으로 봤을 때 약물 의존과 정신질환은 상당히 겹치는 것으로 알려져 있다. 정신병리의 비율은 청소년 노숙인들 사이에서 더 높다. 몇몇 문화권에서 나온 좀 더 특정한 데이터 조사에 따르면, 노숙인들 사이에 조현병의 평균 유병률은 약 11퍼센트다.[43] 이것은 조현병이 있는 사람들이 일반 사람들에 비해 노숙인들 사이에서 약 10배 더 흔하다는 것을 의미한다. 하지만 절대적인 수치를 놓고 보면, 조현병이나 약물 남용의 문제가 있는 사람들의 대다수가 노숙인은 아니라고 말해도 무방하다. 또어느 시점에서 노숙을 경험한 사람의 상당수가 정신질환자도 아니고, 약물 남용자도 아니라고 추론하는 것은 아주 타당하다.

하지만 조현병과 약물 남용은 확실히 노숙인이 될 수 있는 위험 요소들이다. 왜 그럴까? 분명히 경제적인 능력이 한 가지 이유다. 집에는 돈이 들고, 어떤 이유로든 돈이 없는 사람은 노숙인이될 위험이 있다. 그들에게 마련된 안전망 같은 것이 없다면 말이다. 보다 근본적인 수준에서 볼 때, 조현병과 약물 남용은 관계를 유지하는 데 어려움을 초래한다. 그리고 집은 공간과 사람의 관계에 대한 것이다. 약물 남용이나 중독과 더불어, 뇌의 도파민 보상 시스템은 특정한 약물 또는 행동에서 파생될 수 있는 인지적 및 정서적 이익들에 초점을 맞추게 된다.[44] 앞서 언급했듯 집은 (안전과 편안함의 섬세한 느낌들에서 파생한) 심리적 보상을 제공한다. 그것은 약물이나 음식처럼 인지적으로 더 강력한 자극에서 파생한 느낌들과는 경쟁이 안 된다. 관계가 없는 집은 보호시설에 불과하다. 물론 보호시설은 여전히 중요하지만, 주요한 인지적 연결이 부족하다.

조현병과 관련된 망상, 환청, 정신분열, 동기부여의 부족은 모두 이런 질병을 가진 사람들의 적절한 관계 형성을 어렵게 만든다. 역설적이게도 1950년대와 1960년대에 세상에 나온 항정신병 약물은 처음엔 조현병의 증상을 감소시켰지만(비록 많은 경우 심각한 신체적 부작용이 있기도 했지만) 조현병 환자들의 노숙 문제를 촉발했다. 그 약들은 방대한 수의 환자들이 한때 '수용되었던' 거대한 정신병원 폐쇄병동에서 나가도록 해주었다. 이상적으로 보면, 조현병 환자 중 다수가 외래 환자가 될 수 있으며, 심각한 정신질환이 재발되는 경우에만 입원이 요구된다는 의미였다. 안타깝게도 정부 정책들이 많은 경우에 좋은 의도로 만들어졌음에도 불구하고, 이러한 환자들을 위한 지역사회의 의료 지원은 부족했다. 그리고 지금도 여전히 부족하다.

정신과 의사인 풀러 토리E. Fuller Torrey는 지역사회 기반의 주요 정신질환 치료와 관련된 공중보건 정책에 대한 가장 유명한 비평가로, 1980년대에 다음과 같이 썼다. "탈시설화 정책은 재앙이다. 그 재앙의 크기는 모든 곳에서 분명하게 드러난다."[45] 그의 지속적인 비판의 핵심은, 연방 정부에서 자금을 지원받는 지역사회 정신보건센터가 주요한 정신질환을 앓고 있는 사람들이 아닌 "건강염려증인 사람들"에게만 집중하고 있다는 것이다. 불행하게도 2000년대의 노숙인 인구 감소는 반드시 정신질환자에 대한 지역사회의 치료가 향상되었음을 반영하는 건 아니다. 노숙인들이 대부분 정신질환을 앓고 있지 않기 때문이다. 사실 거주 쪽으로 정책 방향이 바뀐 것은, 지역사회에서 심각한 정신질환자들을 보살피고 치료하는 동시에 그들의 시민으로서의 자유를 존중하는 방법과 관련된 복잡한 문제들보다는 경제적인 문제에만 초점을 맞춘 경향이 있다.

1982년에 저널리스트 수전 시핸Susan Sheehan은 뉴욕에 살고 있는 어느 조현병 여성을 그린 베스트셀러 전기 『이 땅에는 나를 위한 장소가 없나요?』를 썼다.** 이 제목은 책의 주인공인 실비아 프럼킨(가명)이 구급차에 실려 어떤 병원에서 다른 곳으로 옮겨질 때 자기 엄마에게 했던 질문이다. 프럼킨과 다른 많은 조현병 환자들에게 이 질문은 전혀 과장된 게 아니었다. 프럼킨은 주로 안전한 곳에 머물렀다. 가족과 함께 있거나 다양한 공동체와 있거나 지원형 주거 시설에 있었고, 심각한 정신적 사건이 생길 때에는 병원에 있었다. 안타깝게도 그녀의 조현병은 일반적으로 처방되는 약물들에 내성이 있었다. 심지어 1990년대 초반에 나와서, 이전에 약제 내성이 있었던 많은 사람들에게 도움을 주었던 약물들에도 그랬다.(이 내용은 나중에 시핸이 기사에서 따로 밝혔다.) 시핸이 말했듯이, 프럼킨의 생활은 사람을 피곤하게 만드는 사건과 사고들의 연속이었다. 인원이 부족한 병원, 부주의한 관료들, 그리고 정서적으로 지쳐버린 그녀의 가족과 관련된 것들이었다. 한 가지는 확실하다. 실비아 프럼킨은 실제로 집의 느낌을 대부분의 사람들이 느낄 수 있는 방법으로는 절대 느낄 수 없었다. 그녀의 내면 세계와 그녀를 둘러싼 세계는 너무나 불안정하고 무질서하고 불편했다.

실비아 프럼킨이 정신적으로 병든 만성적 노숙인이 되지 않았던 건 부모의 지속적인 지원 때문이다. 그리고 부모의 사망 이후에는 그녀의 언니가 헌신적으로 돌봤기 때문이다. 하지만 조현병의 증상이 많은 환자들로 하여금 현실과 망상을 구분할 수 없게 만드는 것처럼, 질병은 이따금 그들로 하여금 자신들의 생활 상태를 판단하거나 조절할 수 없게 만든다. 다시 말하지만, 조현병이 주변 세계에 대한 인식을 아주 많이 바꿔놓는 병이라는 맥락에서 보면 전혀 놀랍지 않다. 게다가 대다수의 조현병 환자들이 특히나 재정적으로 충분한 지원을 받지 못하고 있기 때문에, 집을 우선순위로 두는 것은 이치에 맞지 않을 수 있다. 인류학자 수 이스트로프Sue Estroff는 미국의 중소 도시에 있는 지역사회 정신보건센터의 환자들(대부분이 조현병 환자들) 사이에서 오랫동안 지냈다. 이스트로프는 다음과 같이 적었다.

환자들이 가끔씩 관리할 수 있는 곳은 거주 공간과 정신적 공간뿐이었다. 거주 공간은 궁극적으로 집주인, 그리고 집세를 종종 지불하는 다른 사람들의 관리하에 있었다. 정신적 공간은 약물과 심리치료에 의해 이따금 방해되었다. 하지만 전체적으로 볼 때, 그 환자의 상대적으로 무한한 내면의 정신적 공간은 좀 더 그들의 통제 아래 있었고, 어떤 형태의 외부 공간보다도 좀 더 매력적이었을 것이다. 비록 소수이긴 해도 일부 환자들은 자신들이 갈 곳이 없을 뿐만 아니라 어느 곳에도 소속되어 있지 않다고 느꼈다.[47]

그렇다. 조현병을 앓는 사람들 중 아주 소수만이 노숙인이 된다. 하지만 그 숫자는 여전히 상당하며, 그것은 조현병이 없는 사람과 비교했을 때 이 병을 앓는 사람이 노숙인이 될 위험이 아주 높다는 것을 반영한다. 조현병 환자들에게 적절한 치료와 지원이 없다면, 거리의 하수구 쇠살대나 고가도로 밑, 또는 개미집에서의 생활이 무수한 나쁜 선택지 중에서 그나마 가장 나은 선택이 될 것이다.

물건에 집을 내준 사람들

집이 없는 사람들을 생각할 때, 우리는 보통 그들을 수용할 수 있는 물리적 구조물이 없는 상태를 떠올린다. 그것은 집이 없다는 개념에 완벽하게 들어맞는다. 그러나 사람들은 안전한 장소에 잘 머물면서도 인지감각적인 면에서는 여전히 집에 없을 수 있다. 앞서 논의했듯이, 만약 당신이 향수병에 걸렸다면 당신은 분명 주택에 있다는 것을 느끼지만 집에 있지는 않다고 느낄 수 있다. 향수병은 집의 느낌들이 당신이 사는 공간과 조화를 이루지 못할 때 생길 수 있다. 느낌과 장소의 불일치는 향수병을 일으킨다. 그 사람이 대학생이냐 문화적 망명자이냐는 상관없다. 하지만 향수병을 앓는 것은, 그 느낌이 아무리 안 좋은 것이라 할지라도, 인지적으로든 실제적으로든 집이 없어서가 아니다.

극단적인 수집광들은 내가 생각하기에 거처할 곳이 있지만 인지적으로는 집이 없을 수 있는 사람들이다. 21세기 초의 미국 텔레비전 시청자들은 수집광의 이야기가 질리지도 않는 모양이다. 그들을 다루는 프로그램이 적어도 세 개는 되기 때문이다. 하지만 수집광에 대한 이러한 강한 흥미는 훨씬 더 오래전으로 거슬러 올라간다. 1930년대와 1940년대의 뉴욕에서, 자신들의 할렘 저택을 수집한 물건들로 가득 채운 콜리어 형제는 1947년 사망 전후로 언론과 대중의 관심 대상이었다. 그들의 이야기는 책과 영화에서 여러 번 다시 언급되었다.[48] 나는 지역 텔레비전 뉴스에서 마스크를 쓴 유해물질 청소 노동자들이 어느 집에서 나온 엄청난

양의 물건과 쓰레기들을 버리는 걸 볼 때마다 콜리어 형제를 떠올린다. 그 집의 이전 거주자(들)는 현재 사망했거나 다른 안전한 곳으로 보내져서 보살핌을 받고 있다. 슬픈 이야기다. 집에서 분리된 사람들의 이야기라서가 아니라, 집이 강박적인 수집에 의해 압도될 때 나타나는 집 생활의 필연적인 붕괴를 보여주기 때문이다.

정신질환 진단 및 통계편람의 제5판DSM-5에서, 미국 정신의학회는 저장 장애를 좀 더 일반적인 강박 장애에서 분리해 하나의 정신질환으로서 독립적인 지위를 주었다. 저장 장애의 특징은 다음과 같다. "다른 사람들이 그러한 소유물에 있을 거라 여기는 가치와는 상관없이, 소유물과 떨어지거나 그것을 버리기 어려워한다. [……] [저장 장애가 있는 사람들은] 수많은 소유물들을 축적하는데, 종종 직장이나 집의 활동적인 생활공간이 더 이상 의도된 목적으로 사용될 수 없을 만큼 그 물건들로 어질러져 있거나 채워져 있다."[49] 저장 행동은 평균 13세에 시작되지만, 그 상태의 점진적인 특성을 고려하면 나이가 들수록 더 큰 문제가 된다.[50] 저장하는 사람들은 사회적으로 고립되어 있고 불안해하며, 친구가 거의 없고, 종종 미혼인 경향이 있다. 이것은 가정 내의 사회적 관계의 유지가 저장 행동을 억제할 수 있다는 것을 보여준다. 예를 들어 노인의 경우, 배우자의 상실은 배우자가 살아 있는 동안 억제되어 왔을지도 모르는 저장 행동을 악화시킬 수 있다. 또 저장 장애는 낮은 사회경제적 지위와도 관련이 있으며, 그러한 행동이 진행됨에 따라 비위생적이거나 안전하지 않은 생활 조건과 관련된 건강 위험을 불러올 수 있다.

미국 정신의학회는 저장 장애가 집을 "의도된 목적으로 사용"하는 것을 방해하며, 이것에 동의하지 않을 수 없을 거라고 말한다.[51] 이 책을 통해 나는 집의 의도된 사용 중 일부를 탐구하며 내부적으로 정의 내렸다. 그리고 쓸모없는 물건들을 차곡차곡 쌓아놓는 것은 의도된 사용 중 하나가 아니다. 분명 주택이나 주거지는 물건들을 저장하는 공간이다. 하지만 저장(특히 일반적인 문화에서 쓸모없다고 정의된 물건들의 저장)이 집의 다른 역할들을 능가할 때, 단순한 생활공간 이상으로 심오한 무언인가가 사라진다. 심리학자 랜디 프로스트Randy Frost와 게일 스테키티Gail Steketee는 저장 장애에 대한 연구를 통해 다음을 볼 수 있었다고 썼다. "우리는 물건들을 집에 소유할 수 있다. 하지만 그 물건들도 우리를 소유할 수 있다."[52] 그러한 정도까지 물건들을 저장한다면, 극단적인 수집광들은 전통적인(혹은 진화적이거나 문화적인) 정의에서의 집을 갖고 있지 않다. 그들에게 그들이 사는 공간은 그들이 소유한 물건과 물질의 양에 의해 정의된다. 그들에게 집의 느낌이 있다고 말할 수도 있지만, 대부분의 사람들이 집에서 느끼는 것과는 다른 방식이다.

노숙의 수치

수치shame란 단어는 노숙인 대변인들의 연설이나 글에서 종종 나온다. 그들은 노숙의 문제를 좀 더 전념해서 다루지 않는 권력의 수치를 종종 언급한다. 이러한 발언은 노숙인에게 지워진 부당한 수치를, 이런 문제를 해결할 수 있는 더 나은 위치에 있는 사람들에게로 돌린다. 수치는 오명과 함께 다닌다. 그리고 사회의 가장자리에서 살아가는 노숙인들에게 씌워진 오명이 있다. 나는 노숙에 씌워진 수치와 오명이 집의 내재적인 힘과 중요성을 나타내는 증거라고 생각한다. 집은 단지 우리가 사는 곳이 아니라, 우리의 인간성을 나타내는 기표다.

오명을 가진 사람들에 대한 반응과 수치의 느낌은 본능적이지만, 무엇이 수치스럽고 비난받을 만한 것인지는 대부분 문화에 의해 결정된다. 이러한 문화적 우선권은 수치심을 유발하고 오명을 인식하는 뇌의 경로에 영향을 미친다. 수치는 (당혹감과 죄책감 같은) '도덕적 정서' 중 하나로서, 사회적 위반을 억제하는 기능을 한다.

흥미로운 신경촬영법 연구가 두 개 있다. 하나는 일본에서, 다른 하나는 독일에서 수행했지만 둘 다 같은 방법을 사용했다. 이 두 연구는 죄책감과 수치심이 뇌에서 별개의 네트워크를 이루지만 서로 겹친다는 것을 보여준다.[53] 피험자들에게 주어진 문장을 읽도록 했다. 그 문장에는 중립적인 내용(예컨대 "나는 옷을 세탁했다."), 죄책감이 드는 내용(예컨대 "나는 이메일로 컴퓨터 바이러스를 보냈다."), 수치스럽거나 당황스러운 내용(예컨대 "나는 속옷에 실례를 했다.")들이 포함되었다. 문장을 읽는 동안 피험자들의 뇌를 fMRI로 촬영했다. 뇌 활성화는 죄책감이나 수치심의 상태에서 광범위하게 나타났다. 거기에는 정서 처리와 관련된 대뇌피질의 일부분과 높은 수준의 다른 인지 영역들(전두엽과 측두엽), 그리고 시각피질이 포함되었다. 페트라 미힐Petra Michl이 이끈 독일 연구자들은 자신들의 연구 결과를 이전에 나온 일본의 연구 결과와 비교한 후 다음과 같은 결론을 내렸다. "우리는, 수치심은 문화 전반에 걸쳐 유사하게 나타나는 반면, 죄책감은 특정한 사회 기준에 좀 더 기초하고 있다고 해석한다."[54]

일본과 독일의 연구자들은 수치심이 죄책감보다 뇌에서 더 넓은 네트워크로 결합하고 전체적으로 더 큰 활성화를 유발한다는 것을 발견했다. 이것의 한 가지 이유는 수치심이 사회적 상호작용에 의존하는 느낌이기 때문일 것이다. 어떤 의미에서, 수치를 느끼려면 현실적이거나 상상적인 청중이 필요하며, 이 청중의 인식은 확인되거나 예측되어야 한다. 이것은 단순히 죄책감을 느끼고 인지하는 것보다 좀 더 복잡한 과정일 수 있다. 죄책감은 어떤 종류의 사회적 상호작용을 필요로 하지 않는다. 독일 연구자들은 자신들의 피험자와 일본의 피험자들 사이에 죄책감에 대한 뇌의 활성화에서 몇 가지 차이점이 있다는 것을 발견했다. 이것은 그들로 하여금 죄책감 처리 과정이 수치심보다는 좀 더 문화적으로 다양하다는 결론을 내리게 했다.

수치심처럼 오명도 근본적으로 사회적 상호작용으로부터 발생한다. 20세기 중반, 선구적인 사회학자 어빙 고프먼$^{Erving Goffman}$은 오명이 "평판을 심히 떨어트리는 속성"[55]을 가리킨다고 했다. 신경생물학적 수준에서 오명의 인식과 관련된 부정적인 정서들의 조절은 일반적인 정서 조절과 구분되며, 그것은 전전두엽 피질의 연합 영역에서 더 많은 활성화가 필요하다.[56] 앤 크렌들$^{Anne Krendl}$과 동료들은 이것의 한 가지 이유는 오명에 대한 정서적 반응이 상대적으로 복잡할 수 있기 때문이라고 말한다. 왜냐하면 (노숙인이나 약물 남용자처럼) 오명이 씌워진 사람들을 볼 때면 두려움이나 연민, 혐오, 또는 이 세 가지가 일정 정도 결합된 정서적 반응이 나올 수 있기 때문이다. 거꾸로 그러한 이미지에 대한 부정적인 '직감적' 반응을 제어하기 위해서는 좀 더 정서적인 처리가 요구될 수 있다.

이 두 연구는 오명과 사회적 상호작용, 그리고 공감 사이의 복잡한 상호작용을 입증하고, 이러한 상호작용이 어떻게 우리의 신경 처리 과정에서 일어나는지를 보여준다. 에이즈에 걸린 사람과 비만인 사람들이 현대 서구 문화에서 강력한 오명을 지니고 있다는 것은 심리학 연구에 의해 일반적으로 인정되고 지지받고 있다. 장 디세티와 동료들은 에이즈의 오명에 대한 인식 기반을 좀더 자세히 알아보기 위해서, 피험자들이 (귀에서 들리는 소음인) 이명으로 고통받는 병원 환자들의 짧은 영상을 보는 동안 그들의 신경 네트워크를 기록했다.[57] 피험자들은, 일부 환자는 건강했을 때 이름 모를 바이러스에 감염된 후 이명이 생겼지만, 다른 환자들은 에이즈의 합병증으로 이명이 생겼다는 설명을 들었다. 에이즈 환자들은 정맥 주사의 마약 사용으로 에이즈에 걸린 사람들과 수혈로 인해 걸린 사람들로 세분했다. 실험자들의 가설과는 달리, 에이즈 환자들과 그렇지 않은 환자들에 대한 반응 차이는 분명하게 나타나지 않았다. 오히려 피험자들의 고통 처리와 관련된 뇌 네트워크 활성화의 세기와 피험자들이 직접 기록한 정서적 반응의 측면에서 볼 때, 피험자들은 에이즈 수혈 환자들에게 가장 강하게 반응했다. 사실상 잠재적으로 오명을 쓴 이 그룹에 대한 피험자들의 공감은 정맥 주사로 에이즈에 걸린 그룹이나 오명이 없는 환자들에 대한 공감을 넘어섰다.

비만의 오명에 대한 신경학적 반응 연구에서, R. T. 아제베도 R. T. Azevedo와 동료들은 피험자들(모두 정상 체중)의 fMRI를 실시했다. 그러는 동안 피험자들은 정상 체중의 사람들과 비만인 사람들이 (바늘에 찔려) 고통받거나 면봉에 가볍게 닿는 영상들을 보았다.[58] 피험자들은 비만 환자들이 호르몬 불균형으로 비만이 되었거나 불분명한 이유로 비만이 되었다는 설명을 들었다. 아제베도와 동료들은 정상 체중의 참가자들이 이러한 영상들을 볼 때 비만 오명에 대한 영향의 증거가 있을 거라고 정확히 예측했다. 실험 결과, 비만 환자들이 고통받는 영상을 보는 동안 피험자들 뇌의 고통 처리 영역들의 활성화는 정상 체중 환자들의 영상을 볼 때보다 감소했다.

에이즈 환자에 대한 디세티의 연구 결과를 본 후, 아제베도와 동료들은 알 수 없는 원인으로 비만이 된 환자들보다 호르몬의 영향으로 비만이 된 환자들에 대한 공감적 반응이 더 클 거라고도 예측했다. 아제베도와 동료들은 실제로는 그 반대의 결과를 발견했다. 다른 비만 환자들과 비교했을 때, 호르몬의 영향으로 비만이 된 환자들에 대한 반응이 더 낮았다. 피험자들은 호르몬 질환이 있는 사람들에게 더 많은 '연민'을 느낀다고 주관적으로 말했지만, 이것이 공감으로 바뀌지는 않았다. 예후와 치료에 있어서 에이즈와 비만 사이에는 큰 차이가 있기 때문에 이 두 질병을 직접적으로 비교하기는 어렵다. 이것들이 사람들의 반응에 어떻게 영향을 주는지 비교하는 것은 말할 것도 없다. 하지만 종합적으로 볼 때 이 두 연구들은, 오명이 기본적인 수준에서 공감의 과정에 영향을 미치지만 이러한 반응은 다양한 요인들에 의해 바뀔 수 있다는 것을 보여준다.

임상적 또는 의학적 상태와 관련된 오명은 좀 더 '일상적인' 형태의 오명과 상당히 다를 수 있다. 오명은 고정관념의 한 형태이다. '고정관념 내용 모델stereotype content model, SCM'은 심리학자들이 사람들의 고정관념을 두 가지 차원으로 분류하기 위해 사용하는 체계이다. 그 두 가지는 정감(친구와 적의 판별)과 유능함(기본적인 능력)이다. 이 두 가지 특성의 높고 낮은 모형은 면을 네 개로 나눈다. 둘 다 높은 면에는 (예를 들어) 중산층과 올림픽 선수들 같은 그룹이 있다. 낮은 유능함-높은 정감의 면은 노인과 장애인 등으로 표현된다. 높은 유능함-낮은 정감에는 부유층과 사업가들이 있다. 그리고 마지막으로 둘 다 낮은 면에는 (당연히) 노숙인들과 마약 중독자들이 있다. 라사나 해리스Lasana Harris와 수전 피스크Susan Fiske는 피험자들이 SCM의 사분면을 각각 대표하는 사람들의 사진을 보는 동안, fMRI를 사용해 피험자들의 뇌 활동을 지도화했다.[59] 그들은 노숙인처럼 둘 다 낮은 사분면에 있는 사람들의 사진을 보여줄 때, 사회적 인지와 관련된 영역인 내측 전전두엽 피질에서 상대적으로 낮은 활성화가 유발된다는 것을 발견했다. 게다가 위와 동일한 사진들은 편도체와 뇌 섬엽 부분의 활성화를 증가시켰는

데, 여기는 높은 정서/혐오의 반응과 일치하는 곳이었다. 해리스와 피스크는 이러한 뇌의 활성화 패턴은 이중으로 낙인찍힌 이 그룹들의 "비인간화dehumanization"와 일치한다고 주장했다.

우리는 오명과 수치심이 실재한다고 말하거나 그것들을 어떻게 다뤄야 하는지 말하기 위해서 신경촬영법 연구들을 필요로 하는 것이 아니다. 오명과 수치심은 근본적으로 모든 인간 사회의 일부이다. 만약 당신이 오명이라는 일반적인 주제에 대한 신경촬영법 실험을 할 때 어떤 자극이 필요하다면, 당신이 노숙인의 (가만히 있거나 움직이는) 이미지를 사용하기로 했다는 걸 두고 어느 누구도 논쟁하지 않을 거라고 장담한다. 노숙인은 현대 사회에서의 그저 하나의 오명이 아니다. 그것은 오명의 전형이다. 신경촬영법 연구들은 어떤 오명에 대한 다양한 반응들이 때때로 그것을 경감시키는 요인들에 의해 복잡한 방법으로 변형될 수 있다는 것을 보여준다. 오명을 수반하는 신체적 상태나 질병들의 경우, 그것들의 근본적인 원인은 오명이 인식되는 방법을 바꾼다. 집은 우리 삶의 구조와 너무 밀접하게 연관되어 있어서, 집을 잃거나 집을 유지할 능력이 없는 것은 여러 지역에서 '실패'의 결과로 보일 수 있다. 노숙인에 대한 오명의 극복, 즉 그들의 '재인간화'로의 한 걸음은 노숙의 근본적인 원인들의 범위가 넓어 더 어려울 수 있다.

사람들은 대부분 집의 느낌을 저절로 습득한다. 그것은 대단한 지성이나 창의력, 예리한 사회적 지능, 높은 수준의 기술력을 필요로 하지 않는다. 음성 언어를 말하거나 두 다리로 걷는 능력과 마찬가지로, 우리는 집을 느끼는 능력을 갖게 된다. 왜냐하면 우리의 발달 과정에서 우리의 뇌는 인지적인 부분들이 모여 이것이 가능하도록 훈련되었기 때문이다. 집은 다양한 정서와 능력을 포함하고 있고, 우리는 일반적으로 그것들이 모두 잘 조화되고 있을 때 그것을 당연하게 여긴다.

세계인권선언이 주거를 하나의 권리로서 인간에게 주어진 것으로 언급했다는 사실은 주거가 단순히 피난처와 보호의 문제를 넘어선 그 이상의 것으로 여겨져야 한다는 뜻이다. 아니면 최소한 그것만이라도 말이다. 주택과 집은 우리가 인간으로서 완전히 존재하고 살기 위해 필요한 것의 많은 부분을 차지한다. 경제적이든 정치적이든 자연적이든, 외부의 힘이 사람들에게서 그들의 집을 빼앗아 갈 때 그것은 비극이다. 또 사람들이 그들의 인지적 구조로 인해 집을 찾는 데 어려움을 겪는 것도 비극이다. 집이 더 이상 바깥세상의 스트레스 요인들로부터 벗어날 수 있는 장소가 아닐 때, 또는 집의 조용한 즐거움으로부터 심리적 보상을 얻지 못할 때, 또는 현실 세계의 맥락에서 집의 존재 자체가 더 이상 분명하지 않을 때, 집은 인지적인 의미에서 발견하기 더 힘든 공간이 된다. 넓은 의미에서, 집은 매우 튼튼한 심리적인 현상이다. 하지만 우리는 그것이 몇몇 다른 교차점에서 탈선할 수 있다는 것을 알 수 있다. 최악의 경우 그런 탈선은 인지적으로 그리고 실제로도 집이 없는 사람들을 야기한다. 대부분의 사람들은 집이 진정한 집답게 보이지 않는 순간을 마주할 수 있다. 그 순간에 집이란 겉으로 보이는 것보다 훨씬 더 복잡다단한 것임을 기억해보는 게 좋을 것 같다. 그 집은 진화와 개발, 문화에 의해 건설되고 재건되면서 형성된 심리적인 '카드집house of cards'이기 때문이다.

7장

✦

더 나은 집 만들기

사람들은 대부분 이케아, 홈데포, 코메리 같은 상점들을 방문해서 집을 개선하려고 한다. 이러한 체인점들은 집을 유지하고 개조하기 위해 디자인된 제품과 도구로 가득 찬 거대한 건물들로 점점 더 인기를 끌고 있다. 이런 체인점들의 인기는 주택의 기능이 단순히 살기 위한 공간이라기보다는 경제적 투자로서 점점 더 중요해지고 있기 때문일지도 모른다. 어쨌든 주택이 당신의 주요한 재정적 자산을 나타내는 한, 집을 열심히 유지 보수하고 또 거기 쏟은 노동을 이익으로 바꾸는 것은 아주 타당한 일일 것이다. 어떤 사람이 살고 있는 주택은 지위와 성공의 큰 지표가 될 수 있다. 그래서 주택을 개선하려는 욕망은 지위를 개선하려는 욕망과 관련이 있을 것이다. 반대로 최소한 이런 맥락에서, 집의 유지와 보수를 포기하는 것은 이러한 '게임에 참여할' 마음이 없다는 신호를 보내는 방식일 수 있다. 그리고 마지막으로는 보다 매력적이고 안전하고 편안하고 건강한 주거 환경을 만들겠다는, 좀 더 근본적인 목표를 가지고 집을 개선하는 사람들이 언제나 있어왔다.

집을 개선하는 일에 다른 사람들보다 마냥 더 끌리는 사람들이 있을 수 있다. 요컨대 주변 환경에 대한 사람들의 지향은 아주 다양하다. 어떤 사람들은 접근성에 초점을 맞추는 반면, 또 어떤 사람들은 주변 환경의 폭넓은 전망을 중요하게 생각한다. 세상에서 자신의 장소를 좀 더 광범위한 시각으로 보는 사람들은 공간 내부의 구성보다 그들이 차지하고 있는 외부 구조물에 더 초점을 맞출 것이다. 아마도 후자보다는 전자가 집의 개선을 추구할 가능성이 더 크다. 하지만 보다 근본적으로, 사람들이 다른 것과 개인적인 관계를 맺는 방법은 엄청나게 다양하다. 어떤 사람들은 더 쉽게 만족하는 반면, 어떤 사람들은 끊임없이 개선을 추구한다. 어떤 사람들은 안정성에서 기쁨을 얻는 반면, 어떤 사람들은 이미 정착되고 만족스러운 관계 안에서도 새로운 것을 찾는다.

이 책에서 강조했듯이, 집은 우리가 사는 공간과 우리의 관계에 관한 것이다. 진화적·인지적·심리학적 관점에서 살펴볼 때 그러한 관계들이 복잡하고 다면적이라는 것을 쉽게 알 수 있다. 집과 우리의 관계는 간단하고 수월해 보일 수 있다. 우리 대부분에게 그러한 관계가 아주 자연스럽게 다가오기 때문이다. 하지만 그러한 '자연스러움'은 집을 집답게 만들기 위해서 균형을 유지해야 하는 인지 장치를 숨긴다. 우리가 이따금 집의 느낌을 갖지 못할 때 우리는 의식적으로 무언가 잘못되었다는 것을 감지한다. 하지만 제대로 돌아갈 때, 집은 안정적이고 안전하며, 가능한 최선의 방식으로 다소 단조롭다.

어떤 일에는 대부분 개선의 여지가 있다. 그리고 집도 예외는 아니다. 집의 개선을 촉진하기 위해, 이번 장에서 나는 이 책에서 다루었던 집에 대한 몇 가지 요점들을 인류 진화 과정에서의 인지적인 자연사를 탐구하면서 뽑아낼 것이다. 이러한 요점들 중에서 일부는 통찰력이 있을 수 있다. 그리고 일부는 상당히 함축적일 수 있다. 하지만 만약 집이 진정으로 (많은 사람들과) 내가 주장하고 있는 것처럼 보편적인 경험/느낌이라면, 그것들은 나의 경험만큼이나 당신의 집 경험과도 관련이 있을 것이다. 고대 그리스인의 말 '너 자신을 알라.'는 (원래 그리스 만신전의 신들과 관련된 것이지만) '네 자리를 알라.'라는 의미로 해석될 수 있다. 나는 이 말을 '네 집을 알라.'로 변경하려 한다. 어쨌든 집은 사람들 각각에게 독특한 무엇인가를 형성하기 위해서 자아와 공간이 결합하는 곳이다.

피난처, 말벌, 그리고 프레리도그

가장 기본적인 수준에서, 우리 대부분은 집이 피난처를 제공한다는 것에 동의할 것이다. 집이 없다는 것은 주변 환경으로부터 어떠한 보호도 없이 공개되고 노출되어 있어야 한다는 것이다. 우리는 모든 동물들이 그러한 것처럼 피난처를 찾고 그것에 의존하는 경향이 있다. 우리와 특별히 비슷한 동물들은 아니지만(이를테면 말벌과 설치류), 동물들이 스스로 만든 공간을 점유할 때는 그 동물들과 우리를 동일시해보기가 더 쉬울 것이다.

오르간 파이프 말벌의 경우, 그들이 만든 피난처는 종으로서 그들의 통일성을 보여준다. 반대로 인간이 집이라고 부르는 주택, 오두막, 천막, 아파트 같은 것들의 광범위한 종류는 우리 종 안에서의 다양성을 나타내는 증거로 받아들여질 수 있다. 이러한 다양성이 인류의 보편적인 기술적 특성이라는 것을 간과해선 안 된다. 우리는 들어가서 살 무언가를 만든다. 더 정확하게 말하자면, 선진국에 사는 우리 대부분은 집을 짓고 사는 사람들이 아니기 때문에, 인간이 만든 구조물에 들어가서 산다. 이 구조물들은 모두 똑같이 생기지 않았다. 왜냐하면 우리의 주택 건물은 유전자보다 우리의 문화에 의해서 만들어지기 때문이다. 하지만 일반적으로 우리는 피난처를 구하려 하고, 또 그것을 우리 스스로 만들 수 있는 수단을 갖고 있다.

현대 세계에서 (짚, 나뭇가지, 진흙보다 훨씬 더 강한 재료로 제작되고, 중앙의 난방과 냉방으로 온도를 조절하는) 우리의 주택들은 아무리 단순한 구조물이라도 우리를 악천후에서 보호할 수 있다는 것을 잊어서는 안 된다. 주변에서 가장 약한 피난처라도 어느 정도 햇

빛을 가리고 바람을 막고 비에 젖는 것을 막을 수 있다. 저녁에는 체온이나 불에 공을 들이고 그것들을 잘 관리해서 추위를 막을 수 있다. 그리고 포식자들을 팔 길이보다 더 먼 곳에 두고 가까이 올 수 없게 할 수 있다. 단순한 피난처라도 갖고 있는 이러한 엄청 난 가치는 인간이 마치 그것들을 짓기 위해 진화해온 것처럼 보이 게 하는 하나의 이유가 될 수 있다. 하지만 인간의 머리에는 '주택' 에 대한 공통의 청사진이 없다. 스스로 피난처를 만드는 대부분 의 동물들과 우리가 다른 부분은 바로 이 지점이다. 우리의 주택 과 주거지는 집의 감각과 우리의 일반적인 기술 능력에서 나온다.

집에서만 배울 수 있는 것

프레리도그는 프레리도그가 되는 법을 배워야 한다. 프레리도그 는 그들이 태어나고 자란 굴을 중심으로 교육받는다. 프레리도그 는 굴 주변의 공간을 이용하는 방법과 포식자들을 경계하는 방법 을 배운다. 서로에게 경고하기 위해 사용하는 호출은 자궁에서부 터 알고 있던 것이 아니다. 대신 시간이 흐르면서, 그리고 경험을 통해 그것을 습득한다. 프레리도그 각각은 적절하게 사회화된 프 레리도그로서 살아가는 방법을 배운다. 프레리도그는 언제나 집

혹은 굴에서 교육을 받는다.

또 프레리도그는 항상 가족이나 가까운 친척한테서 교육을 받는다. 물론 이러한 교육은 직접적인 가르침이 아니라, 다른 프레리도그들과 가까이 있으면서 저절로 배우는 것이다. 프레리도그가 새끼였을 때 맡았던 냄새는 그들에게 누가 가족이고 가족이 아닌지를 가르쳐준다. 굴을 혈육과 연결하는 것은 진화적인 면에서 매우 중요하다. 시간과 공간에 대한 공동 투자는 서로 관련된 동물들 사이에서만 진화했을 수 있고, 그래서 그 동물들은 같은 유전적 목표를 공유할 수 있었다. 근친교배의 유전적 희생 때문에, 아무리 좋은 점이 많은 가족이라도 궁극적으로는 지나치면 안 좋을 수 있다. 그래서인지 일반적으로 프레리도그 수컷은 이동 과정에서 가깝게 연관되어 있지 않은 다른 굴의 암컷들과 짝짓기를 한다.

인간의 집은 프레리도그의 굴과 완전히 다르다. 하지만 기본적으로 몇 가지 특징들을 공유한다. 첫째, 집은 아이들이 큰 노력 없이 무언가를 깊이 있게 배우는 공간이다. 분명히 어떤 것들은 다른 것들보다 배우기 쉽고, 또 우리의 생물학적 특성은 우리를 특정한 방향으로 이끈다. 하지만 집은 어린 시절 주요한 교육적 관계의 공간을 제시한다. 둘째, 집은 가족이 공유하는 공간이고 인간은 프레리도그처럼 근친교배라는 형태의 지나친 공유를 피한다. 인간이 이계교배를 장려하는 심리적인 메커니즘은 집과 같은 환경에서 진행되는 사회적 학습의 특정한 형태를 보여준다. 이것은 암묵적인 수준에서 일어나며 가르침 없이 배우는 것이다.

집은 분명히 특별한 학습 환경이다. 비록 이러한 학습은 혈육 관계의 개인들(부모와 자식, 형제자매 등)이 지식을 전달하면서 진화하긴 했지만, 이러한 학습을 운영하는 메커니즘에는 유전자 탐지기가 없다. 집에서와 같은 학습은 혈육 관계가 아닌 개인들 사이에서도 분명 일어날 수 있다. 집은 좀 더 공식적인 교육 영역과 구분되는 교육 환경을 구성하며, 좀 더 '자연스러운' 학습 공간을 반영한다. 이것은 집이 모든 것을 배우기에 이상적인 공간이라는 의미가 아니다. 하지만 우리가 특히 집과 같은 환경에서 학습하도록 편향되어 있는 어떤 것들이 있다.

자연선택은 집의 습성을 형성한다

살기 위해 구조물을 짓거나 구멍을 파는 다른 동물들을 살펴볼 때, 이러한 본능적인 행동들이 자연선택에 의해 형성된 적응이라는 것을 이해하기는 쉽다. 오르간 파이프 말벌의 경우, 새끼를 기르기 위해 만든 구조물은 자기들 '종의 거주 지역'을 직접적이고 기능적으로 확장한 것이다. 굴에 서식하는 설치류는 말벌과 같이 기계적으로 만들지 않는다. 하지만 그럼에도 불구하고 그들이 만드는 굴은, 그들의 생존을 강화하고 또 그들의 유전적 혈통을 유지하기 위해서 자손을 성공적으로 기르는 능력을 강화하는 적응적인 행동을 나타낸다. 많은 동물 종에게 '집'은 자연선택의 직접적인 결과이다.

나는 인간이 살기 위해 지은 주택과 다른 주거지들은 생물학적 의미에서의 적응이 아니라 전통에 의해 형성된 문화적 적응이라 해도 무방하다고 생각한다. 인간의 주거지는 악천후와 포식자, 그리고 기타 환경의 위협으로부터 보호하는 가장 확실한 적응성을 갖추고 있다. 주택은 편안함과 생존력을 증진한다. 또 주거지는 인간 사회의 맥락에서 중요한 역할을 한다. 주거지는 보다 큰 집단들 내에서의 중요한 관계들을 나타낼 수 있고, 구조와 설계를 통해 상징적인 의미들을 전달할 수 있다. 주택의 이러한 측면들은 사회 전체의 전반적인 기능에 기여하며, 철저히 문화적인 맥락에서의 적응적인 역할을 반영한다. 종합적으로 볼 때, 인간이 살기 위해 지은 모든 구조물들은 우리가 공유하는 기술적 독창성과 우리 자신을 환경으로부터 보호하는 능력의 산물이다. 이것은 무엇인가를 짓는 본능적이고 타고난 욕구를 반영하지 않는다.

만약 주택 그 자체가 생물학적 적응이 아니라면, 집은 어떨까? 이 책을 통해 나는 집의 느낌에 기여하는 정서적이고 인지적인 과정들이 있다고 주장했다. 그리고 (중요한 일을 수행하고, 관계가 유지되며, 생물학적 회복이 강화될 수 있는 환경의 특별한 장소인) 집이 인간 생존에 크게 기여한다는 증거는 충분히 있다. 그리고 그런 측면들은 현생 인류의 출현보다 앞서서 발생했다. 이런 의미에서 집은 자연선택에 의해 형성된 적응이다. 비록 집이 거의 완전히 우리가 사는 곳에 대한 우리의 개인적인 느낌들에서 형성된다 할지라도 말이다. 분명 이러한 느낌에는 다른 사람들이 직접적으로 접근할 수 없다. 하지만 나는 집에 대한 우리의 느낌이 장소와 우리의 관계를 장려하는 어떤 적응을 형성하는 여러 인지 과정의 결과물이라고 확신할 수 있다. 다른 동물들도 그들이 사는 곳과 결합된다. 하지만 인간의 집이 인간 정신의 독특한 인지와 지적 환경이라는 맥락에서 발생할 때, 그것은 동물학적으로 독특한 곳이다.

향수병의 가치

가치 있는 것들은 절대로 가볍게 포기되지 않는다. 그리고 우리는 가장 소중하게 여기는 것들과 가장 강하게 애착을 느끼는 것들의 상실에 슬퍼한다. 집의 가치는 향수병이라는 절망적인 간절함에서 볼 수 있다. 우리 중 많은 사람들이 집에서 오랜 기간 혹은 영원히 떨어져 있을 때 경험하는 작은 슬픔은 절대 사소한 느낌이 아니다. 비록 이동성이 높은 현대 사회에서 그 슬픔의 영향을 줄이기 위해 그것을 경시하는 경향이 있을 수는 있지만 말이다. 사람들이 향수병에 걸렸을 때, 그들은 일반적으로 주거지나 특정한 물건, 또는 특정한 사람을 그리워하는 것이 아니라 그 집에서 있었던 전체적인 경험을 그리워한다.

향수병은 집이 우리에게 가치 있고 중요하다는 것을 보여준다. 그런데 향수병의 가치는 무엇일까? 다른 형태의 일반적인 우울증이나 슬픔과 마찬가지로, 중요한 것의 상실과 관련된 단순한 슬픔은 잠재적인 적응력이라고 오랫동안 인식되어왔다. 부정적인 정서들은 가치 있는 자원들의 상실로 이어질 수 있는 행동들을 그만두게 한다. 비록 우리가 우울증을 지속적으로 쇠약해지는 효과를 가진 임상적 실체라고 곧바로 생각하는 경향이 있기는 하지만, 일반적이고 단기적인 우울증은 동물들이 다양하고 복잡한 환경을 다루는 법을 배우는 데 중요한 보조제다. 우리와 같은 종에서, 환경은 우리가 살고 있는 복잡한 사회 세계를 포함한다. 슬픔은 우리가 미래의 실수를 피하는 법을 배우는 데 도움을 준다.

향수병을 경시하는 것은 집 자체를 경시하는 것이라고 생각한다. 향수병은 우리 삶에서 중요한 관계를 잃은 것에 대한 완벽하게 정상적인 반응이다. 하지만 평범한 슬픔의 다른 형태들과 부정적인 느낌들처럼, 향수병이 너무 오래 지속되면 그것은 우리를 쇠약하게 하는 효과를 가질 수 있다. 집이 없다는 것은 적응되지 않는 장소에 있는 것과 같다. 향수병은 남겨두고 온 것에 대한 상실을 경험할 때에도 우리를 앞으로 나아가게 함으로써 우리가 그 상황을 바로잡을 수 있게 격려한다.

집과 직장, 우리의 고정점은 어디일까?

우리는 **행동권**home range이라는 용어가 무엇을 의미하는지 상당히 직관적으로 느끼고 있다. 동물학 연구에서 그것은 동물이 어느 정도 습관적으로 사용하는 근거지로서, 더 넓은 환경의 일부분을 가리킨다. 동물은 그 안에서 이동하고 자원을 얻고 휴식을 취한다. 행동권은 영토territory와 같지 않다. 영토는 좀 더 적극적으로 방어하거나 최소한 정기적으로 감시하는 근거지다. 식료품 가게는 내 행동권에서 중요한 부분이지만 그것이 내 영토의 일부분이라고 말하지는 않을 것이다.

고정점은 동물이 행동권 내에서 다른 장소들에 비해 자주 방문하고 좀 더 많이 사용하는 장소다. 대부분의 사람들에게 집은 주변 환경에서 가장 의미 있는 고정점을 나타낸다. 동물들은 물이나 음식에 대한 접근성, 포식자로부터의 보호, 휴식하기 좋은 장소의 제공 같은 이유로 고정점에 끌린다. 이 같은 특성들은 우리 인류의 선조들에게도 마음에 들었을 것이다. 그러나 시간이 흐르면서 우리 선조들은 주변 환경 내의 특별한 고정점을, 기술적으로 또 사회적으로 집중하고 강화하기 시작했다. 이것이 집의 시작이었다.

현대 세계를 살아가는 사람들에게 계속되는 긴장감의 원천 중 하나는 집과 일 사이의 균형을 유지하려는 노력에서 나온다. 이것은 관계와 책임에 관한 것일 수도 있지만, 장소에 관한 것이기도 하다. 수천 년 동안 수렵채집인과 야생인으로 살아왔던 우리의 과거에서 집이 우리 행동권의 주요한 고정점이었다는 것은 분명하다. 심리적인 장소이든 문자 그대로의 장소이든 간에 집은 오랫동안 인간 일상생활의 중심이었다. 오늘날 대부분의 사람들은 고정점을 여러 개 갖고 있다. 새로운 얘기는 아니다. 하지만 집의 우선순위는 직장에 의해 종종 도전받는다. 사람들은 동시에 서로 다른 두 장소와 중요한 관계를 맺을 수 있을까? 일부 사람들은 그럴 수도 있지만 대부분은 그럴 수 없다. 나는 우리의 진화된 심리가 단 하나의 중요한 고정점과 더 잘 맞고, 그것은 물리적 위치와 상관없이 집이 된다고 생각한다.

수면이라는 '활동'

대형 유인원에게서 보이는 가장 두드러지면서도 과소평가된 적응 중 하나는 밤에 보금자리를 만드는 것이다. 다른 유인원이나 원숭이에게서 보이지 않는 이러한 행동은 약간의 기술과 통찰력이 필요하다. 그리고 어린 유인원이 진정으로 성공적인 보금자리를 만들 수 있기 전에는 어느 정도의 시간이 필요하다. 대형 유인원의 보금자리가 집의 직접적인 전조인지 아닌지를 말하는 것은 거의 불가능하다. 대형 유인원들이 같은 장소에 두 번 보금자리를 만드는 경우가 거의 없다는 사실, 그리고 그 보금자리는 실제로 집중적인 사회적 상호작용이나 음식의 처리 과정이 이어지는 장소가 아니라는 사실을 감안하면, 집의 직접적인 전조가 아니라고 말할 수 있다. 하지만 대형 유인원의 보금자리는 분명 집과 마찬가지로 잠을 자기에 가장 좋은 장소다.

연구자들이 동물들은 왜 꼭 잠을 자야 하는지 알아내기 위해 여전히 노력하고 있지만, 우리는 수면 패턴이 서로 다른 방식으로 살아가는 동물들의 특정한 요구들에 맞춰서 자연선택에 의해 형성될 수 있다는 것을 알고 있다. 대형 유인원의 보금자리가 우리에게 시사하는 것 한 가지는, 수백만 년 전에 그 대형 유인원이 다른 유인원 혈통에서 분리될 때 혈통 안에서 뭔가가 바뀌었다는 것이다. 한 가지 가능성은 몸의 크기가 점점 증가하자 나무 위에서 잠을 자기 위해서 좀 더 안전한 기반이 필요했다는 것이다. 그리고 고릴라의 경우 결국 몸집이 너무 크게 진화되어 거의 대부분 땅위의 보금자리에서 잠잘 때도 이러한 기반은 유지되었다. 또 다른 가능성은 유인원의 인식에서 무엇인가 변화가 생긴 것이다. 바로 더 나은 밤 수면이 수면 중 일어나는 뇌 기능의 유지를 위해서 무엇보다 더 필수적이라고 판단했음을 의미한다.

인간은 대형 유인원에서 크게 변형되었으며, 보금자리를 만드는 행위는 아마도 우리의 진화적인 유산의 일부분일 것이다. 보금자리 만들기의 핵심은 안전하고 편안한 수면 공간을 얻기 위해 주변 환경을 개조하는 것이다. 보금자리가 없더라도 인간은 수면의 질을 향상시키기 위해 개조한 환경에서 잠을 잔다. 만약 유인원의 보금자리가 집의 전조라고 한다면, 그것은 매우 근본적인 수준에서 그러한 것이다.

현대 생활에서 큰 모순은, 우리는 이제 기술적인 관점에서 인간의 모든 필요를 충족시키는 집을 가질 수 있게 됐지만 그 기술이 수면의 질을 저하시킬 수 있다는 것이다. 조명 시설에서 인터넷에 이르기까지, 집 안의 수면 환경은 여러 면에서 기술의 공격을 받고 있다. 과학자와 의사 들은 너무 적은 수면의 위험성에 대해 점점 더 많이 경고하고 있으며, 잠을 위해서 밤을 되찾아야 한다고 주장한다. 개인의 관점에서 볼 때, 집이 일상생활에서 차지하는 가장 기본적인 역할은 수면에 안전한 공간을 제공하는 것이다. 대형 유인원에게 밤에 잠잘 곳을 준비하는 일은 집중된 활동이다. 어쩌면 자신의 건강을 위해서, 더 많은 사람들이 하루의 중요한 '활동'으로서 수면에 집중할 필요가 있다.

화로와 집

오늘날의 기술은 수면을 방해하고 있지만, 시간을 거슬러 올라가서 집을 식별할 수 있게 하는 가장 기본적인 특징은 그곳이 기술을 사용하고 창조했던 장소라는 것이다. 우리는 불이 꼭 기술의 한 형태라고 생각하지는 않지만, 불의 창조와 보존은 분명 자연세계의 물질들이 인간의 사용을 위해 어떻게 변형될 수 있는지에 대한 이해에 달려 있다. 집과 화로의 동일시는 오래된 것이다. 현존하는, 그리고 소멸된 전 세계의 문화에서, 집은 불이 사용되고 유지되는 장소로 인식된다.

우리는 불이 어쩌다 처음 사용되었는지 모른다. 그것은 초기 호모속의 구성원들을 따뜻하게 하거나 아니면 포식자들을 멀리하기 위한 것이었을 수도 있다. 하지만 불을 사용하기 시작한 것이 어떤 이유에서였든 간에, 인간 진화에서 불의 변함없는 가치는 불을 사용한 요리가 영양학적 기회들을 높여 완전히 새로운 세계를 열어준다는 사실에서 나온다. 불이 없다고 가정해보자. 그러면 큰 동물들의 고기는 단백질이 풍부하지만 질겨서 거의 먹을 수 없을 것이고, 또 칼로리가 높은 덩이줄기도 입에 맞지 않을 것이다. 불은 이러한 음식들을 얻기 위해 사용된 돌이나 다른 도구들의 가치를 높였다.

요리는 하나의 과정이다. 그리고 불은 인간성을 정의하는 특성일지도 모르는 '집 중심의 식사 과정'에서도 중심에 있다. 사람들은 음식을 집으로 가져와 요리하고 함께 먹는다. 불은 그 이후에도 여전히 살아남아 사회적 상호작용과 교제의 중심이 된다. 여러 문화권에서 불의 사용은 매우 만족스러운 사건이었으며, 집을 만들고 유지하면서 얻는 생리적 및 심리적 보상들 중 하나였다.

우리는 집에서 더 많은 활동을 해야 할까?

본base이라는 단어는 준비 활동의 의미를 내포한다. 육군과 공군은 일반적으로 그들의 본거지에서 전투를 벌이지 않지만 그곳에서 전투를 준비한다. 베이스캠프는 등산가들이 웅장한 산의 정상에

오르기 위해 과감한 도전을 준비하는 곳이다. 그런 등산가들 대부분은 실제 등산보다 베이스캠프에서 준비하는 데 더 많은 시간을 보낼 것이다. 또 '베이스'는 안전한 곳이며, 우리가 회복할 수 있는 곳이다. 야구 용어에서도 베이스에 들어가는 걸 '세이프safe'라고 하고, '홈 베이스'에 있는 것이 가장 안전하다.

3장에서 나는 초기 호모의 진화에 대한 '본거지' 가설을 논의했다. 바로 그 시대의 고고학 기록에서 본거지와 같은 것을 확인하는 일은 거의 불가능할 수도 있지만, 우리가 알고 있는 전통적인 사람들이 살았던 방식에 근거하면 본거지와 같은 활동 영역은 인류가 집을 짓거나 어떤 종류의 구조물을 짓기 전부터 있었을지도 모른다. '본'이 무엇인지에 대한 좀 더 일반적인 개념에 따르면, 본거지는 일반적인 활동의 안전한 영역으로 이해될 수 있다. 그리고 그곳에서 초기 인류는 그들의 삶을 가능하게 만들기 위해서 해야 할 모든 것들을 했다. 여기에는 잠자기, 먹기, 도구 만들기, 아이 키우기, 이야기하기, 관계를 시작하고 끝내기, 계획 세우기 등이 포함될 수 있다. 더 큰 사회가 생기기 전에는 본거지가 사회였다. 그곳은 모든 일이 일어났던 사회였다.

문화가 점점 복잡해짐에 따라 집은 더 큰 사회 구조를 구성하는 기본 단위가 되었다. 그리고 사회의 크기와 복잡성이 증가함에 따라 집이라는 기본 단위는 점점 더 단순해지고 있다. 집은 수면, 식사, 위생, 그리고 소극적인 오락을 위한 장소다. 그곳은 가장 가까운 가족 관계를 위해 따로 남겨둔 장소다. 집은 일반적으로 도구를 만들거나 중요한 음식을 생산하고 처리하거나 주요 의례 활동을 하거나 공식적인 교육 등이 이뤄지는 장소가 아니다. 문화에 따라 다소 차이는 있겠지만, 현대 사회의 많은 사람들에게 집 그 자체는 어떤 일이 많이 일어나지 않는 곳이다. 집은 본거지와 가장 거리가 먼 어떤 것이다.

오늘날 집을 도시의 혼란으로부터 탈출할 수 있는 장소로 두려는 필요도 있겠지만, 활동의 중심을 집에 더 많이 두는 것은 큰 이익이 될 수 있다. 집의 인지적인 보상은 통제와 안심의 느낌들에 어느 정도 주어져 있다. 우리는 몸과 마음을 유지하기 위해 집에 의존한다. (어떤 방법이나 형태, 형식으로든) 집이 좀 더 전통적인 장소로 돌아가 생산적인 활동의 중심이 된다면 집에 대한 우리의 긍정적인 느낌들은 강화될 것이다.

집에서 공유되는 에너지와 애착

어떤 사람들은 혼자서 꽤 성공적으로, 그리고 행복하게 산다. 그것도 좋지만, 대부분의 사람들은 그들의 삶 전부를 혹은 대부분을 다른 사람들과 함께 산다. 이러한 사회적 습관은 우리의 선조들에게서 나온 것 같다. 우리와 가장 가까운 대형 유인원들 중에서 침팬지와 고릴라는 비록 우리와 다소 다른 구성이기는 하지만 대부분 사회 집단에서 살고 있다. 우리가 인류 진화 동안 일어났다고 생각하는 일 중 하나는, 유인원 집단에 비해 우리의 전체적인 집단 크기가 너무 커져서 결국 우리는 집단 안의 더 중요한 집단, 즉 가정이란 단위로 합쳐지기 시작했다는 것이다.

일반적으로 하나의 단위로서의 가정은 근본적으로 자원을 모으기 위해 일하는 개인들을 묶어 연결한다. 다른 말로 하면, 그곳에는 에너지의 공유와 교환이 있다. 인류 진화 과정에서 중요한 혁신은 아빠들이 자식을 기르는 데 관여하게 되었다는 것이다. 이러한 개입은 아빠와 자식 간의 직접적인 상호작용을 통해서, 또는 몇몇 이론가들이 제기하는 것처럼 초기에 자식의 엄마에게 음식이나 다른 지원을 제공함으로써 발생했고, 지금도 여전히 그렇다. 또 인간은 아이를 양육하는 부모를 돕기 위해 다른 양육자들을 일상적으로 데려오기 때문에, 우리는 동물학적으로 '협력적인 양육자'로 분류될 수 있다. 아이들은 심지어 어른이 되어서도 가족과 연결되어 있고, 그들이 자라면서 그들에게 투자된 에너지를 '되갚는다.' 때문에 가정은 더 큰 사회에 속한 단순한 단위가 아니다. 가정은 상호 지지하는 개인들 간의 활발한 교류를 위한 환경이다.

물론 이 모든 에너지의 공유는 정서의 진공 상태에서 일어나지 않는다. 애착은 가정 구성원들 사이에서 형성되며, 가정이 단순한 에너지 교환의 장소에서 좀 더 집 같은 곳으로 변화하는 데 도움을 준다. 모든 영장류가 그러한 것처럼, 분명히 집안에서 가장 중요한 관계는 엄마와 자식 사이의 관계다. 같은 엄마(아빠는 알 수 없는)에게서 나온 침팬지들 사이에서 목격되는 관계를 반영해보면, 형제자매 간의 긴밀한 관계도 중요하다. 생식하는 인간 남성과 여성 사이의 정서에 기반을 둔 지속적인 관계는 (대형 유인원들 사이에서) 새로운 것이다. 이것은 집을 정의할 때 대부분의 사람들에게 주요한 관계다. 각각이 전형적으로 하나의 핵가족을 이루는, 선진국의 세분화된 가정에서는 특히 그렇다. 하지만 우리는 인간 역사의 많은 부분에서 가정이 더 다양했으며, 여러 세대에 걸쳐서 관련성의 정도가 굉장히 다양한 혈육들로 구성되었음을 명심해야 한다. 이렇게 복잡한 가정은 그 안의 단일 커플 관계의 중요성을 떨어트린다.

집의 느낌은 공통의 유전적 목표를 지닌 사람들 사이의 관계에 기초하여 진화했다. 많은 전통적인 가정들과 비교해볼 때, 현대의 가정은 관계의 간소화된 명단을 반영한다. 오늘날 우리가 집에서 하는 일들이 실제로 줄어든 것과 마찬가지로, 우리의 기본적인 관계들도 줄어들었다. 이것이 꼭 나쁜 상황은 아니다. 하지만 나는 집이 가치 있는 관계들을 더 많이 육성하고 지속할 수 있다고 생각한다. 우리가 핵가족 세계에서의 경험을 바탕으로 기대할 수 있는 것보다 더 많이 말이다. 그리고 비록 집 관계의 기원은 가족과 혈육 사이에 있었지만, 현재의 세계에서 그러한 관계는 유전자에 의해 제한될 필요가 없다.

집의 세계

우리는 지구 위에서 산다. 하지만 우리는 집에서 거주한다. 그리고 우리가 거주하는 집들은 전 세계에서, 덥거나 춥고 습하거나 건조한 기후에서 발견된다. 하나의 종으로서 우리의 놀라운 적응성은 많은 것들(기술적 지능, 잡식성의 식단, 정보를 공유하고 그것을 집합적으로 저장할 수 있는 능력 등)에 의존하고 있는 한편, 자신이 살고 있는 장소를 삶의 또 다른 동반자로 만드는 우리의 능력은 확실히 이런 동기를 강화했다. 우리는 집에 정서적 중요성을 투자함으로써 집의 인지적 지위를 끌어올린다.

앞서 말했듯이, 집은 거주지나 주택보다는 우리가 어떤 특정한 장소와 맺는 관계와 유대에 관한 것이다. 이러한 관계들 중 많은 것들은 의심의 여지없이 생활 구조물의 발전에 앞서 발생했으며, 어쩌면 어떤 특정한 장소와의 특별한 유대에 앞서 발생했을지도 모른다. 하지만 어느 시점에서 그러한 유대는 중요해졌다. 4장에서 제시했듯이, 멸종한 호미닌 종들과 어떤 장소 사이의 정서적인 유대에 대한 가장 강력한 고대의 증거는 네안데르탈인 매장지의 존재일 것이다. 이러한 매장지에 대한 다른 해석들도 존재하지만, 우리는 네안데르탈인의 생활 구조물에 대한 증거가 없기 때문에 그들의 매장지가 그런 증거들을 대신할 수 있다.

집은 우리의 풍부한 인지적 삶과 기술적인 역량의 혼합을 대표한다. 따라서 이러한 결합이 인류 진화에서 상대적으로 늦게 나타난 것은 그리 놀라운 일이 아닐 것이다. 사실 이런 관점에서 고고학적 기록의 최종적인 생활 구조물은 오직 현생 인류하고만 관련이 있다. 하지만 집의 많은 이점들을 얻는 데에 지붕이 꼭 필요한 건 아니다. 분명 구조물은 안전과 편안함을 향상시키고 집 생활을 더 낫게 하며, 사회적인 관점에서 우리가 사는 공간을 규정한다. 그러나 나는 집의 생물학적·문화적·인지적 진화가 서로 다른 측면들에서 진행되었고, 집에 대한 우리의 느낌들은 이러한 역사들의 상호작용에서 나왔다는 것을 기억하는 것이 중요하다고 생각한다.

집의 느낌 배우기

음성 언어나 도덕 감각, 혹은 타인의 마음을 읽을 수 있는 능력(즉 타인의 행동을 예측할 수 있는 능력)처럼, 집의 느낌을 느낄 수 있는 능력은 어릴 때 성장하면서 배우는 것이다. 이러한 인지적 기술들은 모두 다양한 요소로 구성되어 있고, 또 다양한 뇌 영역에 관여한다. 이런 기술들은 어느 정도 우리 안에 내장되어 있다. 하지만 그 기술들의 배선은, 상당한 지원을 받는 '정상적인' 발달 환경에서 훈련을 받은 경우에만 적절하게 작동된다. 이러한 기술들을 습득하는 데도 학습이 관여하지만, 그 과정이 너무 점진적일 뿐만 아니라 대체로 정규 교육에서 벗어나 있기 때문에 우리는 종종 그것들을 '획득'한다고 생각한다.

음성 언어는 대부분의 사람들이 어느 정도 숙달돼 있는 강력한 기술이다. 그렇지만 사람들의 언어 능력에는 차이가 있고, 적절히 의사소통할 수 있는 사람들 중에서도 일부는 이와 별개로 언어 장애가 있다. 마찬가지로, 대부분 사람들이 타인의 정서 및 동기를 이해하는 능력이나 도덕 감각을 발달시키는 반면, 인지과학자들은 이러한 영역들에서의 장애가 좀 더 명백한 행동 문제들과 어떻게 상호작용하는지 점점 더 자세히 설명하고 있다.

집 느낌의 능력 차이와 관련된 연구는 거의 이루어지지 않았다. 하지만 나는 실제로 차이가 존재한다고 생각한다. 이러한 차이의 원인은 생물학적인 것일 수도 있고, 인지 영역에 실제로 내장되어 있는 차이를 반영하는 것일 수도 있고, 환경 때문일 수도 있다. 어린 시절 집 생활에 대한 모델의 부재는 성인이 되어 집 느낌의 능력을 발전시키는 데 장애가 될 수 있다. 6장에서 논의했듯이, 정신질환자들과 약물남용자들 사이에서의 특정한 인지 결손은 인지적으로 정상적인 집 생활을 유지하는 것을 여러 면에서 방해할지도 모른다. 발달적 관점이 우리에게 가르쳐주는 주요한 것은, 아이가 집과 관계를 맺도록 직접적으로 가르치기란 매우 어려울 수 있다는 것이다. 대신 그것은 완전히 집 같은 환경에서 오랜 시간에 걸쳐 모범이 됨으로써 육성되어야 하는 기술이다.

집이 제공하는 균형 잡힌 삶

사람들은 장기적인 안목으로 볼 때 균형 잡힌 삶이 건강한 삶이라고 본다. 일과 놀이, 수면과 불면, 음식을 먹는 것과 에너지를 쏟는 것 등에서 어느 쪽이든 너무 편중되는 것은 신체의 전반적인 건강을 해칠 수 있다. 유럽과 중동, 그리고 아시아 일부 지역에서 전통의학 문화의 표준이 되는 이러한 관점은, 네 종류의 체액(흑담

즙, 황담즙, 점액, 혈액)이 건강을 유지하기 위해 어떻게 균형을 이루어야 하는지 생각했던 고대 그리스인들에게까지 거슬러 올라갈 수 있다.

우리 삶에서 집은 균형의 좋은 원천이다. 극단적인 예를 들어서, 어떤 사람에게 집이 없다면 그 사람은 통제되거나 제한될 수 없는 환경에서 오는 영향들을 온전히 받게 될 것이다. 대부분의 사람들에게 이것은 장기적으로 어려운 상황이 될 것이다. 왜냐하면 우리는 집이 균형을 되찾을 수 있는 장소가 될 거라고 일정 정도 기대하기 때문이다. 1장에서 논의했듯이, 생리적 균형에 대한 과학적 용어는 항상성이다. 집과 항상성은 본질적으로 연결되어 있다. 집은 우리가 몸의 항상성을 유지하고 외부 세계의 무질서하거나 에너지를 빼앗는 자극으로부터 최소한 약간의 보호를 받을 수 있는 곳이다.

앞에서 나는 집이 항상성 균형의 공간이 될 거라는 기대가 너무 강력해서 거의 플라시보와 같은 방식으로 작용할 수 있다고 주장했다. 이러한 기대는 집의 실제적인 회복력과 강력하게 조합된다. 집 느낌의 핵심은 집이 회복의 장소라는 것을 감지하는 것이다. 음식을 먹고 휴식을 취할 때, 몸과 마음은 우리가 다시 세상을 직면할 수 있도록 준비해준다. 만약 집에서 항상성을 유지할 수 없다면 그건 뭔가 잘못된 것이다. 오늘날 많은 사람들에게 집은 주로 항상성 유지의 장소다. 우리 중 많은 사람들은 집에서 멀리 떨어진 곳에서 일하고 사회적으로 상호작용하고 교육을 받고 심지어 먹기까지 한다. 사람들은 집에 덜 집중하고 바깥세상에 더 많이 집중하는 삶을 살아간다. 그런 사람들에게 집이 휴식과 균형을 제공하지 않는다면, 그 집은 가장 기본적인 역할을 수행하지 못하는 것이다.

시간과 공간을 여행하기에 가장 좋은 장소

집은 우리의 정신이 배회하기에 가장 좋은 곳이다. 과학자들이 기능적 신경촬영법의 혁명을 통해 마침내 보통의 건강한 인간 뇌의 활동을 관찰할 수 있게 되었을 때, 그들은 (합당한 이유에서) '활동적인' 뇌에 주로 관심을 두었다. 이것은 일하고 있는 뇌, 뭔가를 하고 있는 뇌다. 연구자들이 휴식 중인 뇌를 연구하기 시작한 것은 그보다 좀 더 뒤의 일이다. 우리는 분명 대부분의 시간을 특별히 하는 일 없이 보낸다. 기능적 신경촬영법 실험에서 종종 사용되는 집중적인 작업 같은 것은 분명 하지 않는다. 이것은 정말로 '하는 일이 없는' 것이 아니다. 오히려 이 기간 동안 우리의 뇌 활동은 외부 자극의 직접적인 결과가 아니라고 말하는 게 더 정확할 것이다.

휴지 상태인 뇌는 자유롭게 돌아다니고, 계속해서 아이디어들을 테스트하고, 과거의 경험을 재검토하고, 새로운 경험을 위한 계획을 세운다. 어쩌면 다른 동물들도 이렇게 할 수 있을 것이다. 하지만 인류 진화에 있어서 그 핵심은 이러한 사적인 '경험'들이 반드시 사적인 것으로 남지는 않는다는 것이다. 언어와 더불어 이러한 정신의 배회는 사회 집단의 구성원들 사이에서 공유될 수 있는 계획, 이야기, 그리고 심지어는 기술의 기초가 될 수 있다.

그렇다면 집은 (넓은 의미에서) 휴식뿐만 아니라 생각을 위해서도 중요한 장소를 제공한다. 집은 외부 세계의 자극과 산만함으로부터 우리를 떼어낸 후 완전히 예측 가능한 환경을 제공한다. 그렇게 해서 우리가 지적 능력을 이용하여 이 세계를 더 잘 다룰 수 있는 기회를 준다. 하지만 역효과를 낳기도 한다. 일부 사람들이 바깥세상으로부터의 압력과 문제로부터 완전히 이탈하도록 만드는 것이다. 이러한 후퇴는 신체적으로나 정신적으로나 건강에 이로울 것 같지 않다. 하지만 완전한 현실 도피를 추구하지 않는 사람들에게 집이 제공할 수 있는 짧고 일상적인 탈출은 집 밖에서의 삶을 살아가는 데 필수적인 것 같다.

집이라는 팀

우리 중 많은 사람들이 '익숙하면 무시하기 쉽다.'는 말을 알고 있다. 그리고 우리는 집 안에서부터 스스로 찢고 갈라져 나온 가족과 가정 들에 대해 알고 있다. 그러나 대다수의 경우, 집은 생활공간을 공유하고 또 공동의 혹은 개인적인 목표들을 달성하기 위해 서로 돕는 상당히 안정적인 집단(일반적으로는 피붙이지만 반드시 그런 것은 아니다.)을 구현한다. 밖에서 집 안을 들여다 볼 때, 집을 공유하는 거주자들은 하나의 팀처럼 보일 수 있다. 우리는 그들이 다른 집의 거주자들보다 자기 집 거주자들을 더 좋아하면서 서로를 지지하는 것이 자연스럽고 정상적인 것이라고 기대한다.

집을 공유하는 사람들의 친숙함은 무시보다는 공감을 불러올 가능성이 크다. 다른 것은 몰라도 집을 공유하는 사람들 간의 상대적으로 높은 동시적인 생활은 애착과 공감을 촉진한다. 수많은 연구들을 보면, 사회성이 높은 종인 우리 인간은 뭔가를 함께함으로써 서로에게 긍정적인 영향을 많이 준다. 집은 동시적인 행동을 하는 데 주요한 장소들 중 하나다. 단결과 일치를 장려하고 싶은 집단이나 단체들은 우리가 집에서 보는 '자연스러운' 상황을 흉내 내서, 이따금 그들의 구성원들이 같은 스케줄로 생활하고 자고 먹도록 한다. 동시적인 집 생활의 인지 메커니즘은 아마도 혈육 관계에 있는 개인들 사이에서 진화되었을 것이다. 그러나 이러한 메커니즘은 유전적 관련이 있든 없든 간에 함께 사는 사람들 사이에서 작용하므로, 우리는 이런 것에 '속을' 수 있다.

세계의 많은 선진국에서 가족과 가정은 점점 작아지고 있다. 단지 아이들의 수가 점점 줄어든다는 것이 아니라 한 가정으로 여겨지는 확장된 혈육들이 점점 줄고 있다는 것이다. 이혼과 재혼역시 집이라는 팀을 해체하는 데 중요한 역할을 한다. 가정의 구성원 수가 줄어들면서 동시적인 행동을 할 수 있는 기회가 더욱 제한된다. 소규모의 가정들에서 동시성의 기회가 줄어들 뿐만 아니라, 바깥 세계에서의 그들의 목표와 관련된 가족 내 통일성도 줄어든다. 선진국에서 아이들이 부모의 직업적인 발자취를 따르리라는 기대는 점점 줄어들고 있다. 매일 가족들이 함께 식사하는 것만으로도 사람들은, 특히 어린이와 청소년은 많은 이점을 얻는다는 것은 잘 알려져 있다.[01] 계획되고 공유된 매일의 가족 식사는 어느 정도의 동시성을 유지하는 가장 좋은 방법이며, 그를 통해 집의 팀으로서 향유할 수 있는 심리적 및 신체적 혜택들을 모두 얻을 수 있다.

주택에서의 야성적 충동

선진국에서 집 소유권 밈에 영향을 받는 많은 사람들에게 집은 다른 어떤 것 못지않게 경제적인 것이다. 사람들은 주택 구입을 고려할 때, 비용과 감당할 수 있는 가격, 자기 자본, 감가상각, 그리고 가격 상승을 주로 생각한다. 세입자의 경우도 어디에서 거주할 것인지 결정하는 데 경제는 중요한 요인이다. 집 느낌의 관점에서 볼 때, 나는 이것이 반드시 나쁘다고 생각하지는 않는다. 우리가 집의 자연사에서 볼 수 있는 한 가지는 집의 느낌이 매우 강하고 회복력이 있다는 것이다. 사람들은 온갖 종류의 구조물과 모든 종류의 주변 환경에서, 그리고 모든 형태의 동거인들과 함께 스스로 집을 만들 수 있다. 비록 순전히 경제적인 이유에서 집을 구입하더라도, 그것이 반드시 집의 느낌에 방해가 되지는 않는다.

더 큰 문제가 될 수 있는 건 그 이면이다. 우리가 집에 대해 갖고 있는 느낌들은 주택과 관련된 우리의 경제적 의사결정을 훼손할지도 모른다. 집의 비물질적 이익들에 대한 기대는 우리가 집에 투자할 때 자신감 과잉을 불러올지도 모른다. 우리가 집과 연관되어 느끼는 안전과 편안함은 합리적이고 경제적인 영역으로 확장되지 않는다. 집의 느낌은 야성적 충동에 속하는 것이어서 사람들이 경제 이론에 나오는 이상화된 합리적인 소비자처럼 행동하는 것을 막는다.

개인적인 수준에서 우리는 과도한 주택 비용을 경제적인 투자와 집 생활 개선의 기회로 합리화할 수 있다. 주택에 더 많은 돈을 쓰게 되는 매력들 중 일부로는 집값의 상승, 더 좋은 주택, 더 나은 이웃, 좋은 학교와 낮은 범죄율이 있다. 이러한 목표들은 모두 집의 본질적인 느낌들보다는 주택과 관련된 외부의 경제적 및 사회적 지위에 의해 더 채워진다. 많은 사람들이 일이 벌어진 이후에 배우는 것처럼, 이러한 비본질적인 개선이 집 안에서의 생활을 반드시 향상시키는 것은 아니다. 장애물은 아니지만, 그렇다고 집에 대해 더 향상된 느낌들을 보장하는 것도 아니다. 사람들은 대부분 이것이 사실이라고 느낄 것이다. 덜 명확한 사실은, 주택 경제와 집의 결합이 굉장히 다양한 방식으로 확실성과 불확실성을 혼합하여 금융 및 정서적인 것들의 위험성을 평가하는 우리의 능력을 떨어뜨릴 수 있다는 것이다.

집을 개선하기 위해 망치와 페인트용 솔이 필요하지는 않다. 집의 물리적 환경이 편안함과 보호를 넘어서 중요하고 심지어 의미 있다는 것을 의심하는 사람은 아무도 없다. 집 생활과 집 느낌들은 구조적인 향상에 의해 개선될 수 있지만, 이러한 향상은 근본적으로 제한적이다. 여기서 핵심은 집이 어떤 건물이나 구조물이 아니라는 것이다. 『오즈의 마법사』에서 도로시는 허수아비한테 말한다. "우리의 집이 아무리 황량한 잿빛이라 해도, 그리고 다른 곳이 아무리 아름답다고 해도, 피와 살로 이루어진 우리 사람들은 집에서 살고 싶어 해." 우리의 생리적, 정서적, 그리고 인지적 안녕은 집에 대한 우리의 진화된 '피와 살'의 느낌들에 의해 크게 좌우된다. 이 느낌들이 무엇이고 또 어디에서 온 것인지 이해함으로써 우리는 지극히 개인적인 종류의 집의 개선을 이룰 수 있다고 나는 믿는다.

나오는 글: 집이라는 이야기

집에 대한 내 의견도 이제 거의 끝나간다. 집은 다른 관점들, 즉 사회학, 문학, 지리학, 고고학, 건축학, 역사학 등의 관점에서도 이야기될 수 있다. 나는 그러한 이야기들을 많이 읽었고, 거기에는 모두 시사점이 있었다. 하지만 나는 집을 진화적·인지적 관점에서 살펴보며, 다른 관점들에서 나타나는 것보다 좀 더 보편적인 것을 찾으려 노력했다. 나는 집과 관련해 일반적으로 인간적인 무언가가 있다는 데에 모두 동의한다는 것을 알고 있다. 사람들은 모두 그들이 하고 싶은 집 이야기를 들려주기 전에 그 이야기를 한다. 하지만 그것은 이야기 배경의 일부분으로 주어진 것이다. 마치 우리가 집 자체와 연관지어 생각하는 미묘한 정서와 느낌들처럼 말이다. 나는 이 배경을 앞으로 부각시키면서, 집이 어떻게 오늘날

우리 삶의 중요한 토대가 되었는지 보여주었으면 했다.

집은 우리에게 가장 중요한 관계들과 가장 사적인 순간들의 중심지다. 집에 대한 우리의 이야기들은 (최소한 모든 세세한 얘기까지는) 우리가 바깥세상과 나누고 싶은 것이 아닐 수 있다. 하지만 우리 자신에게 되새겨볼 가치는 있을 것이다. 어쨌든 다양한 형태의 심리 치료들은 과거를 탐구하고 과거에 집중하며, 또 어떤 경우에는 집이 중심이 된 관계들을 심리적으로 발굴하기도 한다. 오늘날 선진국에서 이러한 이야기들에는 일반적으로 부모와 형제자매들이 포함되어 있지만, 어떤 경우에는 더 넓은 범위의 등장인물들이 포함될 수도 있다.

집을 둘러싼 정서들은 우리 삶에서 가장 중요한 형성기의 경험들, 또 가장 평범한 경험들의 배경이 된다. 안토니오 다마지오는 의식을 우리가 창조하면서 동시에 관찰할 수 있는 "뇌 속의 영화movie-in-the-brain"에 비유했다.[01] 의식의 한 구성요소는 '자전적 자아'로서, 이는 개인적인 과거 경험의 기억과 앞으로 예상되는 미래의 기대에서 비롯된다. 자전적 자아는 삶의 사건들을 짜맞춘 어떤 이야기를 '뇌 속의 영화'에 제공한다. 많은 근원적인 신경학적 과정들은 의식의 연속을 유지하기 위해 함께 작용하면서 사건들을 지속적인 이야기로 배치한다. 집과 관련된 비언어적 느낌들은 이러한 과정에 필수적이다.

우리 삶에서 집의 느낌들은 인지의 연속성을 제공한다. 비록 주변 환경이 매우 다양할 뿐만 아니라 우리가 통제할 수 없음에도 불구하고 그렇다. 나는 지금까지 19개의 다른 거주지에서 살았다. 크거나 작고 따뜻하거나 추운 주택과 아파트에서 가족 및 낯선 사람들(낯선 가족 구성원들과 가족 같은 낯선 사람들도 포함하여)과 함께 살았던 생활환경들을 통해, 집의 느낌은 그들에 대한 내 기억 속에 스며든다. 나는 지난 몇 년 동안 매우 다른 장소들에서 살았다. 그리고 나는 이러한 시간의 흐름 속 여러 시점에서 여러모로 똑같은 사람이 아니었다. 그렇지만 집은 정서적이고 인지적인 연속성을 '뇌 속의 영화'에 제공한다. 집은 나의 자전적 자아가 조직되어 있는 여러 고정점 중 하나다. 집은 나의 의식적인 존재를 떠받치는 여러 기둥 중 하나다.

자아의 상실은 집을 잃는 것과 함께 일어날 수 있다. 앞서 나는 노숙의 비극에 대해 이야기했다. 그리고 집이 없는 것이 어떻게 사람을 인간 사회의 가장자리에 놓을 수 있는지에 대해 논의했다. 노숙은 종종 경제적인 어려움이나 공중 보건의 불충분에서 비롯되지만, 때때로 그것은 어떤 개인이 더 이상 인지적으로 집 생활을 유지할 수 없을 때 개인의 내부에서 비롯되기도 한다. 알츠하이머병을 비롯한 여러 형태의 치매가 그 예다. 알츠하이머 환자들은 마지막 단계 훨씬 이전에, 즉 인지 장애로 다른 사람한테 생활을 의존할 수밖에 없는 단계로 가기 이전에 '배회'하는 행동을 많이 보인다.[02] 이러한 배회는 가족과 간병인들에게 매우 괴로운 일이 될 수 있고, 또 환자 본인들을 위험에 빠트릴 수도 있다. 배회의 기저에는 익숙한 장소와 물체를 인식하는 능력의 상실이 있다. 알츠하이머병을 앓고 있는 많은 사람들에겐 뭔가 잘못되었다는 인식, 즉 집을 잃었다는 인식이 있다. 그들 중 일부는 불안해하거나 강박증이 생기는 반면, 어떤 사람들은 더 이상 그들이 쓸 수 없는 집을 찾아 배회한다. 누군가 이런 식으로 정처 없이 떠돌아다닐 때, 그 사람은 더 이상 예전의 그 사람이 아니다.

이것은 다소 우울한 이미지이지만 우리를 중요한 통찰로 이끈다. 바로 집이 중요하다는 통찰이다. 다시 말하지만 이것은 모두가 알고 있는 사실이다. 하지만 나는 당신이 이 책을 읽고 난 후 집이 새로운 방식으로 중요하다는 것을 알게 되었으면 한다. 집은 우리의 진화적 유산의 일부분이다. 집은 우리가 오늘날 우리 같은 종이 되도록 도왔다. 집은 우리의 공통된 인간성의 일부이다. 집은 우리의 가장 기본적인 생리적·심리적 요구를 충족시키며 사회적 존재로서 우리 삶의 핵심을 제공한다. 진화적 내장hardwiring과 환경적 양성, 둘 다에 의해서 집은 우리의 인식에서 특권적인 위치를 지니고 있다. 요컨대 집은 우리의 안녕을 유지하고 증진한다. 집을 개선하면, 즉 집에서 더 나은 느낌을 받게 되면 삶을 향상시킬 수 있다.

　내 친구 중 하나는 아파트를 임대해야 하는지를 두고서 풍수 전문가와 상담을 한 적이 있다. 아파트가 주변 환경에서 올바른 방향으로 서 있는가? 기의 흐름은 어떠한가? 한 건축가 친구는 부유한 고객들을 위해 집을 설계해주었다. 그 고객들은 마하리시 마헤시 요기(인도의 초월 명상법을 창시하고 발전시킨 사람—옮긴이)와 초월 명상의 가르침을 따르는 사람들이었다. 그들은 완전히 현대적이지만 고대 베다의 디자인 원리에 따라 지어진 집을 원했고, 그 집을 제대로 구현하기 위해 들어간 비용을 기꺼이 지불했다. 내가 지금 살고 있는 집을 설계하고 지은 사람들은 텔레비전이 너무 커서는 안 된다는 것과 어느 누구도 텔레비전에서 나온 빛에 방해받아서는 안 된다는 명제에 헌신한 것처럼 보인다. 우리는 모두 다른 방식들로 깨달음을 얻으려 하지만, 그 여정은 언제나 집에서 시작한다.

　모든 문화권의 사람들에게 집은 물리적 세계의 중심일 뿐만 아니라 인지적 세계의 중심이기도 하다. 인류가 이렇게 성공적인 종이 된 데에는 우리가 스스로 만든 환경에서 살고 있는 것도 한몫한다. 이렇게 상대적으로 안전한 피난처에서 우리는 친근함이 떨어지고 안전함도 떨어지며 집 같은 느낌도 떨어지는 세계로의 탐험을 계획한다. 역설적이게도 우리 종이 모든 위험과 보상을 받아들이면서 이 거대한 세계의 정복에 성공한 것은 집의 느낌을 갖고 싶어 하는 강력하고 내재적인 욕망 때문인지도 모른다.

감사의 말

해나 다마지오와 안토니오 다마지오에게 고마움을 전한다. 그들은 내 지적인 집들을 오랫동안 관리해주었다. 첫 번째 집은 아이오와 대학교의 신경과였고, 최근에는 서던캘리포니아 대학교의 돈사이프 인지신경과학영상센터와 두뇌창의성연구소였다. 그들의 지지가 없었다면 이 책의 집필은 불가능했을 것이다. 인디애나 대학교 인류학과에서 장학금과 우정을 보내준 앤드리아 와일리와 톰 쇠네만에게도 감사드린다. 서던캘리포니아 대학교의 크레이그 스탠퍼드와 오클랜드 대학교의 피터 셰퍼드에게도 감사한다. 그들은 내가 전문 분야와 관련된 것을 질문할 때마다 기꺼이 답해주었다. 국제통화기금에서 근무하는 엘리 카네티는 내게 집 경제의 주제와 관련된 매우 유용한 가이드를 제공했다. 가정 위

탁과 입양의 주제와 관련해서는 '아이들을 위한 뉴욕주 시민연합'의 세라 저스텐장이 도움을 주었다.

내 에이전트인 마르살 라이언 문학 에이전시의 질 마르살은 뛰어난 지혜와 강한 인내심을 갖고 브레인스토밍과 제안 단계를 거쳐 이 프로젝트를 키워냈다. 베이직북스 출판사의 편집자 토머스 켈러허는 그것을 넘겨받아 다각적이고 세심하게 읽은 후 훨씬 더 탄탄하고 읽기 쉬운 책으로 만들었다. 이 책에 결정적인 기여를 한 그들에게 무척 감사한다. 또 이 책의 제작을 총괄해 준 콜린 트레이시 프로젝트 편집자와 더욱 명확한 문장을 위해 훌륭한 제안을 많이 해준 교열 담당자 데버라 하이먼에게도 감사한다.

마지막으로 내 주택을 (대체로) 행복한 집으로 만드는 데 도움을 준 이들에게 감사한다. 두 아들 리드와 페리, 그리고 거의 30년 동안의 하우스메이트이자 아내인 스테파니 셰필드에게도 감사의 말을 전하고 싶다.

주

들어가는 글

01 S. J. Matt, *Homesickness: An American History* (New York: Oxford University Press, 2011).

02 같은 책, 4쪽.

03 M. Stroebe, T. van Vliet, M. Hewstone, and H. Willis, "Homesickness Among Students in Two Cultures: Antecedents and Consequences," *British Journal of Psychology* 93(2002): 147-168.

04 S. E. Watt and A. J. Bader, "Effects of Social Belonging on Homesickness: An Application of the Belongingness Hypothesis," *Personality and Social Psychology Bulletin* 35(2009): 516-530.

05 W. Rybczynski, *Home: A Short History of an Idea* (New York: Penguin, 1986).

06 A. Blunt and R. Dowling, *Home* (London: Routledge, 2006).

07 Rybczynski, *Home*, 217.

08 C. Moore, G. Allen, and D. Lyndon, *The Place of Houses* (Berkeley: University of California Press, 1974), 49.

1장 집의 느낌

01 M. Jackson, *At Home in the World* (Durham, NC: Duke University Press, 1995).

02 같은 책, 110쪽.

03 같은 책, 84쪽.

04 J. Panksepp, "Toward a Cross-Species Neuroscientific Understanding of the Affective Mind: Do Animals Have Emotional Feelings?" *American Journal of Primatology* 73(2011): 545-561. 559쪽에서 인용. 판크세프는 논문의 제목에서 제기한 질문에 대해 매우 긍정적으로 대답한다. '부록 A'에는 19세기와 20세기에 대두된 행동주의 심리학을 간결하게 설명해두었다. J. Panksepp, *Affective Neuroscience: The Foundations of Human and Animal Emotions*(New York: Oxford University Press, 1998), 1장도 참조하라.

05 P. R. Kleinginna and A. M. Kleinginna, "A Categorized List of Emotion Definitions, with Suggestions for a Consensual Definition," *Motivation and Emotion* 5(1981): 345-379. 정서를 정의한 부분은 355쪽에 있다.

06 R. Plutchik, "The Nature of Emotions: Human Emotions Have Deep Evolutionary Roots," *American Scientist* 89(2001), 345.

07 안토니오 다마지오, 임지원 옮김, 『스피노자의 뇌』(사이언스북스, 2007), 53~56쪽.

08 P. Ekman and W. V. Friesen, "Constants Across Cultures in the Face and Emotion," *Journal of Personality and Social Psychology* 17(2003): 124-129.

09 P. Ekman, "All Emotions Are Basic," in P. Ekman and R. J. Davidson (eds.), *The Nature of Emotion: Fundamental Questions*(New York: Oxford University Press, 1994), 18.

10 R. Plutchik, "The Nature of Emotions."

11 J. Posner, J. A. Russell, and B. S. Peterson, "The Circumplex Model of Affect: An Integrative Approach to Affective Neuroscience, Cognitive Development, and Psychopathology," *Development and Psychopathology* 17(2005), 730.

12 같은 책, 719쪽.

13 K. A. Lindquist, T. D. Wager, H. Kober, E. Bliss-Moreau, and L. F. Barrett, "The Brain Basis of Emotion: A Meta-analytic Review," *Behavioral and Brain Sciences*

35(2012): 121-143; K. A. Lindquist and L. F. Barrett, "A Functional Architecture of the Human Brain: Emerging Insights from the Science of Emotion," *Trends in Cognitive Sciences* 16(2012): 533-540.

14 S. Hamann, "Mapping Discrete and Dimensional Emotions onto the Brain: Controversies and Consensus," *Trends in Cognitive Science* 16(2012): 458-466; K. Vytal and S. Hamann, "Neuroimaging Support for Discrete Neural Correlates of Basic Emotions: A Voxel-Based Meta-analysis," *Journal of Cognitive Neuroscience* 22(2010): 2864-2885.

15 Lindquist and Barrett, "A Functional Architecture of the Human Brain."

16 안토니오 다마지오, 앞의 책, 57~58쪽.

17 같은 책, 105쪽.

18 A. Damasio and G. B. Carvalho, "The Nature of Feelings: Evolutionary and Neurobiological Origins," *Nature Reviews Neuroscience* 14(2013), 144.

19 같은 글.; A. D. Craig, "Significance of the Insula for the Evolution of Human Awareness of Feelings from the Body," *Annals of the New York Academy of Sciences* 1225(2011): 72-82.

20 Damasio and Carvalho, "The Nature of Feelings," 147.

21 안토니오 다마지오, 앞의 책, 110쪽.

22 존 앨런, 윤태경 옮김, 『미각의 지배』(미디어윌, 2013).

23 C. Boehm, *Moral Origins: The Evolution of Virtue, Altruism, and Shame*(New York: Basic Books, 2012); J. Haidt, "The New Synthesis in Moral Psychology," *Science* 316(2007): 998-1002.

24 V. Klinkenborg, "The Definition of Home," *Smithsonian Magazine*, May 2012, www.smithsonianmag.com/science-nature/the-definition-of-home-60692392/.

25 J. Nolte, *The Human Brain: An Introduction to Its Functional Anatomy*(St. Louis: Mosby, 2002): 568-569.

26 안토니오 다마지오, 앞의 책.

27 H.-R. Berthoud and C. Morrison, "The Brain, Appetite, and Obesity," *Annual Review of Psychology* 59(2008): 55–92.

28 R. Szymusiak, "Hypothalamic Versus Neocortical Control of Sleep," *Current Opinion in Pulmonary Medicine* 16(2010): 530–535; M. Gorgoni, A. D'Atria, G. Lauri, P. M. Rossini, F. Ferlazzo, and L. De Gennaro, "Is Sleep Essential for Neural Plasticity in Humans, and How Does It Affect Motor and Cognitive Recovery?" *Neural Plasticity*(2013), 103949; L. Xie, H. Kang, Q. Xu, M. J. Chen, Y. Liao, M. Thiyagarajan, J. O'Donnell, D. J. Christensen, C. Nicholson, J. J. Iliff, T. Takano, R. Deane, and M. Nedergaard, "Sleep Drives Metabolite Clearance from the Adult Brain," *Science* 342(2013): 373–377.

29 D. E. Moerman, "General Medical Effectiveness and Human Biology: Placebo Effects in the Treatment of Ulcer," *Medical Anthropology Quarterly* 14(1983): 13–16.

30 D. G. Finniss, T. J. Kaptchuk, F. Miller, and F. Benedetti, "Biological, Clinical and Ethical Advances of Placebo Effects," *The Lancet* 375(2010): 686–695; M. Beauregard, "Mind Does Really Matter: Evidence from Neuroimaging Studies of Emotional Self-Regulation, Psychotherapy, and Placebo Effect," *Progress in Neurobiology* 81(2007): 218–236.

31 P. Petrovic, T. Dietrich, P. Fransson, J. Andersson, K. Carlsson, and M. Ingvar, "Placebo in Emotional Processing—Induced Expectations of Anxiety Relief Activate a Generalized Modulatory Network," *Neuron* 46(2005): 957–969.

32 Y.-Y. Tang, M. K. Rothbart, and M. I. Posner, "Neural Correlates of Establishing, Maintaining, and Switching Brain States," *Trends in Cognitive Sciences* 16(2012): 330–337.

33 M. E. Raichle, A. M. Macleod, A. Z. Snyder, W. J. Powers, D. A. Gusnard, and G. L. Shulman, "A Default Mode of Brain Function," *Proceedings of the National Academy of Sciences* 98(2001): 676–682; M. E. Raichle, "Two Views of Brain Function," *Trends* *in Cognitive Sciences* 14(2010): 180-190.

34 S. M. Smith, P. T. Fox, K. L. Miller, D. C. Glahn, P. M. Fox, C. E. Mackay, N. Filippini, K. E. Watkins, R. Toro, A. R. Laird, and C. F. Beckmann, "Correspondence of the Brain's Functional Architecture During Activation and Rest," *Proceedings of the National Academy of Sciences* 106(2009): 13040-13045.

35 D. Mantini, M. Corbetta, G. L. Romani, G. A. Orban, and W. Vanduffel, "Evolutionarily Novel Functional Networks in the Human Brain?" *Journal of Neuroscience* 33 (2013): 3259-3275.

36 M. C. Corballis, "Wandering Tales: Evolutionary Origins of Mental Time Travel and Language," *Frontiers in Psychology* 4(2013), article 485, 3; 다음도 참조하라. T. Suddendorf and M. C. Corballis, "The Evolution of Foresight: What Is Mental Time Travel and Is It Unique to Humans?" *Behavioral Brain Sciences* 30(2007): 299-351.

37 D. A. Fair, A. L. Cohen, N. U. F. Dosenbach, J. A. Church, F. M. Miezin, D. M. Barch, M. E. Raichle, S. E. Petersen, and B. L. Schlaggar, "The Maturing Architecture of the Brain's Default Network," *Proceedings of the National Academy of Sciences* 105(2008): 4028-4032.

38 A. Lutz, H. A. Slagter, J. D. Dunne, and R. J. Davidson, "Attention Regulation and Monitoring in Meditation," *Trends in Cognitive Sciences* 12(2008): 163-169.

39 K. Crosland, "Open Your Mind with Open Monitoring Meditation," January 7, 2011, http://psychologyofwellbeing.com/201101 /open-your-mind-with-open-monitoring-meditation.html.

40 A. Lutz et al., "Attention Regulation and Monitoring"; K. B. Baerentsen, H. Stødkilde-Jørgensen, B. Sommerlund, T. Hartmann, J. Damsgaard-Madsen, M. Fosnaes, and A. C. Green, "An Investigation of Brain Processes Supporting Meditation," *Cognitive Processes* 11(2010): 57-84; S. W. Lazar, G. Bush, R. L. Gollub, G. L. Fricchione, G. Khalsa, and H. Benson, "Functional Brain Mapping of the

Relaxation Response and Meditation," *NeuroReport* 11(2000): 1581-1585.

41 E. Luders, A. W. Toga, N. Lepore, and C. Gaser, "The Underlying Anatomical Correlates of Long-Term Meditation: Larger Hippocampal and Frontal Volumes of Gray Matter," *NeuroImage* 45(2009): 672-678; S. W. Lazar, C. E. Kerr, R. H. Wasserman, J. R. Gray, D. N. Greve, M. T. Treadway, M. McGarvey, B. T. Quinn, J. A. Dusek, H. Benson, S. L. Rauch, C. I. Moore, and B. Fischl, "Meditation Experience Is Associated with Increased Cortical Thickness," *NeuroReport* 16(2005): 1893-1897.

42 A. Lutz et al., "Attention Regulation and Monitoring," 166-167.

43 CNN Political Unit, CNN poll: "'Rob Portman effect' fuels support for same-sex marriage," March 25, 2013, http://political ticker.blogs.cnn.com/2013/03/25/cnn-poll-rob-portman-effect-fuels-support-for-same-sex-marriage/.

44 J. Decety and M. Svetlova, "Putting Together Phylogenetic and Ontogenetic Perspectives on Empathy," *Developmental Cognitive Neuroscience* 2(2011): 1-24.

45 같은 글, 6쪽.

46 X. Xu, X. Zuo, X. Wang, and S. Han, "Do You Feel My Pain? Racial Group Membership Modulates Empathic Neural Responses," *Journal of Neuroscience* 29(2009): 8525-8529.

47 Y. Cheng, C. Chen, C.-P. Lin, K.-H., Chou, and J. Decety, "Love Hurts: An fMRI Study," *NeuroImage* 51(2010): 923-929; G. Hein, G. Silani, K. Preuschoff, C. D. Batson, and T. Singer, "Neural Responses to Ingroup and Outgroup Members' Suffering Predict Individual Differences in Costly Helping," *Neuron* 68(2010): 149-160.

48 R. Dunbar, *How Many Friends Does One Really Need? Dunbar's Number and Other Evolutionary Quirks* (Cambridge: Harvard University Press, 2010).

49 M. K. McClintock, "Menstrual Synchrony and Suppression," *Nature* 229(1971): 244-245; H. C. Wilson, "A Critical Review of Menstrual Synchrony Research,"

Psychoneuroendocrinology 17(1992): 565-591; J. M. Setchell, J. Kendal, and P. Tyniec, "Do Non-human Primates Synchronize Their Menstrual Cycles? A Test in Mandrills," *Psychoneuroendocrinology* 36(2011): 51-59.

50 D. Saxbe and R. L. Repetti, "For Better or Worse? Coregulation of Couples' Cortisol Levels and Mood States," *Journal of Personality and Social Psychology* 98(2010): 92-103.

51 R. Feldman, "On the Origins of Background Emotions: From Affect Synchrony to Symbolic Expression," *Emotion* 7(2007): 601-611; S. Atzil, T. Hendler, and R. Feldman, "The Brain Basis of Social Synchrony," *Social Cognitive and Affective Neuroscience* 9(2014): 1193-1202.

52 T. L. Chartrand and J. L. Lakin, "The Antecedents and Consequences of Human Behavioral Mimicry," *Annual Review of Psychology* 64(2013), 293.

53 S. Mithen, *The Singing Neanderthals: The Origins of Music, Language, Mind, and Body*(Cambridge: Harvard University Press, 2006), 215.

2장 집과 보금자리

01 그 동물원의 프레리도그를 나만 좋아했던 건 아니었다. 2011년 6월 20일, Sarah's Notebook 참조. http://trundlebedtales.wordpress.com/2011/06/20/iowa-city-park-zoo/.

02 J. L. Hoogland, "Cynomys ludovicianus," *Mammalian Species* 535(1996): 1-10.

03 J. L. Gould and C. G. Gould, *Animal Architects: Building and the Evolution of Intelligence*(New York: Basic Books, 2007).

04 같은 책.

05 영장류의 개요는 다음에 근거한다. C. Stanford, J. S. Allen, and S. Antón, *Biological Anthropology: The Natural History of Humankind*(Upper Saddle River, NJ: Pearson,

2013); B. B. Smuts, D. L. Cheney, R. M. Seyfarth, R. W. Wrangham, and T. T. Struhsaker(eds.), *Primate Societies*(Chicago: University of Chicago Press, 1986); Karen B. Strier, *Primate Behavioral Ecology*, 3rd ed(Boston: Allyn & Bacon, 2006).

06 또한 이 연구는 모든 영장류의 마지막 공통 조상이 6490만 년 전에서 7260만 년 전 사이에 있었다고 추정한다. N. M. Jameson, Z.-C. Hou, K. N. Sterner, A. Weckle, M. Goodman, M. E. Steiper, and D. E. Wildman, "Genomic Data Reject the Hypothesis of a Prosimian Clade," *Journal of Human Evolution* 61(2011): 295-305.

07 E. J. Sterling, N. Nguyen, and P. J. Fashing, "Spatial Patterning in Nocturnal Prosimians: A Review of Methods and Relevance to Studies of Sociality," *American Journal of Primatology* 51(2000): 3-19.

08 H. Hediger, "Nest and Home," *Folia Primatologica* 28(1977): 170-187; C. P. Groves and J. Sabater Pi, "From Ape's Nest to Human Fix-Point," *Man* 20(1985): 22-47.

09 Hediger, "Nest and Home," 172.

10 S. K. Bearder, "Lorises, Bushbabies, and Tarsiers: Diverse Societies of Solitary Foragers," in B. B. Smuts, D. L. Cheney, R. M. Seyfarth, R. W. Wrangham, and T. T. Struhsaker(eds.), *Primate Societies*, 11-24(Chicago: University of Chicago Press, 1987).

11 같은 책.

12 V. Morell, *Ancestral Passions: The Leakey Family and the Quest for Humankind's Beginnings*(New York: Touchstone, 1995).

13 예를 들어, 다음을 참조하라. Y. Iwata and C. Ando, "Bed and Bed-Site Reuse by Western Lowland Gorillas (Gorilla g. gorilla) in Moukalaba-Doudou National Park, Gabon," *Primates* 48(2007): 77-80.

14 제인 구달, 최재천·이상임 옮김, 『인간의 그늘에서』(사이언스북스, 2001), 74~76쪽.

15 다이앤 포시, 최재천·남현영 옮김, 『안개 속의 고릴라』(승산, 2007), 117쪽.

16 B. M. F. Galdikas, *Reflections of Eden*(Boston: Little, Brown and Company, 1995), 111.

17 F. A. C. Azevedo et al., "Equal Numbers of Neuronal and Nonneuronal Cells Make the Human Brain an Isometrically Scaled-Up Primate Brain," *Journal of Comparative Neurology* 513(2009): 532-541. 인간 뇌에 있는 1000억 개의 뉴런 수와 그 보다 훨씬 더 큰 비뉴런 세포의 추정치는 지나치게 많이 계산된 것으로 보인다.

18 T. E. Bjorness and R. W. Greene, "Adenosine and Sleep," *Current Neuropharmacology* 7(2009): 238-245.

19 S. W. Lockley and R. G. Foster, *Sleep: A Very Short Introduction*(Oxford: Oxford University Press, 2012), 7-11.

20 N. C. Rattenborg, D. Martinez-Gonzalez, and J. A. Lesku, "Avian Sleep Homeostasis: Convergent Evolution of Complex Brains, Cognition and Sleep Functions in Mammals and Birds," *Neuroscience and Biobehavioral Reviews* 33(2009): 253-270.

21 Lockley and Foster, *Sleep: A Very Short Introduction*, 48-49.

22 O. I. Lyamin, P. R. Manger, S. H. Ridgway, L. M. Mukhametov, and J. M. Siegel, "Cetacean Sleep: An Unusual Form of Mammalian Sleep," *Neuroscience and Biobehavioral Reviews* 32(2008): 1451-1484. 이 흥미로운 주제와 관련된 정보가 풍부하 게 담겨 있는 뛰어난 총설 논문이다.

23 같은 글.

24 N. C. Rattenborg, S. L. Lima, and C. J. Amlaner, "Facultative Control of Avian Unihemispheric Sleep Under Risk of Predation," *Behavioral Brain Research* 105(1999): 163-172; S. L. Lima, N. C. Rattenborg, J. A. Lesku, and C. J. Amlaner, "Sleeping Under Risk of Predation," *Animal Behaviour* 70(2005): 723-736; S. L. Lima and N. C. Rattenborg, "A Behavioural Shutdown Can Make Sleeping Safer: A Strategic Perspective on the Function of Sleep," *Animal Behaviour* 74(2007): 189-197; N. C. Rattenborg, S. L. Lima, and J. A. Lesku, "Sleep Locally, Act Globally," *The Neuroscientist* 18(2012): 533-546.

25 J. D. Pruetz, S. J. Fulton, L. F. Marchant, W. C. McGrew, M. Schiel, and M.

Waller, "Arboreal Nesting as Anti-predator Adaptation by Savanna Chimpanzees (Pan troglydytes verus) in Southeastern Senegal," *American Journal of Primatology* 70(2008): 393-401; K. Koops, W. C. McGrew, H. de Vries, and T. Matsuzawa, "Nest-Building by Chimpanzees (Pan troglodytes verus) at Seringbara, Nimba Mountains: Antipredation, Thermoregulation, and Antivector Hypotheses," *International Journal of Primatology* 33(2012): 356-380; F. A. Stewart and J. D. Pruetz, "Do Chimpanzee Nests Serve an Anti-predatory Function?" *American Journal of Primatology* 75(2013): 593-604.

26 스튜어트와 프뤼츠의 리뷰를 참조하자. "Do Chimpanzee Nests Serve an Anti-predatory Function?" 594-595.

27 같은 글, 596쪽.

28 Pruetz et al., "Arboreal Nesting as Anti-predator Adaptation by Savanna Chimpanzees"; Koops et al., "Nest-Building by Chimpanzees."

29 J. R. Anderson, "Sleep, Sleeping Sites, and Sleep-Related Activities: Awakening to Their Significance," *American Journal of Primatology* 46(1998): 63-75; C. B. Stanford and R. C. O'Malley, "Sleeping Tree Choice by Bwindi Chimpanzees," *American Journal of Primatology* 70(2008): 642-649.

30 C. E. G. Tutin, R. J. Parnell, L. J. T. White, and M. Fernandez, "Nest Building by Lowland Gorillas in the Lopé Reserve, Gabon: Environmental Influences and Implications for Censusing," *International Journal of Primatology* 16(1995): 53-76.

31 Koops et al., "Nest-Building by Chimpanzees."

32 D. R. Samson and R. W. Shumaker, "Orangutans (Pongo pp.) Have Deeper, More Efficient Sleep Than Baboons (Papio papio) in Captivity," *American Journal of Physical Anthropology* 157(2015): 421-427.

33 P. Green, "Twigitecture: Building Human Nests," *New York Times*, June 19, 2013.

3장 석기 시대 집의 변천

---

01 진화생물학에서 변천적인 형태들의 개념에 대한 일반적인 논의는 다음을 참조하라. R. J. Raikow and R. B. Raikow, "Transitional Forms," *Reports of the Center for Science Education* 33, no. 3 (2013), http://reports.ncse.com/index.php/rncse/article/view/226/314.

02 W. C. McGrew, *Chimpanzee Material Culture: Implications for Human Evolution* (Cambridge: Cambridge University Press, 1992).

03 J. S. Allen, *The Lives of the Brain: Human Evolution and the Organ of Mind* (Cambridge, MA: Belknap Press of Harvard University Press, 2009).

04 이것은 비교분자유전학에서 이뤄진 수십 년의 연구를 기초했을 때 일반적으로 받아들여지는 날짜다. 최근에 좀 더 오래된 분기 날짜를 제안하는, 즉 700만 년 전에서 800만 년 전으로까지 거슬러 올라가는 연구는 다음을 참조하라. K. E. Langergraber, K. Prüfer, C. Rowney et al., "Generation Times in Wild Chimpanzees and Gorillas Suggest Earlier Divergence Times in Great Ape and Human Evolution," *Proceedings of the National Academy of Sciences* 109 (2012): 15716-15721. 나는 600만 년 전의 분기 날짜를 사용할 것이다.(참조 및 논의는 위의 자료를 보라.) 왜냐하면 이 글을 쓰는 현재로서는 그것이 가장 일반적인 추정치이기 때문이다. 600만 년 전이냐 700만 년 전이냐 하는 것은 거대한 분류 체계 안에서 그렇게 큰 문제가 아닐 수 있다. 하지만 '사람아과'로 지정되는 데 논란이 되고 있는 이 기준, 즉 600만 년 전보다 더 오래된 화석들이 만약 분자의 분기 날짜 범위에 들어간다면 그것들을 단순히 '너무 오래되었다.'는 이유로 묵살할 수는 없다.

05 C. B. Stanford, "Chimpanzees and the Behavior of Ardipithecus rami\-dus," *Annual Review of Anthropology* 41 (2012): 139-149.

06 T. D. White, B. Asfaw, Y. Beyene, Y. Haile-Selassie, C. O. Lovejoy, G. Suwa, and G. WoldeGabriel, "Ardipithecus ramidus and the Paleobiology of Early Hominids," *Science* 326 (2009): 75-86. 2009년 10월 2일 발행된 이 호는 아르디피테쿠스 라미두스의 유해를 분석하는 데 전 지면을 할애했다.

07 오스트랄로피테신류에 대한 검토와 논의는 다음을 참조하라. C. Stanford, J. S. Allen, and S. Antón, *Biological Anthropology: The Natural History of Humankind*(Upper Saddle River, NJ: Pearson, 2013), 315–335.

08 그 중요성은 평가하기 어렵다. 다음을 참조하라. Allen, *The Lives of the Brain*.

09 T. E. Cerling, E. Mbua, F. M. Kirera, F. K. Manthi, F. E. Grine, M. G. Leakey, M. Sponheimer, and K. T. Uno, "Diet of Paranthropus boi\-sei in the Early Pleistocene of East Africa," *Proceedings of the National Academy of Sciences* 108(2011): 9337–9341.

10 S. Semaw, M. J. Rogers, J. Quade, P. R. Renne, R. F. Butler, M. Dominguez-Rodrigo, D. Stout, W. S. Hart, T. Pickering, and S. W. Simpson, "2.6–Million-Year–Old Tools and Associated Bones from OGS–6 and OGS–7, Gona, Afar, Ethiopia," *Journal of Human Evolution* 45(2003): 169–177. 좀 더 오래된 석기들이 케냐에서 발견되었다고 최근 발표되었다. 다음을 참조하라. S. Harmond, J. E. Lewis, C. S. Feibel et al., "3.3–Million– Year–Old Stone Tools from Lomekwi 3, West Turkana, Kenya," *Nature* 521(2015): 310–315.

11 R. Potts, *Humanity's Descent: The Consequence of Ecological Instability*(New York: Avon, 1996).

12 L. Leakey, P. Tobias, and J. Napier, "A New Species of Genus Homo from Olduvai Gorge," *Nature* 202(1964): 7–9. 논의는 다음에 기초한다. G. C. Conroy, *Reconstructing Human Origins: A Modern Synthesis*(New York: Norton, 1997), 254–281; Stanford, Allen, and Antón, *Biological Anthropology*, 342–348.

13 다음을 참조하라. Allen, *The Lives of the Brain*, 62–63.

14 논의는 다음에 기초한다. Conroy, *Reconstructing Human Origins*, 283–343; Stanford, Allen, and Antón, *Biological Anthropology*, 348–375.

15 Allen, *The Lives of the Brain*, 80–81.

16 G. Isaac, "The Food-Sharing Behavior of Protohuman Hominids," *Scientific American* 238(4)(1978): 90–108. 다음도 참조하라. J. Sept and D. Pilbeam(eds.),

Casting the Net Wide: Papers in Honor of Glynn Isaac and His Approach to Human Origins Research(Oxford: Oxbow Books, 2011).

17 K. Milton, "The Critical Role Played by Animal Source Foods in Human (Homo) Evolution," *Journal of Nutrition* 133(2003): 3886S-3892S; C. B. Stanford, *The Hunting Apes*(Princeton: Princeton University Press, 1999).

18 다음을 참조하라. J. D. Moore, *The Prehistory of Home*(Berkeley: University of California Press, 2012).

19 L. R. Binford, *Bones: Ancient Men and Modern Myths*(New York: Academic Press, 1981); R. Potts, *Early Hominid Activities at Olduvai*(New York: Aldine de Gruyter, 1988); 이러한 쟁점들을 간단명료하게 논의한 것은 다음에서도 찾을 수 있다. 여기에는 시간과 공간에 의해 분리된 장소들을 넘나들면서 진화적인 변화를 추적하는 문제도 포함되어 있다. R. Potts, "Variables Versus Models of Early Pleistocene Hominid Land Use," *Journal of Human Evolution* 27(1994): 7-24.

20 Binford, *Bones*, 295.

21 E. M. Kroll, "Behavioral Implications of Plio-Pleistocene Archaeological Site Structure," *Journal of Human Evolution* 27(1994): 107-138.

22 J. M. Sept, "Was There No Place Like Home? A New Perspective on Early Hominid Archaeological Sites from the Mapping of Chimpanzee Nests," *Current Anthropology* 33(1992): 187-207; J. Sept, "A Worm's Eye View of Primate Behavior," in J. Sept and D. Pilbeam(eds.), *Casting the Net Wide: Papers in Honor of Glynn Isaac and His Approach to Human Origins Research*, 169-192(Oxford: Oxbow Books, 2011).

23 J. E. Arnold, A. P. Graesch, E. Ragazzini, and E. Ochs, *Life at Home in the Twenty-First Century: 32 Families Open Their Doors*(Los Angeles: UCLA Cotsen Institute of Archaeology Press, 2012).

24 같은 책, 120쪽.

25 S. Gardiner, *The House: Its Origins and Evolution*(Chicago: Ivan R. Dee, 2002).

26 예를 들어, 다음을 참조하라. J. D. Clark and J. W. K. Harris, "Fire and Its Roles in

Early Hominid Lifeways," *African Archaeological Review* 3(1985): 3-27, versus S. R. James, "Hominid Use of Fire in the Lower and Middle Pleistocene," *Current Anthropology* 30(1989): 1-26.

27 K. S. Brown, C. W. Marean, A. I. R. Herries, Z. Jacobs, C. Tribolo, D. Braun, D. L. Roberts, M. C. Meyer, and J. Bernatchez, "Fire as an Engineering Tool of Early Modern Humans," *Science* 325(2009): 859-861; W. Roebroeks and P. Villa, "On the Earliest Evidence for Habitual Use of Fire in Europe," *Proceedings of the National Academy of Sciences* 108(2011): 5209-5214.

28 Roebroeks and Villa, "On the Earliest Evidence for Habitual Use of Fire in Europe"; J. A. J. Gowlett, "The Early Settlement of Europe: Fire History in the Context of Climate Change and the Social Brain," *Comptes Rendus Palevol* 5(2006): 299-310; S. Weiner, Q. Xu, P. Goldberg, J. Liu, and O. Bar-Yosef, "Evidence for the Use of Fire at Zhoukoudian, China," *Science* 281(1998): 251-253; N. Goren-Inbar, N. Alperson, M. E. Kislev, O. Simchoni, Y. Melamed, A. Ben-Nun, and E. Werker, "Evidence of Hominin Control of Fire at Gesher Benot Ya'aqov, Israel," *Science* 304(2004): 725-727.

29 F. Berna, P. Goldberg, L. K. Horwtiz, J. Brink, S. Holt, M. Bamford, and M. Chazan, "Microstratigraphic Evidence for in Situ Fire in the Acheulean Strata of Wonderwerk Cave, Northern Cape Province, South Africa," *Proceedings of the National Academy of Sciences* 109(2012): 7593-7594.

30 Clark and Harris, "Fire and Its Roles in Early Hominid Lifeways"; J. A. J. Gowlett, J. W. K. Harris, D. Walton, and B. A. Wood, "Early Archaeological Sites, Hominid Remains and Traces of Fire from Chesowanja, Kenya," *Nature* 294(1981): 125-129.

31 리처드 랭엄, 조현욱 옮김, 『요리 본능』(사이언스북스, 2011).

32 Clark and Harris, "Fire and Its Roles in Early Hominid Lifeways," 22.

33 K. L. Kramer and P. T. Ellison, "Pooled Energy Budgets: Resituating Human Energy Allocation Trade-offs," *Evolutionary Anthropology* 19(2010): 136-147. 노동

에서 성적 구분의 진화, 그리고 자원들이 모이게 된 방법에 대한 논의는 다음을 참조하라. R. Bird, "Cooperation and Conflict: The Behavioral Ecology of the Sexual Division of Labor," *Evolutionary Anthropology* 8(1999): 65-75; C. Panter-Brick, "Sexual Division of Labor: Energetic and Evolutionary Scenarios," *American Journal of Human Biology* 14(2002): 627-640; H. Kaplan, K. Hill, J. Lancaster, and A. M. Hurtado, "A Theory of Human Life History Evolution: Diet, Intelligence, and Longevity," *Evolutionary Anthropology* 9(2000): 156-185.

34 C. O. Lovejoy, "The Origin of Man," *Science* 211 (1981): 341-350. 다음을 참조하라, C. B. Stanford, *Upright: The Evolutionary Key to Becoming Human*(Boston: Houghton Mifflin, 2003).

35 D. L. Leonetti and B. Chabot-Hanowell, "The Foundation of Kinship: Household," *Human Nature* 22(2011): 16-40.

36 S. Blaffer Hrdy, *Mothers and Others: The Evolutionary Origins of Mutual Understanding*(Cambridge: Belknap Press of Harvard University Press, 2009).

4장 네안데르탈인 묘지에서 찾는 집의 기원

01 W. D. Funkhouser and W. S. Webb, *Ancient Life in Kentucky*(Frankfort, KY: The Kentucky Geological Society, 1928).

02 P. Metcalf and R. Huntington, *Celebrations of Death: The Anthropology of Mortuary Ritual*, 2nd ed.(Cambridge: Cambridge University Press, 1991).

03 논의는 다음에 근거했다. G. C. Conroy, *Reconstructing Human Origins: A Modern Synthesis*(New York: Norton, 1997), 344-373; C. Stanford, J. S. Allen, and S. Antón, *Biological Anthropology: The Natural History of Humankind*(Upper Saddle River, NJ: Pearson, 2013), 378-413.

04 C. Stringer, "The Status of Homo heidelbergensis (Schoetensack 1908),"

Evolutionary Anthropology 21(2012): 101-107. 마우어의 아래턱뼈를 연구한 좀 더 최근의 분석은 그것이 다른 과도기적 표본 일부와 그렇게 잘 일치하지 않는다는 것을 보여준다. 이것은 이러한 '구인형 호모 사피엔스'의 일부만이 그러한 분류군에 포함되어야 한다는 것을 의미한다. 다음도 참조하라. M. Street, T. Terberger, and J. Orschiedt, "A Critical Review of the German Paleolithic Hominin Record," *Journal of Human Evolution* 51(2006): 551-579.

05 F. C. Howell, "Observations on the Earlier Phases of the European Lower Paleolithic," *American Anthropologist* 68(1966): 111-140; C. B. Stringer, E. Trinkaus, M. B. Roberts, S. A. Parfitt, and R. I. Macphail, "The Middle Pleistocene Human Tibia from Boxgrove," *Journal of Human Evolution* 34(1998): 509-547.

06 H. Thieme (1997). "Lower Palaeolithic Hunting Spears from Germany," *Nature* 385(1997): 807-810.

07 네안데르탈인의 발견과 그 해석에 관한 역사적 개괄은 다음을 참조하라. E. Trinkaus and P. Shipman, *The Neandertals* (New York: Vintage Books, 1992).

08 논의는 다음에 근거했다. Conroy, *Reconstructing Human Origins*, 402-458; Stanford, Allen, and Antón, *Biological Anthropology*, 389-413.

09 Trinkaus and Shipman, *The Neandertals*, 384-410.

10 R. E. Green, J. Krause, A. W. Briggs et al., "A Draft Sequence of the Neandertal Genome," *Science* 328(2010): 710-722; J. D. Wall, M. A. Yang, F. Jay, S. K. Kim, E. Y. Durand, L. S. Stevison, C. Gignoux, A. Woerner, M. F. Hammer, and M. Slatkin, "Higher Levels of Neanderthal Ancestry in East Asians Than in Europeans," *Genetics* 194(2013): 199-209. K. Prüfer, F. Racimo, N. Patterson et al., "The Complete Genome Sequence of a Neanderthal from the Altai Mountains," *Nature* 505(2014): 43-49. 이 주제를 잘 정리한 개요는 다음을 참조하라. T. R. Disotell, "Archaic Human Genomics," *Yearbook of Physical Anthropology* 55(2012): 24-39.

11 논의 및 참고 문헌은 다음을 살펴보라. J. S. Allen, *The Lives of the Brain: Human Evolution and the Organ of Mind* (Cambridge, MA: Belknap Press of Harvard University Press,

2009), 258-259.

12 앞을 내다보는 능력은 중요한 것이다. 그리고 이것은 인류에게만 있는 것일지도 모른다. 다음을 참조하라. T. Suddendorf and M. Corballis, "The Evolution of Foresight: What Is Mental Time Travel and Is It Unique to Humans?" *Behavioral and Brain Sciences* 30(2007): 299-351.

13 S. Mithen, *The Singing Neanderthals* (Cambridge, MA: Harvard University Press, 2006); C. Stringer and C. Gamble, *In Search of the Neanderthals* (New York: Thames and Hudson, 1993).

14 Stanford, Allen, and Antón. *Biological Anthropology*, 436-442; J. J. Shea, "Homo sapiens Is as Homo sapiens Was: Behavioral Variability Versus 'Behavioral Modernity' in Paleolithic Archaeology," *Current Anthropology* 52(2011): 1-35.

15 Stanford, Allen, and Antón, *Biological Anthropology*, 385-388; Stringer and Gamble, In Search of the Neanderthals, 143-178.

16 Mithen, *The Singing Neanderthals*, 230.

17 Metcalf and Huntington, *Celebrations of Death*, 24.

18 M. D. Russell, "Bone Breakage in the Krapina Hominid Collection," *American Journal of Physical Anthropology* 72(1987): 373-379; S. Defleur, T. White, P. Valensi, L. Slimak, and E. Crégut-Bonnoure, "Neanderthal Cannibalism at Moula-Guercy, Ardèche, France," *Science* 286(1999): 128-131.

19 P. Pettitt, *The Palaeolithic Origins of Human Burial* (London: Routledge, 2011).

20 같은 책, 136-138쪽.

21 M. Balter, "Neandertal Champion Defends the Reputation of Our Closest Cousins," *Science* 33(2011): 642-643; M. Balter, "Did Neandertals Truly Bury Their Dead?" *Science* 33(2012): 1443-1444.

22 R. H. Gargett, "Grave Shortcomings: The Evidence for Neanderthal Burial," *Current Anthropology* 30(1989): 155-174; R. H. Gargett, "Middle Palaeolithic Burial Is Not a Dead Issue: The View from Qafzeh, Saint- Cézaire, Kebara, Amud, and

Dederiyeh," *Journal of Human Evolution* 37(1999): 27-90.

23 D. M. Sandgathe, H. L. Dibble, P. Goldberg, and S. P. McPherron, "The Roc de Marsal Neandertal Child: A Reassessment of Its Status as a Deliberate Burial," *Journal of Human Evolution* 61(2011): 243-253.

24 Balter, "Did Neandertals Truly Bury Their Dead?" 1444에서 재인용.

25 Stringer and Gamble, *In Search of the Neanderthals*, 160.

26 Pettitt, *The Palaeolithic Origins*.

27 Metcalf and Huntington, *Celebrations of Death*, 24.

28 이 주제는 다음에서 포괄적으로 검토되었다. Pettitt, *The Palaeolithic Origins*.

29 J. D. Moore, *The Prehistory of Home*(Berkeley: University of California Press, 2012), 27-28. 무어는 이러한 주택이나 생활공간의 증거 기준이 외부 관찰자들에게는 너무 높게 보일 수 있다고 지적한다. 이것은 의심의 여지없이 사실이지만, 이 흥미로운 두 유적지에 는 일반적으로 생활공간의 증거로 받아들여지기 어렵게 만드는 지점들이 있다. 테라아마 타는 여러 해 동안 프랑스 남부에서 '바닷가의 오두막' 증거를 보여주는 것으로서 받아들 여졌지만, 그곳의 발굴과 그 기록들에 대한 재분석은 이러한 해석에 의문을 제기한다.

30 S. McBrearty and A. S. Brooks, "The Revolution That Wasn't: A New Interpretation of the Origin of Modern Human Behavior," *Journal of Human Evolution* 39(2000), 517.

31 J. E. Yellen, "Behavioural and Taphonomic Patterning at Katanda 9: A Middle Stone Age Site, Kivu Province, Zaire," *Journal of Archaeological Science* 23(1996), 917.

32 R. G. Klein with B. Edgar, *The Dawn of Human Culture*(New York: John Wiley & Sons, 2002), 191.

33 예를 들어, 다음을 참조하라. C. P. Beaman, "Working Memory and Working Attention," *Current Anthropology* 51(2010): S27-S38; M. N. Haidle, "Working-Memory Capacity and the Evolution of Modern Cognitive Potential," *Current Anthropology* 51(2010): S149-S166.

5장 호모 에코노미쿠스는 집을 느낄 수 있을까?

01 J. S. Allen, *The Omnivorous Mind: Our Evolving Relationship with Food*(Cambridge: Harvard University Press, 2012).

02 R. G. Tugwell, "Human Nature in Economic Theory," *The Journal of Political Economy* 30(1922), 319. 터그웰은 1934년 6월 25일 《타임》 표지에 등장했다.

03 J. Tooby and L. Cosmides, "The Psychological Foundations of Culture," in J. H. Barkow, L. Cosmides, and J. Tooby(eds.), *The Adapted Mind: Evolutionary Psychology and the Generation of Culture*, 19-136(New York: Oxford University Press, 1992); 롭 베커가 말한 '원시인의 날들'에 대해서는 다음을 보라. http://defendingthecaveman. com/.

04 G. A. Akerlof and R. J. Shiller, *Animal Spirits: How Human Psychology Drives the Economy, and Why It Matters for Global Capitalism*(Princeton: Princeton University Press, 2009).

05 C. Levallois, J. A. Clithero, P. Wouters, A. Smidts, and S. A. Huettel, "Translating Upwards: Linking the Neural and Social Sciences via Neuroeconomics," *Nature Reviews Neuroscience* 13(2012): 789-797.

06 G. Loewenstein, S. Rick, and J. D. Cohen, "Neuroeconomics," *Annual Review of Psychology* 59(2008): 647-672.

07 대니얼 카너먼, 이창신 옮김, 『생각에 관한 생각』(김영사, 2018).

08 Loewenstein, Rick, and Cohen, "Neuroeconomics"; 다음도 참조하라. M. L. Platt and S. A. Huettel, "Risky Business: The Neuroeconomics of Decision Making Under Uncertainty," *Nature Neuroscience* 11(2008): 398-403.

09 S. M. McClure, D. I. Laibson, G. Loewenstein, and J. D. Cohen, "Separate Neural Systems Value Immediate and Delayed Monetary Rewards," *Science* 306(2004): 503-507.

10 C. Sharp, J. Monterosso, and P. R. Montague, "Neuroeconomics: A Bridge for

Translational Research," *Biological Psychiatry* 72(2012): 87-92.

11 이 부분에 대한 출처는 다음과 같다. R. J. Shiller, *Irrational Exuberance*, 2nd ed.(New York, Broadway Books: 2005); T. Sowell, *The Housing Boom and Bust*, revised edition(New York: Basic Books, 2009); F. Islam, *The Default Line: The Inside Story of People, Banks, and Entire Nations on the Edge*(London: Head of Zeus, 2013). 또한 나는 온라인 자료도 이용했다. "Timeline of the United States Housing Bubble," http:// en.wikipedia.org/wiki/Timeline_of_the_United_States_housing_bubble.

12 Islam, *The Default Line*, 133.

13 로버트 쉴러, 이강국 옮김, 『비이성적 과열』(알에이치코리아, 2014), 77쪽.

14 다음을 참조하라. HUD Release 99-131, July 29, 1999, "Cuomo Announces Action to Provide $2.4 Trillion in Mortgages for Affordable Housing for 28.1 Million Families," http://archives.hud.gov/news/1999/pr99-131.html.

15 리처드 도킨스, 홍영남·이상임 옮김, 『이기적 유전자』(을유문화사, 2010).

16 S. Blackmore, "Why I No Longer Believe Religion Is a virus of the Mind," *The Guardian*, September 16, 2010, http://www.theguardian.com /commentisfree/ belief/2010/sep/16/why-no-longer-believe-religion-virus-mind.

17 L. J. Vale, *From the Puritans to the Projects: Public Housing and Public Neighbors* (Cambridge: Harvard University Press, 2000), 119.

18 같은 책, 120쪽.

19 Islam, *The Default Line*, 132.

20 같은 책, 142쪽.

21 C. Mayer and K. Pence, "Subprime Mortgages: What, Where, and to Whom?" *Finance and Economics Discussion Series, Divisions of Research & Statistics and Monetary Affairs*, Federal Reserve Board, Washington, DC, 2008, http://www. federalreserve.gov/pubs/feds/2008/200829/200829pap.pdf.

22 Sowell, *The Housing Boom*, 96.

23 로버트 쉴러, 앞의 책.

24 대니얼 카너먼, 앞의 책.

25 같은 책, 132쪽.

26 R. J. Samuelson, "Our Economy's Crisis of Confidence," *Washington Post*, June 14, 2010, http://www.washingtonpost.com/wp-dyn/content/article/2010/06/13/AR2010061303330.html.

27 R. Dunbar, *Grooming, Gossip, and the Evolution of Language*(Cambridge: Harvard University Press, 1996).

28 언어 진화를 검토하기 위해서 다음을 참조하라. J. S. Allen, *The Lives of the Brain: Human Evolution and the Organ of Mind*(Cambridge: Belknap Press of Harvard University Press, 2009), Chapter 9.

29 B. Boyd, *On the Evolution of Stories: Evolution, Cognition, and Fiction*(Cambridge: Belknap Press of Harvard University Press, 2009), 166.

30 R. J. Sternberg, *Love Is a Story: A New Theory of Relationships*(New York: Oxford University Press, 1998).

31 Vale, *From the Puritans to the Projects*.

32 L. J. Vale, *Purging the Poorest: Public Housing and the Design Politics of Twice-Cleared Communities*(Chicago: University of Chicago Press, 2013).

33 같은 책, 17쪽.

34 S. A. Venkatesh, *American Project: The Rise and Fall of a Modern Ghetto*(Cambridge: Harvard University Press, 2000), 243.

35 D. B. Hunt, *Blueprint for Disaster: The Unraveling of Chicago Public Housing*(Chicago: University of Chicago Press, 2009), 142.

36 Venkatesh, *American Project*, 66.

37 Vale, *Purging the Poorest*, 22.

38 이 주택단지들의 철거를 상세히 다룬 동영상이 유튜브에 몇 편 있다.

39 B. Shrader, "State Housing in New Zealand," December 20, 1012, New Zealand Ministry for Culture and Heritage. http://www.nzhistory.net.nz/culture/statehousing-in-nz, updated December 20, 2012.

40 S. Hanlon, "Tax Expenditure of the Week: The Mortgage Interest Deduction," Center for American Progress, January 26, 2011, http://www.americanprogress. org/issues/open-government/news/2011/01/26/8866/tax-expenditure-of-the-week-the-mortgage-interest-deduction/.

41 E. Anderson, "Beyond Homo economicus: New Developments in Theories of Social Norms," *Philosophy & Public Affairs* 29(2000): 170-200.

6장 집이 없는 사람들

---

01 United Nations, "The Universal Declaration of Human Rights," December 10, 1948, http://www.un.org/en/documents/udhr/.

02 The Scottish Government, "Homelessness," last updated April 20, 2015, http://www.scotland.gov.uk/Topics/Built-Environment/Housing/homeless.

03 United States Department of Housing and Urban Development, "The 2013 Annual Homeless Assessment Report (AHAR) to Congress," 2013, https://www.onecpd.info/resources/documents/ahar-2013-part1.pdf.

04 National Law Center on Homelessness & Poverty, "Homelessness in the United States and the Human Right to Housing," January 14, 2004, http://www.mplp.org/Resources/mplpresource.2006-06-13.0349156065/file0.

05 National Coalition for the Homeless, "How Many People Experience Homelessness?" July 2009, http://www.nationalhomeless.org/publications/facts/How_Many.pdf.

06 European Commission, "Confronting Homelessness in the European Union: Commission Staff Working Document," Brussels, February 20, 2013, http://ec.europa.eu/social/BlobServlet?docId=9770&langId=en.

07 출처는 다음과 같다. United Nations Special Rapporteur on Adequate Housing Miloon Kothari. 이것은 다음에도 인용되어 있다. G. Capdivila, "Human Rights: More Than 100 Million Homeless Worldwide," Inter Press Service News Agency, March 30, 2005, http://www.ipsnews.net/2005/03/human-rights-more-than-100-million-homeless-worldwide/.

08 National Coalition for the Homeless, "How Many People Experience Homelessness?"; National Coalition for the Homeless, "Substance Abuse and Homelessness," July 2009, http://www.nationalhomeless.org/factsheets/addiction. pdf.

09 L. C. Ivers and K. A. Cullen, "Food Insecurity: Special Considerations for Women," *American Journal of Clinical Nutrition* 94(2011): 1740S-1744S; B. A. Laraia, "Food Insecurity and Chronic Disease," *Advances in Nutrition* 4(2013): 203-212; C. Hadley and C. L. Patil, "Food Insecurity in Rural Tanzania Is Associated with Maternal Anxiety and Depression," *American Journal of Human Biology* 18(2006): 359-368.

10 Y. Liu, R. S. Njai, K. J. Greenlund, D. P. Chapman, and J. B. Croft, "Relationships Between Housing and Food Insecurity, Frequent Mental Distress, and Insufficient Sleep Among Adults in 12 States, 2009," *Preventing Chronic Disease* 11(2014): 130334.

11 M. A. Grandner, M. E. Ruiter Petrov, P. Rattanaumpawan, N. Jackson, A. Platt, and N. P. Patel, "Sleep Symptoms, Race/Ethnicity, and Socioeconomic Position," *Journal of Clinical Sleep Medicine* 9(2013): 897-905.

12 M. B. Kushel, R. Gupta, L. Gee, and J. S. Haas, "Housing Instability and Food Insecurity as Barriers to Health Care Among Low-Income Americans," *Journal of General Internal Medicine* 21(2005): 71-77.

13 K. A. McLaughlin, A. Nandi, K. M. Keyes, M. Uddin, A. E. Aiello, S. Galea, and K. C. Koenen, "Home Foreclosure and Risk of Psychiatric Morbidity During the Recent Financial Crisis," *Psychological Medicine* 42(2012): 1441-1448; K. A. Cagney,

C. R. Browning, J. Iveniuk, and N. English, "The Onset of Depression During the Great Recession: Foreclosure and Older Adult Mental Health," *American Journal of Public Health* 104(2014): 498-505.

14 McLaughlin et al., "Home Foreclosure and Risk."

15 Cagney et al., "The Onset of Depression."

16 예를 들어 다음을 참조하라. A. Stevens and J. Price, *Evolutionary Psychiatry: A New Beginning*(New York: Routledge, 1996).

17 United States Department of Housing and Urban Development, "The 2013 Annual Homeless Assessment Report."

18 C. Wildeman and N. Emanuel, "Cumulative Risks of Foster Care Placement by Age 18 for U.S. Children, 2000-2011," *PLOS One* 9 (2014): article e92785.

19 같은 글, 6쪽.

20 다음을 참조하라. M. S. Gazzaniga, *The New Cognitive Neurosciences*, 2nd ed.(Cambridge, MA: MIT Press, 2000).

21 B. Jones Harden, "Safety and Stability for Foster Children: A Developmental Perspective," *The Future of Children* 14(2004): 31-47.

22 여기서 언급한 연구들은 다음의 리뷰에서 나왔다. R. Grant, D. Gracy, G. Goldsmith, A. Shapiro, and I. E. Redlener, "Twenty-five Years of Child and Family Homelessness: Where Are We Now?" *American Journal of Public Health* 103(2013): e1-e10.

23 D. B. Cutts, A. F. Meyers, M. M. Black, P. H. Casey, M. Chilton, J. T. Cook, J. Geppert, S. E. de Cuba, T. Heeren, S. Coleman, R. Rose-Jacobs, and D. A. Frank, "US Housing Insecurity and the Health of Very Young Children," *American Journal of Public Health* 101(2011): 1508-1514.

24 H. Turnbull, K. Loptson, and N. Muhajarine, "Experiences of Housing Insecurity Among Participants of an Early Childhood Intervention Programme," *Child: Care, Health, and Development* 40(2013): 435-440.

25 American Academy of Pediatrics, "Health Care of Young Children in Foster Care," *Pediatrics* 109(2002): 536-541.

26 다음 자료를 참조하라. J. J. Doyle, "Child Protection and Child Outcomes: Measuring the Effects of Foster Care," *The American Economic Review* 97(2007): 1583-1610.

27 Doyle, "Child Protection and Child Outcomes; J. J. Doyle, "Child Protection and Adult Crime: Using Investigator Assignment to Estimate Causal Effects of Foster Care," *Journal of Political Economy* 116(2008): 746-770.

28 R. R. Newton, A. J. Litrownik, and J. A. Landsverk, "Children and Youth in Foster Care: Disentangling the Relationship Between Problem Behaviors and Number of Placements," *Child Abuse & Neglect* 24(2000): 1363-1374. 다음도 참조하라. S. James, J. Landsverk, and D. J. Slymen, "Placement Movement in Out-of-Home Care: Patterns and Predictors," *Children and Youth Services* 26(2004): 185-206.

29 M. McCoy-Ruth, M. Freundlich, and T. Thorpe-Lubnueski, *Time for Reform: Preventing Youth from Aging Out on Their Own*, Report from The Pew Charitable Trusts, 2008, https://www.pewtrusts.org/-/media/assets/2008/09/30/agingout2008al.pdf

30 L. D. Leve, G. T. Harold, P. Chamerlain, J. A. Landsverk, P. A. Fisher, and P. Vostanis, "Children in Foster Care—Vulnerabilities and Evidence-Based Interventions That Promote Resilience Processes," *Journal of Child Psychology and Psychiatry* 53(2012): 1197-1211.

31 D. A. Bangasser and R. J. Valentino, "Sex Differences in Stress-Related Psychiatric Disorders: Neurobiological Perspectives," *Frontiers in Neuroendocrinology* 35(2014): 303-319.

32 M. Dozier, M. Manni, M. K. Gordon, E. Peloso, M. R. Gunnar, K. Chase Stovall-McClough, D. Eldreth, and S. Levine, "Foster Children's Diurnal Production of Cortisol: An Exploratory Study," *Child Maltreatment* 11(2006): 189-197.

33 같은 글.

34 같은 글, 195쪽.

35 K. Bernard, Z. Butzin-Dozier, J. Rittenhouse, and M. Dozier, "Cortisol Production Patterns in Young Children Living with Birth Parents vs Children Placed in Foster Care Following Involvement of Child Protective Services," *Archives of Pediatric and Adolescent Medicine* 164(2010): 438-443.

36 P. A. Fisher, M. J. Van Ryzin, and M. R. Gunnar, "Mitigating HPA Axis Dysregulation Associated with Placement Changes in Foster Care," *Psychoneuroendocrinology* 36(2011): 531-539; P. A. Fisher, M. Stoolmiller, M. R. Gunnar, and B. O. Burraston, "Effects of a Therapeutic Intervention for Foster Preschoolers on Diurnal Cortisol Activity," *Psychoneuroendocrinology* 32(2007): 892-905; 다음도 참조하라. P. A. Fisher and M. Stoolmiller, "Intervention Effects on Foster Stress: Associations with Child Cortisol Level," *Development and Psychopathology* 20(2008): 1003-1021.

37 H. W. H. van Andel, L. M. C. Jansen, H. Grietens, E. J. Knorth, and R. J. van der Gaag, "Salivary Cortisol: A Possible Biomarker in Evaluating Stress and Effects of Interventions in Young Foster Children?" *European Child & Adolescent Psychiatry* 23(2014): 3-12.

38 M. R. Gunnar, S. J. Morison, K. Chisholm, and M. Schuder, "Salivary Cortisol Levels in Children Adopted from Romanian Orphanages," *Development and Psychopathology* 13(2001): 611-628; A. Pesonen, K. Räikkönen, K. Feldt, K. Heinonen, J. G. Eriksson, and E. Kajantie, "Childhood Separation Experience Predicts HPA Axis Hormonal Responses of Late Adulthood: A Natural Experiment of World War II," *Psychoneuroendocrinology* 35(2010): 758-767; M. Kumari, J. Ead, M. Bartley, S. Stansfeld, and M. Kivimaki, "Maternal Separation in Childhood and Diurnal Cortisol Patterns in Mid-life: Findings from the Whitehall II Study," *Psychological Medicine* 43(2013): 633-643. 코르티솔 변화는 인간

이 아닌 영장류에서도 관찰된다.: X. Feng, L. Wang, S. Yang, D. Qin, J. Wang, C. Li, L. Lv, Y. Ma, and X. Hu, "Maternal Separation Produces Lasting Changes in Cortisol and Behavior in Rhesus Monkeys," *Proceedings of the National Academy of Sciences* 108(2011): 14312-14317.

39 다음에서 인용했다. R. A. C. Hoksbergen. "Psychic Homelessness," in G. J. M. Abbarno(ed.), *The Ethics of Homelessness: Philosophical Perspectives*, 105-121(Amsterdam: Editions Robopi B.V., 1999), 105. 다음도 참조하라, R. Hoksbergen and J. ter Laak, "Psychic Homelessness Related to Attachment Disorder: Dutch Adult Foreign Adoptees Struggling with Their Identity," in R. A. Javier, A. L. Baden, F. A. Biafora, and A. Camach- Gingerich(eds.), *Handbook of Adoption: Implications for Researchers, Practitioners, and Families*(Thousand Oaks, CA: Sage, 2007), 474-490.

40 J. M. Murphy, "Psychiatric Labeling in Cross-Cultural Perspective," *Science* 191(1976): 1019-1028.

41 같은 글, 1025쪽.

42 S. V. Roberts, "Reagan on Homelessness: Many Choose to Live in the Streets," *New York Times*, December 23, 1988. 이것은 ABC뉴스의 데이비드 블린클리가 레이건과 인터뷰한 보고서이다.

43 S. Fazel, V. Khosla, H. Doll, and J. Geddes, "The Prevalence of Mental Disorders Among the Homeless in Western Countries: Systematic Review and Meta-regression Analysis," *PLoS Medicine* 5(2008): e225; National Law Center on Homelessness & Poverty, "Homelessness in the United States and the Human Right to Housing"; K. J. Hodgson, K. H. Shelton, M. B. M. van den Bree, and F. J. Los, "Psychopathology in Young People Experiencing Homelessness: A Systematic Review," *American Journal of Public Health* 103(2013): e24-e37; D. Folsom and D. V. Jeste, "Schizophrenia in Homeless Persons: A Systematic Review of the Literature," *Acta Psychiatrica Scandinavica* 105(2002): 404-413.

44 J.-H. Baik, "Dopamine Signaling in Reward-Related Behaviors," *Frontiers in Neural Circuits* 7(2013): 152.

45 E. F. Torrey, *Nowhere to Go: The Tragic Odyssey of the Homeless Mentally Ill*(New York: Harper and Row, 1988), 36; 다음도 참조하라. E. F. Torrey, "Fifty Years of Failing America's Mentally Ill," *The Wall Street Journal*, February 4, 2013, http://online.wsj.com/news/articles/SB10001424127887323539804578260023200841756.

46 S. Sheehan, *Is There No Place on Earth for Me?*(New York: Vintage, 1982). 다음도 참조하라. S. Sheehan, "The Last Days of Sylvia Frumkin," *The New Yorker*, February 20, 1995, 200-211.

47 S. E. Estroff, *Making It Crazy: An Ethnography of Psychiatric Clients in an American Community*(Berkeley: University of California Press, 1981), 60.

48 Anonymous, "Collyer Brothers," Wikipedia, accessed June 29, 2015, http://en.wikipedia.org/wiki/Collyer_brothers.

49 American Psychiatric Association, "Fact Sheet: Obsessive Compulsive and Related Disorders," 2013, http://www.dsm5.org/Documents/Obsessive%20Compulsive%20Disorders%20Fact%20Sheet.pdf.

50 G. Fleury, L. Gaudette, and P. Moran, "Compulsive Hoarding: Overview and Implications for Community Health Nurses," *Journal of Community Health Nursing* 29(2012): 154-162; D. F. Tolin, S. A. Meunier, R. O. Frost, and G. Steketee, "Course of Compulsive Hoarding and Its Relationship to Life Events," *Depression and Anxiety* 27(2010): 829-838; S. R. Woody, K. Kellman-McFarlane, and A. Welsted, "Review of Cognitive Performance in Hoarding Disorder," *Clinical Psychology Review* 34(2014): 324-336.

51 물론 미국 정신의학회는 집의 '의도된 목적으로 사용'에 대해 정의하지 않는다. DSM에 참조된 규범적 행동들을 전부 정의하기란 비현실적이기 때문에 이것은 합리적이다. 하지만 DSM은 문화적인 차이나 진화적 기원에 관계없이 규범적 행동들이 병리학적 정의에 이미 포함되어 있다는 점에서 비판받는다.

52 R. O. Frost and G. Steketee, *Stuff: Compulsive Hoarding and the Meaning of Things*(Boston: Mariner Books, 2010).

53 H. Takahashi, N. Yahata, M. Koeda, T. Matsuda, K. Asai, and Y. Okubo, "Brain Activation Associated with Evaluative Processes of Guilt and Embarrassment: An fMRI Study," *NeuroImage* 23(2004): 967-974; P. Michl, T. Meindl, F. Meister, C. Born, R. R. Engel, M. Reiser, and K. Hennig-Fast, "Neurobiological Underpinnings of Shame and Guilt: A Pilot fMRI Study," *Social Cognitive and Affective Neuroscience* 9(2014): 150-157.

54 Michl et al., "Neurobiological Underpinnings of Shame and Guilt," 155.

55 E. Goffman, *Stigma: Notes on the Management of Spoiled Identity*(Englewood Cliffs, NJ: Prentice-Hall, 1963), 3.

56 A. C. Krendl, E. A. Kensinger, and N. Ambady, "How Does the Brain Regulate Negative Bias to Stigma?" *Social Cognitive and Affective Neuroscience* 7(2012): 715-726.

57 J. Decety, S. Echols, and J. Correll, "The Blame Game: The Effect of Responsibility and Social Stigma on Empathy for Pain," *Journal of Cognitive Neuroscience* 22(2009): 985-997.

58 R. T. Azevedo, E. Macaluso, V. Viola, G. Sani, and S. M. Aglioti, "Weighing the Stigma of Weight: An fMRI Study of Neural Reactivity to the Pain of Obese Individuals," *NeuroImage* 91(2014): 109-119.

59 L. T. Harris and S. T. Fiske, "Dehumanizing the Lowest of the Low: Neuroimaging Responses to Extreme Outgroups," *Psychological Science* 17(2006): 847-853.

7장 더 나은 집 만들기

01 E. Cook and R. Dunifon, "Do Family Meals Really Make a Difference?" Cornell

University College of Human Ecology, 2012, http://www.human.cornell.edu/
pam/outreach/upload/Family-Mealtimes-2.pdf.

나오는 글

01 A. Damasio, *The Feeling of What Happens: Body and Emotion in the Making of Consciousness*(New York: Harcourt Brace, 1999).

02 D. L. Algase, "Wandering in Dementia," *Annual Review of Nursing Research* 17(1999): 185-217.

인명 찾아보기

집은 어떻게 우리를 인간으로 만들었나

석기 시대부터 부동산 버블까지,
신경인류학이 말하는 우리의 집

1판 1쇄 찍음 2019년 4월 12일
1판 1쇄 펴냄 2019년 4월 19일

지은이 존 S. 앨런
옮긴이 이계순
펴낸이 박상준
펴낸곳 반비

출판등록 1997. 3. 24.(제16-1444호)
(우)06027 서울특별시 강남구 도산대로1길 62
대표전화 515-2000, 팩시밀리 515-2007

한국어 판 ⓒ (주)사이언스북스, 2019. Printed in Korea.

ISBN 979-11-89198-63-3 (03300)

반비는 민음사출판그룹의 인문·교양 브랜드입니다.